Freuds Theorie behauptet, daß das Bewußtsein nicht "Herr im eigenen Hause" sei. Diese Behauptung, sagt nun Samuel Weber, muß auch für Freuds Theorie selbst nachhaltige Konsequenzen haben.
Samuel Webers Freud-Legende, die hier in einer neuen, vollständig überarbeiteten und erweiterten Ausgabe vorgelegt wird, versucht deshalb, die Schriften Freuds mit Hilfe jener Deutungsmethoden zu lesen, die Freud selbst im Umgang mit Träumen, Witzen, Fehlleistungen und Symptomen erarbeitet hat.
Weber zeigt, daß die Freudschen Begriffe durch eine Auseinandersetzung mit dem Unbewußten zustandekommen, die prinzipiell unabgeschlossen und unausgeglichen bleibt. Dabei entsteht eine neue Art von Wissen, die sich eher an der paradoxen Bewegung des Witzes orientiert als an der Logik der Identität.
Freud mit Freud gelesen, das ergibt eine spannende Lektüre Freuds und wird zu einer Entdeckungsreise in die Entstehungsgeschichte einer der einflußreichsten Theorien dieses Jahrhunderts. Zu einer Reise, bei der wir die Affinität des psychoanalytischen Denkens zu jenen modernen Denkrichtungen verstehen lernen, die sich bemühen, das Heterogene am Denken nicht ganz in Vergessenheit geraten zu lassen.

Der Autor, 1940 in New York geboren, lehrt Literaturwissenschaft und Texttheorie in Amerika, Deutschland und Frankreich. Außerdem hat er als Dramaturg an der Frankfurter Oper und am Schauspielhaus in Stuttgart und Düsseldorf gearbeitet.

Freud Legende

Samuel Weber

Freud Legende

Vier Studien zum psychoanalytischen Denken

Aus dem Amerikanischen von Michael Scholl,
Georg Christoph Tholen und Theo Waßner

Passagen Verlag

Titel der Originalausgabe: *The Legend of Freud*

Herausgegeben in Zusammenarbeit mit dem Wissenschaftl. Zentrum II für Psychoanalyse, Psychotherapie und psychosoziale Forschung der Gesamthochschule Kassel
Aus dem Amerikanischen von Michael Scholl, Georg Christoph Tholen und Theo Waßner
Vollständig überarbeitete und erweiterte Ausgabe

Für die Durchsicht der Manuskripte danken wir Rosa M. Winheim und Ulrich Müller (*Kassel*).

CIP-Kurztitelaufnahme der Deutschen Bibliothek

Weber, Samuel:
Freud Legende: Vier Studien zum psychoanalytischen Denken / Samuel Weber. [Aus dem Amerikanischen von Michael Scholl, Georg Christoph Tholen und Theo Waßner]. - Vollst. überarb. u. erw. Ausg. - Wien: Passagen - Verl., 1989
Einheitssacht.: The Legend of Freud <dt.>
ISBN 3-900767-13-0

Vollständig überarbeitete und erweiterte Ausgabe

ISBN 3-900767-13-0

Satz: Gesamthochschule Kassel, WZ II
Druck: Interpress Budapest

Jacques Derrida
in Verehrung und Freundschaft
gewidmet

Legende: Heiligenerzählung, Sage von frommen Menschen; dargestellter historischer Vorgang; lange vergangenes, nicht mehr nachweisbares u. oft phantasievoll ausgeschmücktes histor. Ereignis; unglaubwürdige Geschichte; erläuternder Text zu Karten, Abbildungen u.ä. (Bild-); Text von Inschriften, z.B. auf Münzen [mhd. *legende*; mlat. *legenda* (Plural) "zu lesende Stücke"; zu lat. *legere* "lesen"]

Wahrig Deutsches Wörterbuch

Als mir im Ringkampf der Atem auszugehen drohte, bat ich den Engel abzulassen, und das hat er seitdem getan. Ich bin aber nicht der Stärkere gewesen, obwohl ich seitdem deutlich hinke.

S. Freud, *Brief vom 7.5.1900 an Fließ*

INHALT

Vorbemerkung zur ersten deutschen Ausgabe

Die vier Studien zu Freud, die hier vorgelegt werden, bilden kein *organisches Ganzes*, ein Buch etwa, das eine in sich geschlossene Deutung oder gar eine Theoric dcr Psychoanalyse zu bieten hätte. Wenn sie dennoch miteinander zusammenhängen, dann durch eine Frage, die zugleich ein Problem beinhaltet. Die Frage lautet: Soll Freud überhaupt noch gelesen werden? Das Problem heißt: Wenn, dann wie?

Die Frage ist keine bloß "rhetorische", besonders wenn sie - wie hier - in Freuds eigener Sprache gestellt wird. Denn von den drei Sprachräumen, mit denen ich einigermaßen vertraut bin - dem englischen, dem französischen und dem deutschen -, ist es zweifelsohne im letzten, wo Freud am wenigsten gelesen wird, oder zumindest, wo die Psychoanalyse als intellektueller und kultureller Faktor die geringste Rolle spielt. Doch auch, wo auf deutsch über psychoanalytische Theorie und Praxis gedacht und geschrieben wird, fällt die Antwort auf jene Frage keineswegs eindeutig aus. Sogar Psychoanalytiker, die über "die Wahrheit der psychoanalytischen Erkenntnis" schreiben wollen, brauchen dabei offenbar kaum noch auf Freuds Texte einzugehen.[1] Die Frage also, ob man diese noch lesen muß - auch wenn man sich für die Psychoanalyse interessiert -, scheint demnach eine durchaus offene zu sein.

"Doch", wird man erwidern, "es ist selbstverständlich, daß alle, die sich für die Psychoanalyse interessieren, auch Freud einmal lesen werden." Einmal, selbstverständlich. Gerade darin aber liegt das Problem: Genügt es, diese Texte *einmal* gelesen zu haben, wo diese Lektüre selbst als eine *Selbstverständlichkeit* gilt? Denn eine Lektüre, die selbstverständlich ist, wird leicht zu einer Lektüre von Selbstverständlichkeiten. Was sich dabei von selbst zu verstehen scheint, ist, daß die Freudschen Texte einen Sinn haben, der sich von seiner textuellen Artikulation ablösen läßt, nachdem man dieses Sinnes habhaft geworden ist. Als selbstverständlich würde demnach gelten, daß die Lektüre dazu dient, einen Sinn zu erfassen, worüber dann verfügt werden kann: einen Sinn also, der - um ein Wort Walter Benjamins zu variieren - wie Schlacke vom Gelesenen abfiele.

---

[1] Vgl. Alfred Lorenzer, *Die Wahrheit der psychoanalytischen Erkenntnis*, Frankfurt am Main 1976: von 83 Anmerkungen beziehen sich ganze *acht* auf Texte von Freud.

Die vier hier vorgelegten Studien hingegen versuchen Freuds Texte zu lesen, wie sie selbst den Traum lesen: nicht allein um den Sinngehalt herauszuarbeiten, sondern um die Bewegungsgesetze nachzuzeichnen, die jenen Inhalt hervorbringen - aber auch verstellen. Anstelle einer selbstverständlichen Lektüre also versuchen sie, eine *problematische* zu praktizieren. Sie gehen dabei von der Vermutung aus, daß die Macht und Wirkungsweise des Unbewußten notwendig *auch für die Schriften Freuds* - die das Unbewußte theoretisch erschlossen haben - bestimmend sein müssen. Doch diese Bestimmung läßt sich nicht etwa auf die persönlichen Phantasien Freuds reduzieren: trifft die Annahme des Unbewußten zu, so muß dieses vielmehr *das Subjekt der Theorie*, auch der psychoanalytischen, vorprägen. Diese Theorie muß sich anders artikulieren als durch das Aussagen von Bewußtseinsinhalten. Nicht zufällig schreibt Freud an einer entscheidenden Stelle von dem "Unerkannten ", dem der Traum aufsitzen soll: das *Unerkannte* ist aber nicht das Unerkennbare (das eine - negative - Weise des Erkennens wäre), und noch weniger das Unbekannte. Vielleicht deshalb mündet das Denken und Schreiben Freuds nicht so sehr in *Erkenntnisse* als in *Erzählungen*...

Dabei hat es der Leser zugleich leicht und schwer. Leicht, insofern hier versucht wird, so wenig wie möglich vorauszusetzen, so viel wie möglich zu zitieren, vielleicht zuviel für manche, die alles schon zu kennen glauben. Schwer zugleich, insofern es sich beim Zitieren selten nur um einen einfachen Sinn handelt, sondern um eine Bewegung, die nachzuvollziehen ist. So stellt sich hier auch das Problem des *Lesers*. Denn jener ideale Leser, ohne den kein Schreibender auskommt, ob er es will oder weiß, ist bei diesem Text besonders schwer zu orten. Wie jener "Andere", der verschiedentlich auch bei Freud auftaucht und der wohl an der heterogenen Struktur des Unbewußten teilhat, läßt sich der Adressat dieses Textes nicht eindeutig lokalisieren. Als Berufsanalytiker deswegen nicht, weil dieser fast zwangsläufig auf einen therapeutisch bestimmten Praxisbegriff rekurriert, dem die problematische Lektüre sich entgegenstellen muß: Gerade bei der Psychoanalyse gehört das Lesen und das Schreiben zur "Praxis", die sich keineswegs unbefragt nach dem Muster der Kur zu bestimmen hat. Der Sinn der Therapie, wie jeder Sinn, stellt sich der problematischen Lektüre eben als ein Problem, nicht als eine Lösung dar. Kann sich also dieser Text nicht allein oder nicht vornehmlich an "Eingeweihte" richten, so darf er auch keine - oder nur minimale - Fachkenntnisse voraussetzen. Besonders gilt das dort, wo - wie im deutschen Sprachraum - die Psychoanalyse marginal geblieben ist und die Möglichkeiten, sich mit ihr eingehend zu befassen, äußerst eingeschränkt sind. Daher müßte es bei diesen Studien darum gehen, im Leser ebensosehr ein potentielles Interesse anzusprechen als ein schon bestehendes zu befriedigen.

Für einen Amerikaner, der lange Zeit in der Bundesrepublik gelehrt hat, der aber über den "Umweg" der französischen Diskussion "zurück zu Freud" gekommen ist, war dies nicht das geringste Problem. Ob und inwieweit es gelöst worden ist, muß - wie alles andere - jetzt dem Leser überlassen bleiben.[2]

Paris, Weihnachten 1977

Vorbemerkung zur englischen Ausgabe

In seinem Essay "Was ist ein Autor?" unterscheidet Michel Foucault zwischen der Begründung wissenschaftlicher Disziplinen und der Stiftung dessen, was er "diskursive Praktiken" nennt. "In einer wissenschaftlichen Disziplin", so schreibt er, "steht deren Gründungsakt auf der gleichen Grundlage wie ihre künftigen Transformationen. Er ist lediglich eine unter den vielen Modifikationen, die er ermöglicht." Der Begründer einer Wissenschaft eröffnet einen klar definierten Raum, innerhalb oder hinsichtlich dessen seine Nachfolger arbeiten, indem sie die inneren Voraussetzungen der Doktrin weiterentwickeln, Verwandtschaften mit "gängigen Wissensformen wiederentdecken" oder den begründenden Diskurs auf "vollkommen neue Bereiche" übertragen, ein Prozeß, den Foucault als "Reaktivierung" bezeichnet. Der Fall diskursiver Praktiken ist jedoch hiervon radikal unterschieden:

> Die Stiftung einer diskursiven Praktik ... überschattet ihre späteren Entwicklungen und Transformationen und ist von ihnen notwendig losgelöst. ... Wenn wir [zu ihr] zurückkehren, dann wegen einer grundlegenden und konstruktiven Auslassung, einer Auslassung, die nicht das Resultat eines Versehens oder Mißverständnisses ist. Tatsächlich ist der Stiftungsakt in seinem Wesen so geartet, daß er zwangsläufig seinen eigenen Verzerrungen unterworfen ist. ... Die durch die Auslassung erzwungene Beschränkung wurde nicht von außen hinzugefügt, sie erwächst aus der diskursiven Praktik selbst, die ihr das Gesetz gibt. ... Darüber hinaus ist es immer eine Rückkehr zu einem Text selbst ... mit besonderer Aufmerksamkeit für diejenigen Dinge, die in die Fugen, die Lücken und Leerstellen des Textes eingeschrieben sind. Wir keh-

[2] Den ersten Lesern dieses Textes - Peter Henninger, Hanns Zischler, Friedrich Kittler und Gerhard Ahrens - bin ich für ihre Hilfe bei der Fertigstellung zu tiefstem Dank verpflichtet.

ren zu den leeren Räumen zurück, die von der Auslassung maskiert oder in einer falschen und irreführenden Fülle verborgen worden sind.[3]

Foucault, der Marx und Freud als Beispiele für Begründer von diskursiven Praktiken nennt, könnte gewiß die Bemerkungen des letzteren zur Traumdeutung paraphrasiert haben. Träume oder irgendeine der anderen Artikulationen des Unbewußten zu deuten, lehrte Freud, bedeutet "zurückzukehren" zu einem Text, der nicht nur *entstellt** ist, sondern seine Entstellungen durch die Herstellung einer Fassade "falscher und irreführender Fülle" wiederum entstellt. Eine solche "Rückkehr" kann zudem diese Entstellungen nur enthüllen, indem sie an ihnen teilhat: durch ihre Wiederholung, d.h. ihre Transformation.

Wenn solche selbst-entstellenden Entstellungen lange Zeit als der vorzügliche Gegenstand der Psychoanalyse betrachtet wurden, wurde dieser Bereich erst seit kurzem soweit ausgedehnt, daß er nun auch die Werke des psychoanalytischen Diskurses selbst betrifft. Durch die Schriften von Jacques Lacan und Jacques Derrida wurde der Status von Freuds Diskurs seinerseits in Frage gestellt. Nicht durch die einfache Anwendung der Begriffe und Kategorien der Psychoanalyse auf das Werk eines Individuums, Freuds, und damit die Durchführung einer Psychoanalyse des Begründers der Psychoanalyse, sondern durch die Problematisierung einer Theorie, die, da sie die Funktionen des Bewußtseins aus der Konflikt-Dynamik des Unbewußten ableitet, nicht anders kann, als die Begriffe von Erkenntnis und Wahrheit, von denen traditionell die Theorie abhing, zu dezentrieren.

Die Frage, die sich hierbei von selbst erhebt, und die dieses Buch zu stellen versucht, lautet: Kann sich das psychoanalytische Denken seinerseits den Effekten entziehen, die es sich zu denken bemüht? Können die störenden Entstellungen unbewußter Prozesse schlicht als Objekt theoretisch erkannt werden oder hinterlassen sie nicht zwangsläufig ihre Spuren im Prozeß der theoretischen Objektgewinnung selbst? Muß nicht das psycho-

---

[3] Foucault, Qu'est - ce qu'un auteur?, in: *Bulletin de la Société Française de Philosophie, juillet - septembre 1969, séance du 22. février 1969*, Paris: Libr. A. Colin; Zum Vergleich cf. folgenden Text der englischen Übersetzung, die hier ins Deutsche übertragen wurde: "What is an Author?", Wiederabdruck in: *Language, Counter-Memory, Practice*, ed.Donald F. Bouchard, Ithaca, New York 1980, S. 133-135.: "The initiation of a discursive practice ... overshadows and is necessarily detached from its later developments and transformations. ... if we return [to it], it is because of a basic and constructive omission, an omission that is not a result of accident or incomprehension. In effect, the act of initiation is such, in its essence, that it is inevitably subjected to its own distortions. ... The barrier imposed by omission was not added from outside; it arises from the discursive practice in question, which gives it the law. ... In addition, it is always a return to a text in itself ... with particular attention to those things registered in the interstices of the text, its gaps and absences. We return to those empty spaces that have been masked by omission or concealed in a false and misleading plenitude." (*A.d.Ü.*)

* Hier wie im Folgenden: dt. im Original (*A.d.Ü*)

analytische Denken selbst an den Entstellungen, die es zu beschreiben versucht, teilhaben, wenn nicht sie wiederholen?

Diese Frage zu stellen bedeutet, zu den Texten Freuds in dem Sinne, wie Foucault ihn beschrieben hat, "zurückzukehren". Denn wenn psychoanalytisches Denken an dem, was es beschreibt, selbst teilhat, dann schließen die Texte Freuds ein einmaliges, wenngleich keinesfalls einzigartiges Szenario dieser Teilhabe ein, oder eher das eines Kampfes. Denn das Unternehmen der Konstruktion einer Theorie des Unbewußten hat zwangsläufig den Kampf zur Folge, einem Prozeß Sinn abzuringen, der mit einer absichtlichen Entstellung von Sinn verbunden ist. Ich habe versucht, die Spur oder das Stigma dieses Kampfes nachzuzeichnen. Hierbei hatte ich keine andere Wahl, - obwohl es auch ein Vergnügen war! - als zu dem Deutschen, in dem Freud schrieb, zurückzukehren. Nicht so sehr, weil das Deutsch Freuds seinen Intentionenen näher ist, was zweifellos auch zutrifft, sondern eher, weil die *Entstellung* dieser Intentionen dort graphisch eingeschrieben ist, auf eine Weise, die sich zwangsläufig einer jeden Übersetzung entzieht, die sich als die Wiederholung des Selben begreift. Genau diese Vorstellung kennzeichnet ausnahmslos die Standards der *Standard Edition*[4], die annimmt, ihr "Original"- Text wisse, wovon er spricht, oder zumindest, was er sagen will. Wenn auch eine solche Annahme fast immer die Übersetzung "theoretischer" oder "erkenntnistheoretischer" Schriften lenkt, so ist sie erheblich weniger selbstverständlich im Falle eines Diskurses, der vor allem darum bemüht ist, die Allgegenwart von Kräften aufzuweisen, welche die Sprache dazu zwingen, etwas zu sagen, das verschieden ist von dem, was das Subjekt bewußt zu sagen glaubt.[5] Genau diese Differenz macht Freuds deutsche Texte zu einem privilegierten Schauplatz, auf dem sich die Fragestellungen und Kämpfe des psychoanalytischen Denkens abspielen. In die-

---

[4] *The Standard Edition of the Complete Psychological Works of Sigmund Freud*. Transl. from the German under the General Editorship of James Strachey ..., (24 vol.), London 1953-74.

[5] Diese Bemerkungen dienen weniger einer Kritik der Standard Edition, deren Verdienste um die Einführung Freuds in die englischsprachige Welt kaum infragegestellt werden können, als daß sie auf den Preis hinweisen wollen, den man für eine klare und verständliche Übertragung Freuds zahlen muß. Wie François Roustang beobachtet: "Freuds Schreiben verliert all seine Ausdruckskraft und sogar seinen Sinn in den meisten der französischen Übersetzungen und sogar in der englischen Übersetzung der Standard Edition, weil die Übersetzer sich nur darum bemühen, den Gesamtsinn eines Satzes, der von dessen Syntax definiert wird, wiederzugeben und sich überhaupt nicht um die Stellung der Worte und deren Wiederholung kümmern. Wenn in Freuds Texten die Parataxe beachtet werden muß, dann, weil sein Schreiben eben die Maschine *ist*, die es konstruiert, weil diese Maschine ... sein Diskurs *ist* und weil deshalb seine Teile nicht verschoben werden können, ohne daß dadurch ihr Funktionieren unmöglich wird." ("Du style de Freud", in: François Roustang, *...Elle ne le lâche plus*, Paris 1980, S. 35) Dem möchte ich nur hinzufügen, daß, da die "Maschine" nur durch die *Verschiebung ihrer Teile* funktioniert, ihre Operation auch nicht einfach *berücksichtigt* werden kann, außer vielleicht durch die Fortsetzung des Prozesses der Verschiebung selbst und die Reflexion darauf. Für eine kritische Diskussion cf. Bruno Bettelheim, *Freud und die Seele des Menschen*, Düsseldorf 1984.

sen Texten müssen explizite Thesen und Behauptungen mit derselben Umsicht gelesen werden, die Freud auf die im Traum dargestellten Diskurse - oder vielmehr auf alle Traum-Darstellung - verwendet: jene liefert nur das Material, woraus der Traum seine *Entstellung** konstruiert, und sie ist im allgemeinen bei ihrer augenscheinlichen Klarheit umso trügerischer.

Daß die "Gestalt" Freuds, die sich in diesem Buch zeigt, hinsichtlich derjenigen der Standard Edition und der davon abhängigen Vorstellungen verunstaltet erscheinen mag, ist kaum überraschend. Referenzen auf die Standard Edition in diesem Text dienen genau dazu, den Leser in die Lage zu versetzen, diese Verunstaltung zu erkennen und zu reflektieren. Denn nur, indem die Differenzen zwischen einem allzu vertraut gewordenen Freud und einer anderen, weniger bequemen Gestalt bezeichnet werden, kann seine Legende die unheimliche Kraft wiedergewinnen, von der wir immer "wußten", an die wir aber immer weniger denken.

I. Psychoanalytische Auseinandersetzungen

Der Eigenart des Psychischen können wir nicht durch lineare Konturen gerecht werden wie in der Zeichnung oder in der primitiven Malerei, eher durch verschwimmende Farbenfelder wie bei den modernen Malern. Nachdem wir gesondert haben, müssen wir das Gesonderte wieder zusammenfließen lassen. Urteilen Sie nicht zu hart über einen ersten Versuch, das so schwer erfaßbare Psychische anschaulich zu machen.

S. Freud, *Neue Folge der Vorlesungen zur Einführung in die Psychoanalyse*

Meinen Weg gehen

Im Jahr 1920 spielte Freud, der durch die Nachwirkungen des Krieges in große finanzielle Schwierigkeiten geraten war, mit dem Gedanken, eine Reihe von Artikeln für eine amerikanische Zeitschrift zu schreiben. Der Titel, den er für den ersten vorschlug, lautete: "Don't use Psychoanalysis in Polemics."[1] Dieser Einfall legte Zeugnis von der Bedeutung ab, welche die Polemik in den vorangegangenen Jahren für die Psychoanalyse gewonnen hatte. Der Widerstand, der durch die Gedanken und die Praxis Freuds hervorgerufen worden war, hatte von 1910 an neue Formen angenommen. Zuvor hatten die Gegner der Psychoanalyse es vorgezogen, die neue Bewegung zu ignorieren, statt sie direkt anzugreifen. Nun, da es der Psychoanalyse gelungen war, sich in großem Maße durchzusetzen, war diese Taktik nicht mehr erfolgreich. Die Wende kann mit der auf Freuds Initiative erfolgten Gründung der Internationalen Psychoanalytischen Vereinigung (IPV) in Verbindung gebracht werden. 1914, vier Jahre später, nannte Freud von den Ereignissen, die ihn hierzu veranlaßt hatten, den "Eindruck der Aufnahme in Amerika, die steigende Anfeindung in den deutschen Ländern und die ungeahnte Verstärkung durch den Zuzug der Züricher"[2].

Die Psychoanalytische Bewegung tauchte aus ihrer Isolation auf. Doch mit ihrem Wachstum, der steigenden Anerkennung und ihrem zunehmendem Interesse entstanden neue Probleme, die Freud mit Hilfe der neuen Organisation zu lösen hoffte.

> Die Form einer offiziellen Vereinigung hielt ich für notwendig, weil ich den Mißbrauch fürchtete, welcher sich der Psychoanalyse bemächtigen würde, sobald sie einmal in die Popularität geriete. Es sollte dann eine Stelle geben, welcher die Erklärung zustände: Mit all dem Unsinn hat die Analyse nichts zu tun, das ist nicht die Psychoanalyse. (G.W. X, 85)

Als oberste Entscheidungsinstanz gedacht, welche die Reinheit und Einheit der Psychoanalyse verteidigen sollte, richtete sich die neue IPV nicht so sehr gegen Angriffe von außen als gegen Zugriffe, Mißbräuche, die gerade

---

[1] Ernest Jones, *Das Leben und Werk von Sigmund Freud*, Bd. III, Bern und Stuttgart 1962, S. 44.

[2] *Zur Geschichte der psychoanalytischen Bewegung*; G.W. X, 84. Wo nicht anders vermerkt, wird Freud aus dem Text der *Gesammelten Werke*, deutsche Ausgabe Frankfurt/M. 1950ff., (G.W.; Bandnr. in römischen Ziffern) zitiert *(A.d.Ü.)*.

die Grenze von *außen* und *innen* zu verwischen versuchen könnten. Dagegen sollte durch die IPV jene Grenze eindeutig und endgültig gezogen werden. Zugleich aber hatte sie auch die Aufgabe, die Bewegung von innen zu stärken, sowohl durch Vorschriften für die Ausbildung von Analytikern (d.h. für den Übergang von außen nach innen), als auch durch Ermunterung "zum freundschaftlichen Verkehr und zur gegenseitigen Unterstützung" (G.W. X, 86) unter den Mitgliedern der Bewegung durch regelmäßige Treffen, die sie zu organisieren hatte.[3]

Der Verkehr, der daraufhin entstand, erwies sich jedoch als von einem freundschaftlichen weit entfernt. Statt zu einer Quelle "gegenseitiger Unterstützung" wurde die IPV rasch zum Schlachtfeld und zeigte damit, daß die ernsthafteste Bedrohung der Psychoanalyse nicht mehr ausschließlich von außen, sondern von innen kam. Die Geschichte der Spaltungen und Konflikte, welche die ersten Jahre der IPV beherrschten, sie schließlich lähmten und die Bewegung fast zerstörten, ist bekannt. Die Frage nach der Bedeutung dieser Kämpfe ist jedoch selten gestellt, geschweige denn erforscht worden.

Ernest Jones, Chronist der Bewegung, in der er eine führende Rolle spielte, versucht, diese frühen Konflikte zu erklären - oder vielmehr wegzuerklären -, indem er sie als eine Art Kinderkrankheit darstellt, Wachstumsschmerzen einer frühreifen Wissenschaft, die dazu angelegt gewesen seien, mit zunehmender Reife zu verschwinden. Das Problem wird von Jones als ein wesentlich individuelles dargestellt, als die Unfähigkeit einzelner Analytiker, die Autorität Freuds zu akzeptieren, d.h. als ein persönliches Versagen, welches wiederum auf den unentwickelten Stand der analytischen Ausbildung, und insbesondere der Lehranalyse, zurückgehe.[4]

Doch diese Erklärung, die die damals von Freud gegebene wiederholt, läßt ein Moment außer acht, das Jones selbst für einen unverkennbaren Zug der Psychoanalyse hält: daß sie sich im Vergleich zu anderen "Wissenschaften" besonders schwer tut, mit internen Konflikten umzugehen. Jones führt diese Schwierigkeit auf die Eigenart der "Gegebenheiten" zurück, mit denen die "Erforschung des Unbewußten" zu tun hat, und die sich, wie er sagt, besonders leicht durch "persönliches Vorurteil ... umdeuten lassen"[5]. *Warum* dies jedoch so sei, und ob es nicht auf strukturelle Besonderheiten, durch die sich die Psychoanalyse von anderen Wissenschaften - oder von "Wissenschaft" überhaupt - unterscheidet, hindeuten könnte, ist eine Frage,

[3] Die IPV sollte, kurzgesagt, wie ein kollektives Ich organisiert werden, von dem Freud bemerkt: "Das Ich ist eine Organisation, es beruht auf dem freien Verkehr und der Möglichkeit gegenseitiger Beeinflussung unter allen seinen Bestandteilen." (*Hemmung, Symptom und Angst*; G.W. XIV, 125)

[4] Jones, l.c., Bd. II, S. 156ff.

[5] *Ibid.*, S. 159.

der Jones nicht nachgeht. Die Tatsache, daß diese Differenzen erst unmittelbar nach dem Versuch, die Psychoanalyse zu *institutionalisieren*, besonders akut hervortreten, läßt sich nicht einfach mit dem Hinweis umgehen, die Probleme seien lediglich das Resultat individueller Mängel oder kollektiver Unreife. Vielmehr legt sie nahe, daß, was hier über alle individuellen Faktoren hinaus in Frage steht, nichts weniger ist als die Beziehung der Psychoanalyse zu ihrer Institutionalisierung überhaupt.[6]

Doch bevor wir uns der Erforschung dieses Problems zuwenden, wollen wir kurz die wichtigsten Ereignisse rekapitulieren. Ein Jahr nach der Gründung der IPV, also 1911, tritt Alfred Adler, den Freud für seine Nachfolge als Leiter der Wiener Gruppe vorgesehen hatte, zurück und gründet eine "Gesellschaft für freie Psychoanalyse". Ein Jahr darauf trennt sich Wilhelm Stekel, vormals Herausgeber des *Zentralblattes für Psychoanalyse*, des offiziellen Organs der IPV, von der Bewegung. Und schließlich vollzieht sich 1913 der endgültige Bruch mit Jung, dem ersten Präsidenten der IPV und designierten Nachfolger Freuds. Der Verlust Jungs, auf den Freud seine persönliche Autorität "übertragen" wollte, kann deshalb als der erste kritische Fall *"negativer" Übertragung*, der nicht nur Individuen, sondern die Institution der Psychoanalyse betraf, beschrieben werden.

Wenn aber die Verwendung eines solchen Begriffs hier "außerhalb" der analytischen Situation als Therapie gerechtfertigt werden kann, dann nicht nur, weil Freud sich selbst dieses Ausdrucks zur Beschreibung seines Verhältnisses zu den Abtrünnigen Adler und Jung bedient.[7] Weitaus wichtiger ist, daß seine Beschreibung den Konflikt genau innerhalb des Kraftfeldes der Übertragung ansiedelt, also wie Freud behauptet, von unbewußten Faktoren bestimmt war. Bei der Diskussion dieses Prozesses (in: *Zur Geschichte der psychoanalytischen Bewegung*) kehrt Freud jedoch die gebräuchliche Rollenverteilung um: Anders als in der analytischen Situation ist es hier das übertragende Subjekt - Freud selbst -, das willentlich und bewußt gehandelt haben soll, während diejenigen, die "Objekte" der Übertragung sind, Adler und Jung, als von unbewußten Motivationen getrieben beschrieben werden. "Unfähig, die Autorität eines anderen zu ertragen", schreibt Freud, war Jung "noch weniger ... geeignet, selbst eine Autorität zu bilden." (G.W. X, 85). Die Macht des Unbewußten, so wird nahegelegt,

[6] Das Problem der Institutionalisierung hat in der psychoanalytischen Literatur der letzten Jahre wachsende Aufmerksamkeit auf sich gezogen. Innerhalb des Kontextes der französischen Erfahrungen verdient die Studie François Roustangs, *Un destin si funeste*, Paris 1976, besondere Erwähnung. Zweifellos von den Problemen ausgehend, auf die er als Mitglied der von Jacques Lacan gegründeten (und 1980 von ihm wieder aufgelösten) École freudienne gestoßen war, versucht Roustangs Studie, die institutionellen Schwierigkeiten der psychoanalytischen Bewegung aus den Beziehungen Freuds zu seinen Anhängern herzuleiten.

[7] "Es lag mir also daran, diese Autorität auf einen jüngeren Mann zu übertragen, der nach meinem Ausscheiden wie selbstverständlich mein Ersatz werden sollte. Dies konnte nur C.G. J u n g sein ..." (G.W. X, 85)

manifestiert sich hier nicht im Akt der Übertragung, sondern in der Weigerung, das zu akzeptieren, was übertragen wird. Der offensichtlichste Effekt dieser Weigerung ist die Infragestellung sowohl des übertragenden Subjekts wie auch des Subjekts der Übertragung: die Freuds und seiner Autorität.[8] Der Begründer der Psychoanalyse unterschätzte nicht die Ernsthaftigkeit dieser Herausforderung, welche nicht länger uninformierten Außenseitern zugeschrieben werden konnte. Er hoffte dennoch, eine öffentliche Auseinandersetzung vermeiden zu können. Kurz vor seinem Bruch mit der Züricher Gruppe schreibt er an Ferenczi:

> Wir sind im Besitz der Wahrheit; ich bin so sicher wie vor 15 Jahren. ... ich [habe] in der Polemik nie etwas geleistet ... . Ich pflege stumm abzulehnen und meiner Wege zu gehen.[9]

Und tatsächlich, wäre Freuds Weg so geradlinig verlaufen, wie diese Stellungnahme vermuten läßt, hätte es für ihn keine Notwendigkeit gegeben, sich auf Polemik einzulassen oder auf andere Weise Notiz von den ehemaligen Anhängern zu nehmen, die nun vom Wege abgekommen waren. In den Augen der Nichteingeweihten jedoch - und vielleicht nicht nur in deren - läßt der Abfall solch wichtiger Personen wie Adler und Jung den Schluß zu, daß eine Vielzahl von Wegen, ein jeder mit dem Anspruch auf Wahrheit, möglich sein könnte. Mit dieser Situation konfrontiert, konnte Freud es kaum vermeiden, die Rechtmäßigkeit *seines* Weges zu verteidigen und so die Funktion zu übernehmen, zu deren Erfüllung die IPV ursprüng-

---

[8] Ähnliche Konflikt-Situationen hat Roustang untersucht, der sie auf das von Freud und seinen Anhängern geteilte Bedürfnis nach gegenseitiger Anerkennung und Bestätigung ihrer jeweiligen Positionen innerhalb der Hierarchie zurückführt. Es ist wert, auf eine bemerkenswerte Auslassung innerhalb des von Roustang untersuchten Spektrums hinzuweisen: diejenige Adlers. Diese Nichterwähnung nimmt besondere Bedeutung hinsichtlich Roustangs Darstellung dieses Machtkampfes an, den er als charakteristisch für Freud und seine Anhänger ansieht. Tatsächlich scheint die Konzeption des Subjekts, die in Roustangs Diskussion dieser Auseinandersetzungen erscheint, derjenigen Adlers weitaus näher zu sein als der Freuds. Formulierungen wie "das eigene Selbst begehren", "für sich selbst sprechen" und "für sich selbst schreiben" unterstellen eine Autonomie des Ich (=Selbst), die - paradoxerweise, wenn man Roustangs Affinitäten zu Lacan bedenkt - der amerikanischen Ich-Psychologie näher steht als Freud. Dennoch ist die Tatsache, daß einer der unabhängigsten und kritischsten Analytiker der Lacanschen Tradition etwas verwendet, was wir als die "Sprache des Ich" beschrieben haben, weniger paradox, als es scheinen könnte. Denn insofern Lacans Entwurf der Psychoanalyse zur Errichtung einer Opposition und Hierarchie zwischen der "symbolischen" Ordnung des unbewußten Begehrens und der "imaginären" Ordnung des narzißtischen Ich tendiert, wird diese ohne Schwierigkeiten zum Objekt der Polemik, wobei die Notwendigkeit einer weitergehenden Reflexion auf das Problem des Narzißmus verschleiert wird. Dieser Mangel an Reflexion führt leicht zu einem Abgleiten in die Sprache des "Standpunkts" des Ich, wie man sie in Roustangs ansonsten hochinteressantem Buch finden kann. Im Gegenatz hierzu gehört es zu den Absichten der vorliegenden Studien zu zeigen, wie ein bestimmter Narzißmus den unüberwindbaren und konfliktgeladenen Horizont des psychoanalytischen Denkens bildet, und warum deshalb jeder Versuch - sei es der Lacans (die symbolische Ordnung des Begehrens) oder der von Freud selbst -, eine Region "jenseits" des Narzißmus zu entwerfen, zwangsläufig von dem geprägt ist, was er zu überwinden versucht.

[9] Brief an Ferenczi vom 8. Mai 1913, zitiert in: Jones, l.c., Bd. II, S. 182.

lich gegründet worden war: festschreiben zu können, was als Psychoanalyse zu gelten hat und was nicht. Diese Aufgabe fiel nun an Freud und seine *Geschichte* war das Ergebnis:

> Ich finde mich berechtigt, den Standpunkt zu vertreten, daß auch heute noch, wo ich längst nicht mehr der einzige Psychoanalytiker bin, keiner besser als ich wissen kann, was die Psychoanalyse ist, wodurch sie sich von anderen Weisen, das Seelenleben zu erforschen, unterscheidet, und was mit ihrem Namen belegt werden soll oder besser anders zu benennen ist. (G.W. X, 44)

Wo der Name der Psychoanalyse auf dem Spiel steht - wer außer ihrem Begründer und Vater kann entscheiden, was ihn verdient und was nicht? Doch der gute Name kann nur solange verteidigt werden, wie er das selbst erlaubt. Genau hier aber entstehen die Schwierigkeiten. Die Psychoanalyse, obwohl, oder besser: gerade weil sie eine Konflikttheorie ist, bleibt Freud zufolge ein sehr ungeeignetes Mittel, um Konflikte auszufechten:

> Die Analyse eignet sich aber nicht zum polemischen Gebrauche; sie setzt durchaus die Einwilligung des Analysierten und die Situation eines Überlegenen und eines Untergeordneten voraus. Wer also eine Analyse in polemischer Absicht unternimmt, muß sich darauf gefaßt machen, daß der Analysierte seinerseits die Analyse gegen ihn wendet, und daß die Diskussion in einen Zustand gerät, in welchem die Erweckung von Überzeugung bei einem unparteiischen Dritten ausgeschlossen ist. (G.W. X, 93)

Diese Überlegungen führen Freud dahin, seine Angriffsziele in den Verhandlungen mit den Abtrünnigen zu beschränken: Er werde weder versuchen, sie als Individuen zu analysieren, noch ein Urteil über die inneren Qualitäten ihrer Theorien zu fällen. Stattdessen möchte er lediglich "zeigen, daß - und in welchen Punkten - diese Lehren die Grundsätze der Analyse verleugnen und darum nicht unter diesem Namen behandelt werden sollen" (ibid.).

Obwohl Freud diese Behauptung am Anfang des polemischen dritten Teils der *Geschichte* aufstellt, ist , was er dann ausführt, genau das, was er erklärtermaßen vermeiden wollte: persönliche Analyse seiner Gegner und Beurteilung des immanenten Wertes ihrer Theorien. In sich ist diese Kehrtwendung kaum überraschend; polemische Absetzung schließt unvermeidlich Herabsetzung mit ein, da die Bejahung von Differenzen von der Behauptung der Minderwertigkeit der Position des anderen gegenüber der eigenen kaum zu trennen ist. Was Freuds Polemik aber auszeichnet, ist, das diese Behauptungen weder einfach noch eindeutig sind, und daß sie nicht das letzte Wort behalten. Die Argumente, die er anführt, um die "*Abfallsbewegungen*"* zu disqualifizieren, fallen auf dasjenige zurück, das sie verteidigen wollen. Die Psychoanalyse wird in eine Konfrontation hineingezogen werden, der sie versucht hatte auszuweichen, und in der die Fronten zunehmend verwischt werden, bis man sich zu fragen beginnt, was die Psychoanalyse denn genau sei - oder wohin sie gehe.

Ein Problem des Narzißmus

Die Verurteilung der Häresie schließt die Bestätigung der Orthodoxie ein. Um zu sagen, was die Psychoanalyse *nicht* ist, muß Freud feststellen, was sie *ist*. Deshalb beginnt er seine Polemik gegen Adler und Jung, indem er die wesentlichen Positionen benennt, die, wie er behauptet, von seinen ehemaligen Anhängern aufgegeben worden seien: Die Theorien, die Freud erwähnt, sind die der "Verdrängung, der sexuellen Triebkräfte der Neurose und des Unbewußten" (G.W. X, 93). Nachdem er so die unverzichtbaren Grundlagen der Psychoanalyse benannt hat, geht Freud dazu über, genau zu zeigen, inwiefern die beiden Abtrünnigen hiervon abweichen. Was sich in der nun folgenden Diskussion ergibt, ist, daß sich ihr Abweichen nicht auf einzelne Punkte der Lehre beschränkt, sondern, viel grundsätzlicher, ihre Denkweise betrifft. Die Psychoanalyse, so behauptet Freud, habe "niemals beansprucht, eine vollständige Theorie des menschlichen Seelenlebens überhaupt zu geben" (G.W. X, 93), und diese mit Absicht selbstauferlegte Einschränkung unterscheide sie grundlegend von den Theorien der ehemaligen Anhänger. Freud beginnt mit dem Fall Adler, welcher der einfachere von beiden ist:

> Die A d l e rsche Theorie war von allem Anfang ein "System", was die Psychoanalyse sorgfältig zu sein vermied. Sie ist auch ein ausgezeichnetes Beispiel einer "sekundären Bearbeitung", wie sie z. B. vom Wachdenken am Traummaterial vorgenommen wird. Das Traummaterial wird in diesem Falle durch das neugewonnene Material der psychoanalytischen Studien ersetzt, dies wird nun durchwegs vom Standpunkte des Ichs erfaßt, unter die dem Ich geläufigen Kategorien gebracht, übersetzt, gewendet, und genau so, wie es bei der Traumbildung geschieht, mißverstanden. Die A d l e rsche Lehre ist denn auch weniger durch das charakterisiert, was sie behauptet, als durch das, was sie verleugnet ... (G.W. X, 96)

Freud benutzt also die psychoanalytische Theorie des Traums, um Adler zu kritisieren und schließlich zu disqualifizieren. Adlers Denken wird mit der "sekundären Bearbeitung" des Traums gleichgesetzt, die dazu bestimmt ist, dessen wahre Bedeutung zu entstellen. Adler kann trotz - oder gerade wegen - seines Anspruchs, eine allgemeine Theorie, ein System bereitzustellen, umso leichter von der Psychoanalyse einverleibt und erfaßt werden. Diese kann, gerade weil sie ihre Grenzen zu "kennen" scheint, wie Freud nahelegt, das Adlersche "System" absorbieren und erklären, sich das

Wenige, was es an Wert hat, aneignen und den Rest tilgen. Nichts anderes als diese Auslöschung hat etwas verdient, das Freud durchgängig als *Abfallsbewegung** bezeichnet, ein Wort, das nicht nur das Abgehen, die Abweichung vom rechten Weg der Psychoanalyse bezeichnet, sondern ebenso den Vorgang der Ausscheidung. Die skatologische Konnotation wird darüberhinaus in dem Epigraph aus Goethes *Faust* vorweggenommen, den Freud zur Einleitung des dritten Teils benutzt: "Mach es kurz! Am jüngsten Tag ist's nur ein Furz!".

Aber die Aneignung scheint weniger einfach als Freud vermutet. Noch 1932 notiert Freud, daß es Adlers Psychologie immer noch gelinge, "eine Art von parasitärer Existenz auf ... Kosten" der Psychoanalyse zu führen (*Neue Folge der Vorlesungen zur Einführung in die Psychoanalyse*, G.W. XV, 151). Daß gerade ein Parasit nicht ohne ein gewisses Entgegenkommen des "Wirtes" gedeihen kann, ist hierbei ein Aspekt, den Freud vorzieht nicht zu bedenken. Gewiß ist es jedoch bezeichnend, daß er eine seiner letzten Schriften mit einem Hinweis auf Adlers Lehre des "männlichen Protests" schließt, jene Theorie, die er Jahre vorher so emphatisch verurteilt hatte.[1]

Freuds anhaltende Faszination über eine von ihm eindeutig verurteilte Theorie ist wegen des besonderen Angriffs, den er gegen Adler richtet, umso bemerkenswerter. Denn eine Theorie als eine Art *sekundäre Bearbeitung* darzustellen, heißt nicht allein, daß diese nicht wisse, worüber sie redet (was für einen theoretischen Diskurs schon schlimm genug wäre), sondern, noch ärger, daß sie dazu diene, andere vom Wissen abzuhalten. "Sekundäre Bearbeitung" bezeichnet nicht einfach Unwissenheit, sondern eine Strategie der Verstellung und Täuschung, und wir brauchen uns nur jenem Text zuzuwenden, in dem Freud diesen Begriff zum ersten Mal erörtert: der *Traumdeutung*, um herauszufinden, auf welche Weise und aus welchem Grund das geschieht.

Freud führt den Begriff im Kapitel über die "Traumarbeit" als vierten Mechanismus der Symbolisierung ein, wodurch der Traum die konflikthaften Wünsche sowohl artikuliert wie verbirgt. Im Gegensatz zu den anderen drei Arbeitsweisen - Verdichtung, Verschiebung und *Rücksicht auf Darstellbarkeit** - ist jedoch die sekundäre Bearbeitung, obwohl sie für den Traum wesentlich ist, keinesfalls auf unbewußte Aktivität beschränkt. Sie ist im Gegenteil mit einer "psychischen Funktion" verbunden, "die von unserem wachen Denken nicht zu unterscheiden ist" (G.W. II/III, 493). Kraft dieser besonderen Vertrautheit kann sie ihre Aufgabe in der Traumarbeit bewältigen: nämlich den Anschein der Rationalität einer vordergründigen Verständlichkeit zu erzeugen, die dazu dient, die Traumentstellungen zu verbergen und sie so dem Bewußtsein annehmbar zu machen. Durch die sekundäre Bearbeitung scheinen die Traumelemente "einen Sinn zu haben,

---

[1] *Die endliche und die unendliche Analyse*; G.W. XVI, 99.

aber dieser Sinn ist von der wirklichen Bedeutung des Traums auch am weitesten entfernt" (G.W. II/III, 494).

Die sekundäre Bearbeitung wird also als ein Interpretationsprozeß beschrieben, der, wesentlich unbewußt, dazu dient, den Träumenden abzulenken, indem sie das Material umorganisiert und in einer Weise darstellt, die den logischen und rationalen Erwartungen des wachen Bewußtseins entspricht. Das Ergebnis ist, daß die Träume, die am kohärentesten und transparentesten erscheinen, in Wirklichkeit die trügerischsten sind:

> Analysiert man sie, so überzeugt man sich, daß hier die sekundäre Bearbeitung des Traums am freiesten mit dem Material umgesprungen ist, am wenigsten von dessen Relationen beibehalten hat. Es sind das Träume, die sozusagen schon einmal gedeutet worden sind, ehe wir sie im Wachen der Deutung unterziehen. (G.W. II/III, 494)

Wenn dieser Mechanismus der "zensurierenden Instanz" zugeschrieben wird, "deren Einfluß wir bisher nur in Einschränkungen und Auslassungen im Trauminhalte erkannten", so erscheint hier eine neue, eher positive Rolle des Zensors. Durch sekundäre Bearbeitung erzeugt er "Einschaltungen und Vermehrungen" (G.W. II/III, 493), und diese Effekte werden von Freud als die Fortsetzung des bewußten Denkens beschrieben:

> Unser waches (vorbewußtes) Denken benimmt sich gegen ein beliebiges Wahrnehmungsmaterial ganz ebenso wie die in Frage stehende Funktion gegen den Trauminhalt. Es ist ihm natürlich, in einem solchen Material Ordnung zu schaffen, Relationen herzustellen, es unter die Erwartung eines intelligibeln Zusammenhangs zu bringen. Wir gehen darin eher zu weit; die Kunststücke der Taschenspieler äffen uns, indem sie sich auf diese unsere intellektuelle Gewohnheit stützen. In dem Bestreben, die gebotenen Sinneseindrücke verständlich zusammenzusetzen, begehen wir oft die seltsamsten Irrtümer oder fälschen selbst die Wahrheit des uns vorliegenden Materials. (G.W. II/III, 503f.)

Das erste Beispiel, das Freud für diese Tendenz heranholt, bezieht sich auf das Lesen:

> Wir lesen über sinnstörende Druckfehler hinweg, indem wir das Richtige illusionieren. (ibid.)

Es ist gerade dieses Begehren, Sinn zu erzeugen, das für die Bedingung der Möglichkeit des trompe-l'oeil der sekundären Bearbeitung sorgt: Unser waches Bewußtsein ist so sehr darauf aus, einen Sinn zu finden, daß es bereitwillig Absurditäten ignoriert, um zu erhalten, was ihm sinnvoll erscheint. Diese Leichtgläubigkeit, darauf beharrt Freud, ist nicht auf besonders unbedarfte Individuen beschränkt. Sie ist ein Charakteristikum des wachen Denkens überhaupt, das auf diese Weise der "tendenziösen" Umgestaltung der sekundären Bearbeitung den Weg ebnet.

Freuds Gebrauch des Wortes "tendenziös" nimmt seine Studie *Der Witz und seine Beziehung zum Unbewußten* (G.W. VI) vorweg. In dieser unterteilt er die Witze in die zwei Grundkategorien "harmlos" und "tendenziös". Aber die Affinität zwischen sekundärer Bearbeitung und dem Witz geht über die beiden gemeinsame aggressive Absicht hinaus. Bezeichnend ist, daß diese Aggressivität in beiden Fällen mit dem Vorgang zusammenhängt, durch den das Unbewußte die Unterstützung durch das rationale Denken erfährt, um seine eigenen Ziele zu verfolgen. Der *Witz** wird, wie die sekundäre Bearbeitung, durch die "Erwartung eines intelligibeln Zusammenhangs" ermöglicht. Ich werde Gelegenheit haben, eingehender auf diesen Punkt zurückzukommen, wenn ich Freuds Witztheorie diskutiere. An dieser Stelle will ich lediglich die Aufmerksamkeit auf die Tatsache lenken, daß Freud die Arbeit der sekundären Bearbeitung als eine Art Witz darstellt, den das Unbewußte gegen das Bewußtsein oder auf dessen Kosten macht.

> Soll ich für die definitive Gestaltung des Traums, wie sie sich unter der Mitwirkung des normalen Denkens ergibt, irgendwo ein Vergleichsobjekt suchen, so bietet sich mir hier kein anderes als jene rätselhaften Inschriften, mit denen die "Fliegenden Blätter" so lange ihre Leser unterhalten haben. Für einen gewissen Satz, des Kontrastes halber dem Dialekt angehörig und von möglichst skurriler Bedeutung, soll die Erwartung erweckt werden, daß er eine lateinische Inschrift enthalte. Zu diesem Zwecke werden die Buchstabenelemente der Worte aus ihrer Zusammenfügung zu Silben gerissen und neu angeordnet. Hie und da kommt ein echt lateinisches Wort zustande, an anderen Stellen glauben wir Abkürzungen vor uns zu haben, und an noch anderen Stellen der Inschrift lassen wir uns mit dem Anscheine von verwitterten Partien oder von Lücken der Inschrift über die Sinnlosigkeit der vereinzelt stehenden Buchstaben hinwegtäuschen. Wenn wir dem Scherze nicht aufsitzen wollen, müssen wir uns über alle Requisite einer Inschrift hinwegsetzen, die Buchstaben ins Auge fassen, und sie unbekümmert um die gebotene Anordnung zu Worten unserer Muttersprache zusammensetzen. (G.W. II/III, 505)

Um den Traum zu lesen, müssen wir der Gewohnheit, nach vorgegebener Ordnung "Sinn zu erzeugen", widerstehen; stattdessen müssen wir dazu bereit sein, die scheinbaren Einheiten zu analysieren, in einzelne Buchstaben auseinander-zusetzen, um sie dann zu einer obgleich nicht vertrauten, so doch mit unserer Muttersprache vergleichbaren Sprache neu zusammenzusetzen. Ein solches Lesen setzt voraus, daß die Bereitschaft, mit der Sprache zu spielen, groß genug ist, um den Wunsch, das Vertraute (das Pseudo-Lateinisch der "Inschrift") wiederzuerkennen und so unmittelbar beim Sinn anzukommen, in Frage zu stellen.

Dieser Wunsch, der das Haupthindernis Menschen, die beinahe per definitionem dazu verurteilt sind, *solchen Scherzen aufzusitzen**: *die Philosophen*. Der Philosoph - schreibt Freud, Heine zitierend - versucht "mit seinen Nachtmützen und Schlafrockfetzen ... die Lücken des Weltenbaus" zu stopfen, genauso wie die sekundäre Bearbeitung "die Lücken im Aufbau des Traums" (G.W. II/III, 494). In ihrer Neigung, zum Idealbild des "Genarrten" der List der sekundären Bearbeitung zu werden, zeigt sich die Philosophie selbst nicht so sehr als Liebe zur wie vielmehr als Furcht vor der Weisheit: *Phobosophie*.

Auf diese Beschreibung der Philosophie, bzw. einer bestimmten Art des rationalistischen Denkens richtet Freud in *Totem und Tabu* erneut sein Augenmerk, indem der die Betrachtung der sekundären Bearbeitung wiederaufnimmt. Im Zusammenhang seiner Beschreibung des "Animismus", als der "ersten vollständigen Theorie der Welt" (G.W. IX, 116), gebraucht Freud den Begriff der sekundären Bearbeitung, um die Implikationen eines solchen systematischen Denkens aus der Perspektive der Psychoanalyse zu erklären.

> Die sekundäre Bearbeitung des Produkts der Traumarbeit ist ein vortreffliches Beispiel für das Wesen und die Ansprüche eines Systems. Eine intellektuelle Funktion in uns fordert Vereinheitlichung, Zusammenhang und Verständlichkeit von jedem Material der Wahrnehmung oder des Denkens, dessen sie sich bemächtigt, und scheut sich nicht, einen unrichtigen Zusammenhang herzustellen, wenn sie infolge besonderer Umstände den richtigen nicht erfassen kann. (G.W. IX, 117)

Verglichen mit der Verwendung des Begriffs in der *Traumdeutung* hat Freud die Reichweite der "sekundären Bearbeitung" erheblich ausgedehnt. Deren entstellende Funktion scheint jetzt nicht mehr länger auf die Traumarbeit beschränkt zu sein, sondern vielmehr für systematisches Denken allgemein zu gelten. Diese Ausweitung provoziert jedoch eine neue Frage: Wenn die sekundäre Bearbeitung im Traum unter dem Einfluß der zensurierenden Instanz operiert, welche ihrerseits eine Funktion der Konflikte ist, die mit dem Traumbegehren verbunden sind, was ist dann im bewußten, systematischen Denken das Äquivalent für den Zensor? "Eine intellektuelle Funktion in uns fordert Vereinheitlichung", behauptet Freud, womit er nur die Frage verschiebt. Denn wie kann eine "Funktion" *fordern*? Mit welchen Mitteln? Oder, genauer: Unter welchen Bedingungen kann eine solche "intellektuelle Funktion" die *Kraft* erlangen, Forderungen zu erheben, und die *Macht*, sie durchzusetzen?

Obwohl diese Frage in *Totem und Tabu* niemals ausdrücklich gestellt wird, durchzieht sie Freuds Diskussion des Animismus, die auch eine Teilantwort anbietet. Wordurch dieser nicht bloß zum phylogenetischen Vorläufer des systematischen Denkens wird, sondern eher zu dessen Paradigma, ist seine Tendenz, "das Ganze der Welt als einen einzigen Zusammenhang, aus einem Punkte zu begreifen", d.h. seine Bemühung, "das Wesen der Welt restlos" zu erklären (G.W. IX, 96). Einheit und Totalität sind die Kategorien, die den Animismus durchdringen, und sie bilden das Modell jeglichen systematischen Denkens: alles muß einbezogen, nichts darf draußen gelassen werden.

Diese allumfassende Qualität des animistischen Denkens verweist auf seine psychologische Entsprechung: den Narzißmus. Als Freud *Totem und Tabu* schrieb, analysierte er den Narzißmus noch vorwiegend als ein dem Wesen nach genetisches Phänomen, also noch nicht mit dem eher strukturalen Konzept seiner späteren Theorie. Folgerichtig nennt Freud den Narzißmus eine Periode, in der

> die vorher vereinzelten Sexualtriebe sich bereits zu einer Einheit zusammengesetzt und auch ein Objekt gefunden haben; dies Objekt ist aber kein äußeres, dem Individuum fremdes, sondern es ist das eigene, um diese Zeit konstituierte Ich. (G.W. IX, 109)

Der animistische Versuch, die äußere Welt als Einheit und Totalität zu erfassen, korrespondiert mit der neugebildeten Einheit innerhalb der Psyche: dem narzißtischen Ich. Der *eine* Standpunkt und das allesumgreifende Verstehen, das er ermöglicht, spiegeln jene zusammengesetzte Einheit - das Ich - wider. Und da "die narzißtische Organisation nie mehr völlig aufgegeben wird", weil "der Mensch ... in gewissem Maße narzißtisch" bleibt, "auch nachdem er äußere Objekte für seine Libido gefunden hat" (G.W. IX, 110), gibt es keinen Grund zu der Annahme, daß der Animismus, wie auch der Narzißmus nicht bestehen bleibe - in der Geschichte der Völker nicht minder als in der der Individuen. Eine der Formen, in der sich dies vollzieht, scheint gerade das systematische Denken zu sein.

Wenn folglich die "intellektuelle Funktion", die "Vereinheitlichung, Zusammenhang und Verständlichkeit" fordert, fähig ist, ihre Forderungen durchzusetzen, so scheint die Energie, die sie dazu benötigt, eine identifizierbare Quelle zu haben: das libidinös besetzte, narzißtische Ich. Das systematische Denken organisiert die Welt nach dem Bild seiner psychischen Organisation. Das intellektuelle Konstrukt, das wir ein "System" nennen, erweist sich selbst als narzißtisch, in seinem Ursprung nicht minder als in seiner Struktur: *spekulativ* im etymologischen Sinn, als ein Spiegelbild des Ich und ebenso als "Phobosophie". Wenn es dazu getrieben wird, die "Risse und Brüche" im Gefüge der Welt zu kitten, so finden sich die Fugen, die es fürchtet, schon am *eigenen Haus*. Die "Erwartung eines intelligibeln Zusammenhangs", wie Freud sie beschrieben hat, d.h. die Erwartung eines einheitlichen Sinns scheint die Reaktion des Ich in seinem Versuch darzustellen, seinen konfliktgeschüttelten Zusammenhalt gegen ihm gleichermaßen innewohnende zentripetale Tendenzen zu verteidigen. Das Streben nach Sinn, die Aktivität der Konstruktion, Synthese, Vereinheitlichung, die Unfähigkeit irgendetwas Fremdes in seiner Fremdheit zu belassen, d.h. es als unaufgeklärten Rest zuzulassen - all dies weist auf den Kampf des Ich hin, eine Identität herzustellen und aufrechtzuerhalten, die jedoch umso prekärer und verwundbarer ist, als sie von dem abhängt, was sie ausschließen muß. Kurz, spekulatives, systematisches Denken bezieht seine

Kraft aus der Bemühung des Ich, sich ein Äußeres anzueignen, von dem es selbst, wie Freud später formulieren wird, nur " der organisierte Anteil" ist.[2]

Kehren wir jetzt zu Freuds Beurteilung Adlers zurück, so sind wir nicht länger verblüfft, etwas zu finden, das man andernfalls als schlichten Widerspruch ansehen könnte: die zwiespältige Charakterisierung Adlers als eines "bedeutenden, insbesondere spekulativ veranlagten Kopfes" mit einer "geringe[n] Begabung gerade für die Würdigung unbewußten Materials" (G.W. X, 94). Denn Spekulation, die Freud mit Narzißmus, Systematisierung und sekundärer Bearbeitung in Verbindung bringt, wäre eine für die "Würdigung unbewußten Materials" ungeeignete Form des Denkens, insofern sie gerade von der Verleugnung des Einflusses des eigenen Unbewußten motiviert ist. Das ist zumindest das Wesen des Urteils, das Freud über Adler und Jung fällt. Dies führt zwangsläufig zu dem Schluß, daß die wahre Psychoanalyse zu ihren *Abfallsbewegungen** im selben Verhältnis steht, wie das Unbewußte zur sekundären Bearbeitung: diese wird von jenem, dem sie durch Verstellung dient, vollkommen beherrscht.

Aber wie weit können wir diese Analogie treiben? Können wir daraus schließen, daß die Abtrünnigen der Psychoanalyse nicht nur die wahre Abhängigkeit von ihr verbergen, - wie Freud behauptet -, sondern damit deren Interessen dienen (was Freud offenbar verneint hätte)? Dies würde bedeuten, daß, wie beim Unbewußten, die Interessen der Psychoanalyse als einer Institution von einer gewissen Selbst-Entstellung abhängig wären, ebenso wie der Traum, um seine Funktion zu erfüllen, *sowohl* seine wahre Natur *wie* auch seine Entstellung entstellen muß. Hinsichtlich der Tatsache, daß die Psychoanalyse sowohl eine Theorie wie eine Praxis umfaßt, wie sollen diese analysiert werden, wenn die Bedingung ihrer Möglichkeit diese doppelte Entstellung enthält?

Diese Fragen - so sophistisch sie auch erscheinen mögen - sind kaum zu umgehen, sofern Freud sich auf das Unbewußte bezieht, um die Autorität der Psychoanalyse über und gegen ihre Mitstreiter zu festigen. Nur indem sie im Namen des Unbewußten spricht, kann die Psychoanalyse diese Autorität für sich in Anspruch nehmen und dabei die Lehren Adlers und Jungs als theoretische Versionen der "sekundären Bearbeitung" - d.h. als eine Form von Pseudo-Rationalität, die tatsächlich nicht wirklich weiß, wovon sie redet - bewerten. Wenn aber die Theorien Adlers und Jungs Beispiele für sekundäre Bearbeitung sind, wie steht es dann mit Freuds eigener? Kann die theoretische Bemühung der Psychoanalyse, das Unbewußte und seine Wirkungen zu begreifen und zu artikulieren, frei sein von den narzißtischen Tendenzen, die Freud jedem systematischen Denken zuschreibt? Ist Freuds Behauptung, die Psychoanalyse habe niemals beansprucht, eine

---

[2] "Das Ich ist eben der organisierte Anteil des Es." (*Hemmung, Symptom und Angst*; G.W. XIV, 124)

*Weltanschauung** zu sein, ausreichend, um sie von den Fallen fernzuhalten, durch die jede rationale Erklärung und Theoretisierung bedroht wird, da jede Theorie sich auf systematisches Begreifen verlassen muß?

Ein Weg, diesem Problem nachzugehen, - und es wird uns das Buch hindurch beschäftigen -, ist, unsere Aufmerksamkeit für einen Moment von der allgemeinen Kritik, der Freud seine beiden Gegner unterzieht, weg- und auf die Art hinzulenken, in der er ihre beiden Systeme unterscheidet. Denn bei all seiner Polemik insistiert Freud auf einem wichtigen Unterschied zwischen Adler und Jung, und er macht auch keinen Hehl aus seiner Vorliebe:

> Von den beiden hier behandelten Bewegungen ist die A d l e rsche unzweifelhaft die bedeutsamere; radikal falsch, ist sie doch durch Konsequenz und Kohärenz ausgezeichnet. Sie ist auch noch immer auf eine Trieblehre gegründet. Die J u n gsche Modifikation dagegen hat den Zusammenhang der Phänomene mit dem Triebleben gelockert; sie ist übrigens ... so unklar, undurchsichtig und verworren, daß es nicht leicht ist, Stellung zu ihr zu nehmen. Wo man sie antastet, muß man darauf vorbereitet sein, zu hören, daß man sie mißverstanden hat, und man weiß nicht, wie man zu ihrem richtigen Verständnis kommen soll. Sie stellt sich selbst in eigentümlich schwankender Weise vor. (G.W. X, 105)[3]

Freuds Vergleich der beiden Systeme führt ihn zu einer merkwürdigen Folgerung: Er verurteilt Adler dafür, übermäßig systematisch (d.h. narzißtisch) zu sein, hält aber Jung für umso fragwürdiger, weil er es nicht in ausreichendem Maße ist. Adler, argumentiert er, ist zumindest "radikal falsch", Jung hingegen noch nicht einmal dies; seine Lehre ist so ausweichend, so *schwankend**, daß es schwierig ist, sie überhaupt festzulegen. Wenn also ein Quentchen an Kohärenz, Konsequenz und Systematik für eine Theorie unverzichtbar ist, dann bleibt die Frage: wie viel? oder vielleicht auch, von welcher Art?

Daß Freud sich scheute, diese Fragen direkt anzugehen, ist wohlbekannt. Nach der vorausgegangenen Diskussion mögen die Gründe für diesen Widerstand verständlicher erscheinen. Eine der seltenen Gelegenheiten, wo er diese Frage stellt, ergibt sich in der *Traumdeutung*, wo er - fast beiläufig und im Vorübergehen - eine knappe Definition dessen, was eine Theorie sei, wagt:

---

[3] Roustang charakterisiert das Verhältnis zwischen Freud und Jung als eines zwischen tendenziell paranoiden (Freud) und schizophrenen (Jung) Formen des Denkens und nimmt an, Freud habe schließlich beide in einem "neuen Typus des Theoretisierens" vereinigt (*Un destin si funeste*, S. 73). In den Begriffen, die ich in der vorliegenden Studie herausarbeite, wird dieser neue Typus des Theoretisierens als die Bewegung der *Auseinandersetzung** bezeichnet, die sich als das konfliktgeladene Ergebnis einer "paranoiden" Bemühung, durch die Konstruktion von Gegensätzen zu bestimmen und zu systematisieren und einer "schizophrenen" Tendenz, diese Bestimmung zu verschieben und zu entstellen, erweist.

> Eine Aussage über den Traum, welche möglichst viele der beobachteten Charaktere desselben von einem Gesichtspunkte aus zu erklären versucht und gleichzeitig die Stellung des Traumes zu einem umfassenderen Erscheinungsgebiet bestimmt, wird man Traumtheorie heißen dürfen. (G.W. II/III, 78)

Um sich als Theorie zu qualifizieren, muß eine Erklärung umfassend, begreifend, generalisierbar, also systematisch sein. Und der Ausgangspunkt dieser Erklärung muß aus Beobachtungen bestehen, die von einem besonderen "Gesichtspunkt" aus gemacht wurden. Kann aber ein solcher Gesichtspunkt umhin, zu dem zu werden, was Freud an anderen verurteilt: zum Standpunkt des Ich? Inwiefern kann Theorie dem Selbstbetrug, der für den Narzißmus konstitutiv ist, entgehen? Das sind die Fragen, die sich aus Freuds Polemik ergeben, und ihr Adressat ist neben den "*Abfallsbewegungen*"* auch die Psychoanalyse selbst.

Beobachtung, Beschreibung und Bildersprache

Wenn Freud Adlers Begriff des "männlichen Protests" verwirft, dann weil er glaubt, dieser halte etwas für selbstverständlich, was man tatsächlich nur im Hinblick auf den Kontext, aus dem es entsteht, richtig begreifen kann: das Ich. Weit entfernt davon, das Ich für die Basis, auf der eine Psychologie gegründet werden kann, zu halten, sieht Freud es als *zusammengesetzte Einheit**, abgeleitet und abhängig von einem Prozeß, der seinen Bereich überschreitet und eingehender Erforschung bedarf. Dies betont Freud in seiner Studie über den Narzißmus, die in gewisser Hinsicht seine Kritik an Adler fortführt:

> Es ist eine notwendige Annahme, daß eine dem Ich vergleichbare Einheit nicht von Anfang an im Individuum vorhanden ist; das Ich muß entwickelt werden. (G.W. X, 142)

Die Geschichte dieser Entwicklung ist untrennbar von der Dynamik des Narzißmus und von den libidinösen Konflikten, auf die sie reagiert. Adlers Konzept des "männlichen Protests" als eines Motors der psychischen Entwicklung *setzt* ein sexuell differenziertes, mit einer zu verteidigenden Identität bereits ausgestattetes Individuum *voraus*. Während der Freudsche Begriff des Narzißmus den Konflikt *innerhalb* des Subjekts und letztlich innerhalb des Ich ansiedelt, so situiert ihn die Idee des "männlichen Protests" *zwischen* dem Ich und dem Anderen. Diese Voraussetzung eines schon ursprünglich konstituierten Ich oder Selbst kritisiert Freud in folgender Passage:

> Vom Standpunkte der psychoanalytischen Forschung ist Existenz und Bedeutung des "männlichen Protests" von allem Anfang an anerkannt, seine narzißtische Natur und Herkunft aus dem Kastrationskomplex aber gegen A d l e r vertreten worden. Er gehört der Charakterbildung an, in deren Genese er nebst vielen anderen Faktoren eingeht, und ist zur Aufklärung der Neurosenprobleme, an denen A d l e r nichts beachten will als die Art, wie sie dem Ichinteresse dienen, völlig ungeeignet. (G.W. X, 159f.)

Für Freud ist hiermit nicht lediglich eine unterschiedliche Begriffsbildung verbunden, sondern auch eine Differenz gerade in der Form theoretischer Konstruktion. Diese versucht er durch einen Rückgriff auf ein sehr bezeichnendes Beispiel zu erhellen:

> Nehmen wir eine der Grundsituationen des infantilen Begehrens vor, die Beobachtung des Geschlechtsaktes zwischen Erwachsenen durch das Kind. Dann

> weist die Analyse bei jenen Personen, deren Lebensgeschichte später den Arzt beschäftigen wird, nach, daß sich in jenem Moment zwei Regungen des unmündigen Zuschauers bemächtigt haben, die eine, wenn es ein Knabe ist, sich an die Stelle des aktiven Mannes zu setzen, und die andere, die Gegenstrebung, sich mit dem leidenden Weibe zu identifizieren. Beide Strebungen erschöpfen miteinander die Lustmöglichkeiten, die sich aus der Situation ergeben. Nur die erstere läßt sich dem männlichen Protest unterordnen, wenn dieser Begriff überhaupt einen Sinn behalten soll. Die zweite, um deren Schicksal sich A d l e r nicht kümmert oder die er nicht kennt, ist aber die, welche es zu einer größeren Bedeutung für die spätere Neurose bringen wird. A d l e r hat sich so ganz in die eifersüchtige Beschränktheit des Ichs versetzt, daß er nur jenen Triebregungen Rechnung trägt, welche dem Ich genehm sind und von ihm gefördert werden. (G.W. X, 98f.)

Für Freud ist die Situation des Subjekts in der Urszene durch eine konstitutive Uneinheitlichkeit gekennzeichnet: Das Kind wird von seinem Begehren in zwei verschiedene und sich gegenseitig ausschließende Richtungen gedrängt. Der Ausgangspunkt ist eine konfliktgeladene Position, auf die das Ich zu antworten versucht. Aber seine Identität und Einheit wird für Freud auf immer von dieser Uneinheitlichkeit, die es zu bewältigen versucht, gezeichnet sein.

Adler folgt nur der einen Strebung, wie Freud behauptet, nämlich der Tendenz, sich mit dem "aktiven Mann" zu identifizieren. Anstatt durch konflikthaftes Begehren bestimmt zu sein, begegnet das Adlersche Subjekt diesem Konflikt als einer Bedrohung von außen, gegen die es protestiert. Daß das Subjekt fürchtet, was es begehrt und begehrt, was es fürchtet, und daß es versucht, an zwei, oder sogar an drei Orten auf einmal zu sein, ist eine Vorstellung, die in der Adlerschen Theorie, die ein ursprünglich einheitliches Subjekt voraussetzt, keinen Platz hat. Gleichzeitig würde eine solche Einheit gerade den Standpunkt bilden, worauf diese auf das Subjekt ausgerichtete Denkweise sich aufrichten möchte: die Einheit, die im Begriff des "männlichen Protests" nahegelegt wird, ist die der Theorie, die sie zu begründen versucht. Als theoretisches Konstrukt und Objekt verleiht der Begriff des "männlichen Protests" der Theorie Adlers einen festen und stabilen Gesichtspunkt.

In diesem Sinne bedeutet die Theorie Adlers nicht allein das Verlassen eines oder mehrerer psychoanalytischer Begriffe, sondern auch die Unfähigkeit, ein Denken aufrechtzuhalten, das versucht, komplexe, konfliktgeladene Prozesse ohne die Hilfe eines ursprünglichen, begründenden und vereinheitlichenden Bezugspunktes darzustellen. Da die Identität einer Theorie von dem Objekt, das sie konstituiert, bestimmt ist, muß die der Psychoanalyse bereit sein, die Dynamik des Konflikts, den sie zu entwerfen versucht, als Teil auch ihrer eigenen Bewegung anzuerkennen.

Wenn die Identität des Subjekts für die Psychoanalyse nicht mehr länger ein ursprünglicher oder letzter Bezugspunkt ist, sondern eher - wie das

"Ich" - eine sehr ambivalente, mehr oder minder prekäre Kompromiß-bildung, Ergebnis eines Konfliktes von Kräften, die es zu organisieren versucht, aber niemals vollkommen unter Kontrolle bringen kann, dann ist eine Theorie, die sich bemüht, diese Zustände zu artikulieren, nicht minder prekär und ambivalent. Denn sie ist, wie das Ich selbst, unfähig, sich selbst in Form eines festen, ungeteilten und herausragenden Gesichtspunktes zu definieren. Einen solchen Standpunkt vorauszusetzen, wie es Adler mit dem Begriff des "männlichen Protests" versucht, heißt, sich selbst zur systematischen Selbsttäuschung zu verurteilen: Täuschung durch Voraussetzung eines Selbst und eines Systems. Freud erhellt diese Täuschung, indem er sich auf eine andere Szene, einen anderen Schauplatz bezieht, verwandt mit der *Urszene**, der wir gerade begegnet sind:

> Das Ich spielt dabei die lächerliche Rolle des dummen August im Zirkus, der den Zuschauern durch seine Gesten die Überzeugung beibringen will, daß sich alle Veränderungen in der Manege nur infolge seines Kommandos vollziehen. Aber nur die Jüngsten unter den Zuschauern schenken ihm Glauben. (G.W. X, 97)

Der "*dumme August*"* ist die Theorie Adlers, die, wie das Ich, das sie setzt, vorgibt, die Vorstellung zu kontrollieren, in welcher dieses in Wirklichkeit nur eine bescheidene Rolle spielt. Doch besteht diese Rolle gerade in der von Freud beschriebenen Mimikry. Dies erklärt, warum das Ich der Ort der Erkenntnis wie auch der Illusion ist, und warum das eine sich vom anderen so schwer scheiden läßt. Wenn eine Unterscheidung überhaupt möglich ist, - und dies ist natürlich die notwendige Voraussetzung einer jeden Theorie, einschließlich derjenigen Freuds - so nur durch die Anstrengung einer Reflexion, welche die Topographie der Szene in Betracht zieht. Der Grundzug dieser Topographie ist es, niemals vollständig oder vollends sichtbar zu sein: so wie der "dumme August" ist auch der Zuschauer ein Teil der Vorstellung. Wenn es sich die jüngsten Zuschauer erlauben, auf den "dummen August" hereinzufallen, dann wegen ihres Widerwillens dagegen, sich allzusehr in die Vorstellung als solche verstricken zu lassen. Und wie die *Urszene** zeigt, hat das Ich des Kindes ein berechtigtes Interesse daran, Distanz zu halten.

Aber diese Distanz kann nur vordergründig sein, da die "Manege" nichts als eine weitere Gestalt des "anderen Schauplatzes" ist, wie Freud das Unbewußte genannt hat. Und im Theater des Unbewußten gibt es keine einfachen Objekte zu sehen, wie Freud im Hinblick auf den Traum, der "visuellsten" aller unbewußten Artikulationen, deutlich macht:

> Die Traumphantasie bleibt aber nicht bei der bloßen Hinstellung des Gegenstandes stehen, sondern sie ist innerlich genötigt, das Traum-Ich mehr oder weniger mit ihm zu verwickeln und so eine Handlung zu erzeugen. Der Gesichtsreiztraum z.B. malt Goldstücke auf die Straße; der Träumer sammelt sie, freut sich, trägt sie davon. (G.W. II/III, 88f.)

Der Traum mag zeigen, wie der Träumende sich mit der Beute davonstiehlt, hat aber damit zugleich die Grundsituation allen Träumens dargestellt: Die Beute ist ein Köder, um den Träumenden aus dem Schlaf und in den Traum zu ziehen. Was dazu führt, daß alle Gegenstände und Ereignisse, die der Traum darstellt, zur "*Handlung*"* und nicht bloß zu Ereignissen werden, aber auch, was noch wichtiger ist: zu Geschichten, Szenarios und Entwürfen. Nimmt das Ich des Träumenden teil als Schauspieler, so hat es die Rolle, die es spielt, nicht selbst geschrieben. Diese Rolle ist selten einfach: Das Ich kann von verschiedenen Traumgestalten dargestellt werden. Aber seine Zurschaustellung geht über den dargestellten Trauminhalt hinaus und schließt den Prozeß der Darstellung selbst mit ein: *die Traumerzählung*. Im Gegensatz zu den Erwartungen des gesunden Menschenverstandes gibt die Erzählung nicht nur einen Traum, der gleichsam bereits sich-selbst-gegenwärtig wäre, wieder; der Traum entsteht erst im und durch den Erzählvorgang, und es ist bezeichnend, daß Freud ihn nicht *Darstellung**, sondern *Entstellung** nennt: Verzerrung, Verschiebung und Verstellung (*distortion, dislocation, disfigurement*). Wenn diese entstellende Artikulation dem Traum "getreu" sein kann, dann nur deshalb, weil bereits dieser ein Prozeß der *Entstellung** ist. Der Abstand, der die Erzählung vom Erzählten scheidet, ist, wie der zwischen Zuschauer und Vorstellung, kein leeres Intervall, nicht der Raum der *Darstellung**, sondern der *Entstellung**. Er ist ein Raum in Bewegung.

Welchen Raum gewährt dieses Zwischen der Theorie - einer Theorie, welche die vordergründige Sicherheit des "Standpunktes des Ich" zurückweist? In der Suche nach einer Antwort kehren wir zu Freuds Kritik an Adler zurück:

> Das System ist fertig, es hat eine außerordentliche Umdeutungsarbeit gekostet, dafür auch nicht eine einzige neue Beobachtung geliefert. Ich glaube gezeigt zu haben, daß es mit Psychoanalyse nichts zu schaffen hat. (G.W. X, 102)

Die Kategorie, auf die Freud sich hier - wie auch in der oben zitierten Passage aus der *Traumdeutung* - beruft, um eine authentische Theorie zu charakterisieren, ist: *Beobachtung**. Der Narzißmus der spekulativen, systematischen Theorien zeigt sich, worauf Freud immer wieder hinweist, an der Armut ihrer Beobachtungen. Für Adler, so behauptet Freud, habe "die Beobachtung nur die Rolle des Sprungbrettes gespielt, welches man verläßt, um sich zu erheben" (G.W. X, 98). Gleichermaßen war für Jung, "um dieses System zu halten, ... eine volle Abwendung von der Beobachtung und von der Technik der Psychoanalyse notwendig" (G.W. X, 108). "Von der Beobachtung und von der Technik der Psychoanalyse" - ist denn beides ein und dasselbe?

Für Freud zumindest scheint dies oft der Fall zu sein. In seiner Studie *Zur Einführung des Narzißmus*, einem Text, der die Spuren seiner polemischen Loslösung von Adler und Jung trägt, hebt Freud in programmatischer Weise die Bedeutung der Beobachtung für die Psychoanalyse hervor:

> Gewiß sind Vorstellungen, wie die einer Ichlibido, Ichtriebenergie und so weiter, weder besonders klar faßbar noch inhaltsreich genug; eine spekulative Theorie der betreffenden Beziehungen würde vor allem einen scharf umschriebenen Begriff zur Grundlage gewinnen wollen. Allein ich meine, das ist eben der Unterschied zwischen einer spekulativen Theorie und einer auf Deutung der Empirie gebauten Wissenschaft. Die letztere wird der Spekulation das Vorrecht einer glatten, logisch unantastbaren Fundamentierung nicht neiden, sondern sich mit nebelhaft verschwindenden, kaum vorstellbaren Grundgedanken gerne begnügen, die sie im Laufe ihrer Entwicklung klarer zu erfassen hofft, eventuell auch gegen andere einzutauschen bereit ist. Diese Ideen sind nämlich nicht das Fundament der Wissenschaft, auf dem alles ruht; dies ist vielmehr allein die Beobachtung. (G.W. X, 142)

Der Anspruch, den Freud an die Beobachtung zu stellen scheint: nämlich daß sie und nur sie der Wissenschaft die "Grundlage" gebe und sie von spekulativen Formen des Denkens unterscheide, scheint klar und unzweideutig genug. Und doch entdeckt ein sorgfältiges Lesen des *Textes* von Freud, daß die Annahmen, die er enthält, komplizierter sind, als sie auf den ersten Blick erscheinen mögen. Tatsächlich ist das grundlegende Problem, das hier umschrieben wird, die Frage des "ersten Blickes". Denn wenn Freud die Beobachtung der Spekulation gegenüberstellt, dann nicht im Namen einer Unmittelbarkeit der Wahrnehmung, welche mit dem Grundgedanken der Psychoanalyse, dem Unbewußten, unvereinbar ist. Wenn Freud betont, "allein Beobachtung" müsse die Grundlage wissenschaftlichen Denkens sein, so bleibt bestehen, daß die Wissenschaft, die er beschreibt, auf die "*Deutung* der Empirie gebaut" ist. Zum Problem wird dann die Bestimmung des Verhältnisses zwischen der Beobachtung einerseits und der Deutung andererseits.

In einem späten Text, dem *Abriß der Psychoanalyse* (1938), kehrt Freud zu dieser Frage zurück, indem er sich bemüht, die der Psychoanalyse eigentümliche Weise der Beobachtung zu beschreiben:

> Alle Wissenschaften ruhen auf Beobachtungen und Erfahrungen, die unser psychischer Apparat vermittelt. Da aber unsere Wissenschaft diesen Apparat selbst zum Objekt hat, findet hier die Analogie ein Ende. Wir machen unsere Beobachtungen mittels desselben Wahrnehmungsapparats, gerade mit Hilfe der Lücken im Psychischen, indem wir das Ausgelassene durch nahe liegende Schlussfolgerungen ergänzen und es in bewusstes Material übersetzen. (G.W. XVII, 81)

Es könnte hier, wieder auf den ersten Blick, so erscheinen, als ob Freud versuche, die Besonderheit der psychoanalytischen Beobachtung ausschließlich aus der Tatsache abzuleiten, daß ihr Gegenstand eher negativ als positiv definiert ist, als "Lücken im Psychischen". Diese Auffassung wäre nicht vollkommen falsch. Doch ein genaueres Lesen des Textes enthüllt noch mehr: Wenn die analytische Beobachtung "mittels desselben Wahrnehmungsapparates", "gerade mit Hilfe der Lücken im Psychischen" gewonnen wird, dann müssen diese *Lücken** gleichermaßen dem Beobachter wie dem Beobachteten eigen sein. Und dies gilt nicht nur für den Beobachter als Individuum, sondern auch für den Prozeß der analytischen Beobachtung selbst. Dieser Unterschied muß deshalb betont werden, weil das, was hier auf dem Spiel steht, nicht nur die Fehlbarkeit des Psychoanalytikers als Individuum, sondern die Möglichkeit eines neuen Begriffs von "Wissenschaft" ausmacht, in dem diese Fehlbarkeit - die Effekte des Unbewußten - eine konstitutive Rolle zu spielen hätte.

Bestimmte Formulierungen in der zitierten Passage neigen dazu, diese Besonderheit zu verschleiern. Freud schreibt, als ob Analytiker, wie die Philosophen in Heines Gedicht, hoffen dürften, die "Lücken des Weltenbaus" durch *"nahe liegende Schlußfolgerungen ergänzen"** und dadurch eine gelungene Übersetzung des Unbewußten *"in bewußtes Material"** erreichen zu können. Wenn aber solche Schlußfolgerungen "nahe liegend" sind, dann bleibt die Frage: in *wessen* Nähe? Und ist diese Nähe in geringerem Maße durch die "Lücken" des Unbewußten gekennzeichnet als unser Wahrnehmungsapparat selbst?

Jedenfalls ist das Problem, das Freud beschreibt, suggestiver und mächtiger als die Lösung, die er anzubieten scheint. Mangels weiterer Bestimmungen kann sich seine Anspielung auf *"nahe liegende Schlußfolgerungen"** nur auf die unmittelbarste, aber auch unzuverlässigste der psychischen Instanzen beziehen: das (narzißtische) Ich. Tatsächlich ist dieses Ich verantwortlich für die Produktion der frühesten Theorien, der "infantilen Sexualtheorien", in denen das Begehren zum ersten Mal die Form des *Wißtriebes** annimmt.

Ein Beispiel: Nichts scheint für das Kind *näherliegend** zu sein, als die Tatsache, daß alle Erwachsenen mit einem Penis ausgestattet sind. Und deshalb ist nichts für das Kind gerechtfertigter, als das beobachtete Material im Horizont dieser Erwartung umzudeuten:

> Der kleine Knabe nimmt sicherlich den Unterschied von Männern und Frauen wahr, aber er hat zunächst keinen Anlaß, ihn mit einer Verschiedenheit ihrer Genitalien zusammenzubringen. Es ist ihm natürlich, ein ähnliches Genitale, wie er es selbst besitzt, bei allen anderen Lebewesen, Menschen und Tieren, vorauszusetzen. ... Dieser ... Körperteil beschäftigt das Interesse des Knaben in hohem Grade und stellt seinem Forschertrieb unausgesetzt neue Aufgaben. Er möchte ihn auch bei anderen Personen sehen, um ihn mit seinem eigenen zu vergleichen. ... Es ist bekannt, wie sie auf die ersten Eindrücke des Penismangels reagieren. Sie leugnen diesen Mangel, glauben doch ein Glied zu sehen, beschönigen den Widerspruch zwischen Beobachtung und Vorurteil durch die Auskunft, es sei noch klein und werde erst wachsen, und kommen dann langsam zu dem affektiv bedeutsamen Schluß, es sei doch wenigstens vorhanden gewesen und dann weggenommen worden. Der Penis-

mangel wird als Ergebnis einer Kastration erfaßt und das Kind steht nun vor der Aufgabe, sich mit der Beziehung der Kastration zu seiner eigenen Person auseinanderzusetzen. (*Die infantile Genitalorganisation*, G.W. XIII, 295f.)

Liest man die Beschreibung des Kastrationskomplexes, kann man wohl nicht umhin, von dem beeindruckt zu sein, was für Freud zweifellos eine offensichtliche und *nahe liegende* Schlußfolgerung zu sein scheint: daß die Wahrnehmung des weiblichen Genitals nichts anderes ist als die eines *Penismangels**; also die einer *Abwesenheit* oder eines *Mangels*, wodurch unversehens der Penis zum Maßstab aller Genitalität aufgerichtet wird. "Es ist [dem Knaben] natürlich", behauptet Freud, und seine Terminologie stellt sich sofort darauf ein. Doch Selbstverständlichkeit ist nicht Natur. Erst durch den Hinweis auf die strukturierende Wirkung andersartiger, mit dem weiblichen Körper und dessen (unsichtbaren) Innenraum verknüpfter Phantasien bei Melanie Klein wird das Selbstverständliche des phallischen Wahrnehmungsmodells ernsthaft in Frage gestellt.[1] Wir haben hier also ein Beispiel für "Schlußfolgerungen", - diejenigen des Kindes, aber auch diejenigen Freuds, der hier den "Standpunkt" des männlichen Ich übernimmt -, die zwar nahe liegend, aber trotz all ihrer scheinbaren Nähe und Selbstverständlichkeit gleichwohl weder unschuldig noch unproblematisch sind.

Aber auch wenn Freuds Erklärung der Entwicklung des Kastrationskomplexes nicht dazu angetan ist, dem Begriff der "nahe liegenden Schlußfolgerungen" als eine Antwort auf die von der Psychoanalyse selbst aufgeworfenen erkenntnistheoretischen Fragen Kredit zu geben, erlaubt sie uns doch, die Wechselwirkung von Beobachtung und Deutung in einer Situation zu bestimmen, die in Freuds Konzeption des Subjekts eindeutig das Zentrum bildet. Wenn das Kind die Evidenz seiner Beobachtungen verleugnet, so beweist das die Macht und den Vorrang der "Erwartungen" oder "*Vorurteile*"*, welche die frühe psychische Entwicklung des Kindes prägen. Obwohl Freud dieses Vorurteil für "natürlich" hält, nimmt dessen Beschreibung vorweg, was später als Narzißmus bekannt werden wird. Die treibende Kraft des Kindes zielt auf eine *besondere Art der visuellen Erfahrung*: "Er möchte ihn auch bei anderen Personen sehen ...". Wiedererkennen in der Wahrnehmung, die Beobachtung von etwas bereits Vertrautem, das ist es, was das Kind begehrt, und das Begehren ist mächtig genug, um Wahr-

---

[1] Während Freuds Theorie des Phallus und der "Kastration" von der Opposition *sichtbar/unsichtbar* geprägt ist, - dem psychologischen Primat, das er aufgrund seiner eigenen Diskussion des Ich und seiner Beziehung zur Wahrnehmung hätte in Frage stellen müssen - bevorzugen die von Melanie Klein entdeckten Phantasien, die sich auch auf das Körperinnere erstrecken, nicht mehr die Wahrnehmung: "Das Körperinnere - das Unsichtbare - wird zur Repräsentanz des Unbewußten und des Über-Ichs", schreibt sie in *Die Psychologie des Kindes*, Wien 1932, S. 215 (Fußnote). Die Unsichtbarkeit des Körperinneren unterscheidet sich vom unsichtbaren Moment der Kastration durch die Tatsache, daß sie nicht das Attribut eines phänomenalen Objekts, des Phallus und somit lediglich ein negativer Modus der Sichtbarkeit, sondern vielmehr die *Szene* der Phantasie selbst abgibt.

nehmungs-"Daten" auf seine Bedürfnisse hin umzubiegen. Die Entwicklung des Begehrens, wie Freud sie in der *Traumdeutung* beschreibt, ist nicht an die Wahrnehmung von Objekten, sondern an deren Halluzination gebunden.[2] Die entscheidende Veränderung, die der "Kastrationskomplex" bedingt, liegt darin, daß das Drängen des Begehrens nicht nur Halluzinationen entstehen läßt, sondern auch deren Formierung zu einer Geschichte bewirkt. Die Geschichte der Kastration versucht, dem Widerspruch zwischen "Beobachtung" und "Vorurteil" durch einen Wechsel in die zeitliche Dimension auszuweichen: "Es war einmal ein Penis ..."

So sind die "infantilen Sexualtheorien" Geschichten, die sich das Kind selbst erzählt, um dem "narzißtischen" Schock, als den Freud die "Kastration" immer wieder beschreibt, begegnen zu können. Die Geschichte beschwichtigt das *Vorurteil**, das für den Narzißmus und auch für die Entwicklung des Ich absolute Prämisse ist: die Überzeugung, das Kind bewohne eine Welt der "Einheitlichkeit", in der Differenz und Alterität als lediglich mangelhafte, negative Formen einer ursprünglichen und umgreifenden Identität gesehen werden können: als *Mangel** an oder als *Verlust* von etwas einst Gewesenem.[3] Aber diese ursprüngliche Identität, die von der Kastrationsgeschichte bestätigt werden soll, wird aufgrund ihres dialektischen Wesens in steigendem Maße der Differenz, die sie zu verleugnen sucht, unterworfen. Der Ausdruck, den Freud verwendet, um diesen Prozeß der Unterwerfung, der zudem jenerist, durch den das Subjekt sich konstituiert, zu verstehen, lautet: *Auseinandersetzung**: "Das Kind steht nun vor der Aufgabe, sich mit der Beziehung der Kastration zu seiner eigenen Person auseinanderzusetzen".

Das Wort (*sich*) *auseinandersetzen** ist so überdeterminiert und so wesentlich für Freuds Denken, daß es besondere Beachtung verdient. Im

---

2 "Die volle Besetzung der Wahrnehmung von der Bedürfniserregung her [ist] der kürzeste Weg zur Wunscherfüllung. Es hindert uns nichts, einen primitiven Zustand des psychischen Apparats anzunehmen, in dem dieser Weg wirklich so begangen wird, das Wünschen also in ein Halluzinieren ausläuft." (G.W. II/III, 571)

3 Jede Annäherung an Freud, die dazu neigt, die "Kastration" zu hypostasieren - wie es bei Lacan der Fall ist (cf. Philippe Lacoue-Labarthe/Jean-Luc Nancy, *Le titre de la lettre*, Paris 1973, die dies überzeugend darlegen) -, hypostasiert damit zwangsläufig auch den Narzißmus. Obwohl er oft so von seiner eigenen Geschichte fasziniert war, daß er vergaß, daß sie "nur" eine war - und nicht die objektive Wirklichkeit schlechthin - hat niemand mehr als Freud den narzißtischen Charakter dieser Faszination wie auch ihre Unvermeidbarkeit aufgewiesen. Keine theoretische Spekulation ist frei von diesem Narzißmus, eine Tatsache, die von Freuds *Schreiben* durchwegs berücksichtigt wird (obwohl nicht durchgehend und vor allem nicht immer in den Aussagen und Reflexionen, die sich darauf ausdrücklich beziehen). Im Gegensatz hierzu wird bei Lacan der Narzißmus, indem er ihn mit der quasi-ontologischen Ordnung des "Imaginären" identifiziert, als ein Schritt dargestellt, der vom Subjekt, zumindest ideell, bei seiner Annäherung an die volle Reife, d.h. das "Symbolische", überwunden werden muß. Unbewußtes Begehren erweist sich bei Lacan somit als jenseits des Narzißmus, wesenhaft verschieden vom "imaginären Ich". Dessen "Rückkehr" ist natürlich umso unerbittlicher, wie die Geschichte der École freudienne erwiesen hat.

normalen Gebrauch bedeutet es sowohl den Vorgang der Beschäftigung mit einem Gegenstand, einem Problem oder einer Person (*sich auseinandersetzen mit ...**), aber auch den Stil der Polemik, den Freud Adler und Jung gegenüber wählte. Buchstäblicher, d.h. in seine Elemente *auseinandergesetzt**, gelesen, bezeichnet das Wort den Prozeß des *Auseinanderlegens* oder der Analyse, den zu erklären wir schon mindestens zweimal die Gelegenheit hatten: nämlich einerseits als die Art und Weise, die Freud in Bezug auf die Entzifferung des Traums für notwendig hält (die vordergründig sinnvolle Reihenfolge des Traumtextes soll im Lesen auseinander-gesetzt werden), und andererseits als die *divergente Strebung* des Kindes in der Urszene, das sich buchstäblich selbst aufspaltet, um die doppelte Identifikation mit dem "aktiven" Mann und der "passiven" Frau zu vervollständigen[4]. Zwischen diesen unterschiedlichen Bedeutungen entsteht eine hochkomplexe Konfiguration, worin die *Setzung** der Identität - sei es die des Subjekts, des Objekts oder des Sinnes selbst - in wachsendem Maße als Effekt eines Prozesses der Verdopplung oder gegenseitigen Trennung (*aus-ein-ander**) erscheint. Dieser Prozeß scheint eine Artikulation notwendig zu machen, die zwangsläufig narrativ ist: Die "Geschichte", die mit der Urszene "beginnt", und die sich in der Verleugnung der Differenz, welche die "Kastration" begründet, fortsetzt, um schließlich in die *Auseinandersetzung** des Subjekts mit der Kastration einzumünden. Charakteristisch für diese Auseinandersetzung scheint gerade die Bewegung zu sein, sich von dem Halluzinieren von Objekten (der an- oder abwesende Penis) auf das Geflecht der Beziehungen, in denen das Subjekt unentwirrbar verstrickt und auseinandergerissen ist, zu lösen. Die *Auseinandersetzung** des Subjekts spitzt sich im Verhältnis von Ich und Über-Ich zu. Es markiert einen Wendepunkt in der "Erzählung" oder Geschichte, die von der Urszene zur Kastration führt. Denn wenn man die Urszene als die Verkörperung der narzißtischen Bemühung des Ich verstehen kann, die Fiktion einer ungeteilten Identität aufrechtzuerhalten, indem es eine Geschichte erzählt, in der die Heterogenität die Form eines *Verlusts* annimmt, so transformiert das Über-Ich den Raum, in dem - oder vielmehr *mit* dem - das Ich bisher versucht hat, die Beziehung zur Andersheit abzugrenzen. Der Raum von Freuds

[4] Die *Setzung** oder *Stellung** des Kindes in der Urszene ist in Wirklichkeit quadratisch: Zusätzlich zur verdoppelnden, oppositionellen Identifikation mit dem aktiven Mann und der passiven Frau setzt sich das Kind von beiden ab, nämlich *als* Beobachter einer Szene, an der es dennoch teilnimmt. Die Urszene erweist sich als Prototyp des Vorgangs, wie sich das Subjekt selbst auseinandersetzt, indem es sich einerseits der Szene entgegensetzt, der es gegenüberstehen (oder die es wahrnehmen) möchte, und sich andererseits selbst auf die drei soeben erwähnten Positionen aufteilt oder zerstreut: aktives Subjekt des Begehrens, passives Objekt, aktiver/passiver Beobachter. In diesem Prozeß der *Auseinandersetzung** entsteht die Identität - die Organisation und der Standpunkt des Ich - als der ambivalente, konfliktgeladene Effekt eines unendlichen Kampfes um die Veränderung des Anderen. Die Kompromisse, die daraus entstehen, bilden die "vierte" Seite des Quadrats.

zweiter Topologie (Ich, Es und Über-Ich) bleibt nicht mehr neutral, leer oder kontinuierlich; er ist nicht länger ein Raum, in dem das Ich seine Nichtidentität als wahrnehmbares Objekt beanspruchen, oder das Andere als zeitlich bedingten Verlust wiederaneignen kann. Denn er hat keine Ausdehnung, worin für-sich-seiende und selbstidentische Wesenheiten feste und bestimmbare Plätze besetzen. Er ist vielmehr ein Raum, der durch *Überlappung* und *Überschneidung* gekennzeichnet ist. Das Ich entsteht nur, indem es sich selbst vom Es *abteilt*, aber als dessen "organisierter Anteil" doch ein *Teil* von ihm bleibt. Überdies ist die Identität des Ich nicht mehr nur eine Funktion seiner eigenen "Organisation", sondern eher die seiner ambivalenten Beziehung zum Über-Ich, welches wiederum ein Erbe des Narzißmus und Abkömmling des Es ist. Das Ich setzt sich somit nicht nur dadurch auseinander, daß es sich dem, was es nicht ist, *entgegensetzt*, sondern dadurch, daß es sein Selbst in konfliktreiche Beziehungen zu den anderen "Instanzen", die es weder irgendwann vollkommen einverleiben noch ausschließen kann, *zerstreut und wieder zusammensetzt.*[5]

Wenn sich also das Ich bildet, indem es sein Selbst auseinandersetzt, dann kann der Raum dieser *Auseinandersetzung* nicht durch Beobachtung allein analysiert werden, d.h. er kann weder jemals als solcher beobachtet, noch der Beobachtung angepaßt werden, wenn man diese als die Begegnung und die Erfassung eines Objekts durch ein wahrnehmendes Subjekt begreift. Beobachtung ist, wie Freud sehr wohl weiß, eine Funktion konflikthafter Wünsche und nicht nur die Antwort oder die Reaktion auf ein Objekt. Wenn aber auch Freud dies "weiß", so "vergißt" er es doch häufig, aus dem einfachen aber zwingenden Grund, daß dieses Wissen den Status der psychoanalytischen Erkenntnis selbst affizieren muß. Und wenn diese

[5] Der Raum, den diese triadische Topologie erzeugt, ist, wie wir sehen werden, grundverschieden von dem, den das Subjekt in seiner *Auseinandersetzung** mit der und durch die Angst projiziert. Während dieser als von einer dem traditionellen euklidischen Begriff des Raumes entsprechender, homogener und kontinuierlicher Ausdehnung bestimmt werden kann, als Behälter von Körpern (Aristoteles), worin jeder seinen richtigen Ort hat, ist der Raum der Freudschen Topologie eher der einer konstitutiven und konfliktgeladenen *Überlappung*. Es ist ein Raum, in dem der Prozeß der Absetzung vom Anderen mit der Auseinandersetzung des Selbst konvergiert: "Die Scheidung des Ichs vom Es scheint gerechtfertigt ... . Aber andererseits ist das Ich mit dem Es identisch, nur ein besonders differenzierter Anteil desselben. Stellen wir dieses Stück in Gedanken dem Ganzen gegenüber, oder hat sich ein wirklicher Zwiespalt zwischen beiden ergeben, so wird uns die Schwäche dieses Ichs offenbar. Bleibt das Ich aber mit dem Es verbunden, von ihm nicht unterscheidbar, so zeigt sich seine Stärke. Ähnlich ist das Verhältnis des Ichs zum Über-Ich; für viele Situationen fließen uns die beiden zusammen ... . Es wäre ganz ungerechtfertigt, wenn man sich vorstellte, Ich und Es seien wie zwei verschiedene Heerlager; ..." (*Hemmung, Symptom und Angst*; G.W. XIV, 124). Das Ich ist, kurzgesagt, am stärksten, wenn es "nicht unterscheidbar" vom Es oder vom Über-Ich ist, und am schwächsten, wenn es sich ihnen entgegensetzt. Freuds folgende Diskussion des Kampfes des Ich mit dem "Symptom", seiner Anstrengung, sich diesen "Fremdkörper" einzuverleiben sowie der sich daraus ergebenden Desintegration des Ich (dessen "Einverleibung" - bzw. Ent-Leiblichung - durch das Symptom) bietet ein einschlägiges Modell des Prozesses der *Auseinandersetzung**.

nicht auf beobachtbaren Daten beruht, dann muß Freuds Versuch, die Psychoanalyse von den narzißtischen Theorien Adlers und Jungs abzusetzen, sehr viel komplizierter und schwieriger ausfallen.

Ein typisches Beispiel für jenes "Vergessen" stellt der spekulativste Text Freuds, *Jenseits des Lustprinzips*, dar. In diesem Text ist Freud dazu gezwungen, seine Hypothese des Wiederholungszwangs und des Todestriebs zu verteidigen, indem er sie von *reiner*, d.h. rein narzißtischer Spekulation unterscheidet. Diese Verteidigung geschieht in Form einer Gegenüberstellung der neuen mit den früheren Hypothesen:

> Ich verkenne nicht, daß der dritte Schritt in der Trieblehre, den ich hier unternehme, nicht dieselbe Sicherheit beanspruchen kann wie die beiden früheren, die Erweiterung des Begriffs der Sexualität und die Aufstellung des Narzißmus. Diese Neuerungen waren *direkte Übersetzungen der Beobachtung in Theorie*, mit nicht größeren Fehlerquellen behaftet, als in all solchen Fällen unvermeidlich ist. Die Behauptung des r e g r e s s i v e n Charakters der Triebe ruht allerdings auch auf beobachtetem Material, nämlich auf den Tatsachen des Wiederholungszwanges. Allein vielleicht habe ich deren Bedeutung überschätzt. (G.W. XIII, 64; *Hervorhebungen von S.W.*)

Wenn auch der "dritte Schritt", den Freud hier vollzieht, wirklich spekulativer und konjekturaler ist als die ersten beiden, so kann keiner der drei als "direkte Übersetzung der Beobachtung in Theorie" exakt beschrieben werden, vielmehr enthalten die früheren "Übersetzungen" Konstruktionen und Begriffe, die keineswegs einfach von den beobachtbaren Daten abgeleitet sind. So enthalten sowohl die Beschreibung der Hysterie als eine Konversion des konflikthaften Begehrens in körperliche Symptome als auch die Analyse des Traums als Entstellung die *Deutung* der "Lücken" des Bewußtseins, wobei solche Diskontinuitäten durch die Konstruktion von Begriffen, die sie erklären sollen (wie zum Beispiel "Primär-" und "Sekundärvorgänge"), überbrückt werden. Wo jedoch seine Argumentation *proleptisch* ist - d.h. vorweggenommenen Einwänden entgegentreten soll -, da wählt Freud die bequeme Strategie, an einem Begriff von Beobachtung festzuhalten, der jedoch in seiner gesamten Analyse der Psyche ausgehöhlt wird. Denn was die Psychoanalyse von vertrauter Wissenschaft unterscheidet, ist gerade die Nichtbeobachtbarkeit der "Phänomene", die sie angeht:

> In der Beurteilung unserer Spekulation über die Lebens- und Todestriebe würde es uns wenig stören, daß so viel befremdende und unanschauliche Vorgänge darin vorkommen, wie ein Trieb werde von anderen herausgedrängt, oder er wende sich vom Ich zum Objekt und dergleichen. Dies rührt nur daher, daß wir genötigt sind, mit den wissenschaftlichen Terminis, das heißt mit der eigenen Bildersprache der Psychologie (richtig: der Tiefenpsychologie) zu arbeiten. Sonst könnten wir die entsprechenden Vorgänge überhaupt nicht beschreiben, *ja, würden sie gar nicht wahrgenommen haben*. (G.W. XIII, 65; *Hervorhebungen von S.W.*)

Setzt man die *Unanschaulichkeit** der Prozesse, mit denen sich die Psychoanalyse beschäftigt, voraus, so kann die Wahrnehmung - und deshalb a fortiori auch die Beobachtung - nicht die Grundlage zur "direkten Übersetzung" der Daten in Theorie bereitstellen. Darüberhinaus werden in diesem Sinne unverändert die Prozesse selbst von Freud beschrieben, so, als bestünden sie in einer Art der Übersetzung - sei es im Sinne einer *Übertragung** von Energie oder einer Verschiebung von Repräsentationen. Weit entfernt davon, beobachtete Daten in die Sprache der Theorie zu übersetzen, leistet die Psychoanalyse nach Freud eigentlich nichts anderes als die Umschrift einer Übersetzung, die ihrerseits nur durch die *Bildersprache**, die sie wiederholt und ersetzt, wahrnehmbar und erkennbar wird.

Diese Charakterisierung des psychoanalytischen Diskurses als eines Prozesses der *Übertragung** muß zwangsläufig die Natur der erkenntnistheoretischen Einsichten, die daraus hervorgehen, affizieren:

> Die Unbestimmtheit all unserer Erörterungen, die wir metapsychologische heißen, rührt natürlich daher, daß wir nichts über die Geltung des Erregungsvorganges in den Elementen der psychischen Systeme wissen und uns zu keiner Annahme darüber berechtigt fühlen. So operieren wir also stets mit einem großen X, welches wir in jede neue Formel mit hinübernehmen. (G.W. XIII, 30f.)

So befindet sich im Zentrum der psychoanalytischen Theorie keine privilegierte Nähe zu den beobachteten Daten, wie Freud uns versichern will, sondern eher eine vereinzelte Beziehung der Erkenntnis zum Unbekannten, dargestellt und *entstellt** durch jenes "große X", das hier als die *chiastische Ziffer* der metapsychologischen *Auseinandersetzung** selbst auftaucht. Denn die psychoanalytische Theorie setzt sich selbst in Kategorien auseinander, die sich gegenseitig überschneiden und miteinander konvergieren, und sie projiziert gleichzeitig ihre konstitutive Entstellung nach außen als Bewegung häretischer Abweichungen, die dann als "*Abfallsbewegung*"* erscheinen kann, der es zu begegnen und die es zu verurteilen gilt. Wie wir sehen werden, ist dies genau die Bewegung, die Freud als die des Ich bei der Verdrängung, der Symptombildung, der Angst und den anderen Abwehrmechanismen beschreibt. Und das sollte uns kaum überraschen, da die Beschreibung, wie wir gerade gelesen haben, weniger eine Funktion des beschriebenen Objekts als der beschreibenden *Bildersprache** ist.

Verurteilt dieser Sachverhalt nicht den theoretischen Diskurs der Psychoanalyse zur Tautologie? Muß sie nicht genauso narzißtisch und spekulativ werden, wie Freud es von Adler und Jung behauptet? Die Antwort auf diese Frage wäre leicht zu geben, wenn die *Auseinandersetzung** der psychoanalytischen Metapsychologie als geschlossener und mit sich selbst identischer Kreis identifiziert werden könnte. Aber wie wir zeigen werden, ist die durch Freuds "großes X" entstellte Bewegung gerade nicht kreisförmig; deshalb ist es ein für alle Mal unmöglich, sie eindeutig und endgültig zu identifizieren. Die Flugbahn, der sie folgt, ist zugleich die, die sie beschreibt: die der *Ent-stellung**, die zwar nachgezeichnet und nacherzählt, aber niemals als solche restlos begriffen werden kann. Denn jede Bemühung, sie zu bestimmen - d.h. sie zu erkennen - wird zwangsläufig in eben die ambivalente Bewegung verstrickt, in der "ökonomische", "topische" und "dynamische" Perspektiven konvergieren, sich überlappen und selber in die chiastische und elliptische *Bildersprache** der Metapsychologie Freuds auseinandergesetzt werden.

Um den nicht-zirkelhaften, nicht-tautologischen Charakter dieser *Bildersprache** nachzuweisen, müssen wir uns für eine Weile von ihr abwenden - weg von ihren unmittelbaren Manifestationen, ihren Formeln und Formulierungen, und hin zu einer der "Beschreibungen", auf die Freud sich als "direkter Übersetzung" der Beobachtung in Theorie bezieht. Dieser Umweg ist aus mindestens zwei Gründen unumgänglich. Erstens, weil Freud gewissenhaft vermeidet, eine systematische und ausgedehnte Reflexion über die Sprache, die er verwendet, zu entwickeln, was in einer bestimmten Hinsicht gewiß gerechtfertigt war. Denn eine derartige *Reflexion* würde grundsätzlich auf der Prämisse beruhen, daß die Bildersprache der Metapsychologie den Weg zu einer Metasprache bereiten könne, die ihre Grundregeln und Arbeitsweisen zu erkennen in der Lage wäre. Eine solche Annahme würde nichts anderes bedeuten als die Möglichkeit die *Bildersprache** der Metapsychologie von dem festen und unbeweglichen "Standpunkt des Ich" aus zu bestimmen, einem Aussichtspunkt also, der doch einer ihrer Elemente oder Effekte ist. Den metapsychologischen Diskurs selber zu thematisieren oder zu objektivieren hieße, zur Beute der Anmaßungen und Vorspiegelungen des Ich zu werden. Indem er auf diese Geste verzichtet, lehnt Freud - bei aller Gefahr epistemologisch naiv zu erscheinen - es ab, den metapsychologischen Diskurs der Autorität einer reflexiven Metasprache unterzuordnen. Überdies - und das ist wichtiger - praktiziert Freud genau das, wogegen er sich immer wieder wendet. Er verwendet die *Bildersprache**, um ein Phänomen zu beschreiben, das beinahe wie ihr eigenes Spiegelbild aussieht. Ich beziehe mich hierbei auf seine Beschreibung der Sprache des Traums als *Bilderschrift**, als ideographischer Text. Diese Schrift ist eben *kein* theoretischer Diskurs in irgendeinem herkömmlichen Sinne; denn statt zu versuchen, etwas darzustellen oder aufzudecken, verhält sie sich viel eher *epistemophobisch*, indem sie nämlich versucht, nicht lediglich zu entstellen, sondern noch diese Entstellung selber zu entstellen. Die Beschreibung der *Bilderschrift** führt Freud zwangsläufig dahin, die besondere Weise, wie diese Schrift zu lesen sei, vorzustellen:

> Die Traumgedanken sind uns ohne weiteres verständlich, sobald wir sie erfahren haben. Der Trauminhalt ist gleichsam in einer Bilderschrift gegeben, deren Zeichen einzeln in die Sprache der Traumgedanken zu übertragen sind. Man würde offenbar in die Irre geführt, wenn man diese Zeichen nach ihrem

> Bilderwert anstatt nach ihrer Zeichenbeziehung lesen wollte ... . Ein solches Bilderrätsel ist nun der Traum. (G.W. II/III, 283f.)

Freuds Konzeption der Traumsprache erscheint strukturalistisch *avant la lettre*: nicht der darstellende, thematische, "bildliche" Inhalt der Traum-Zeichen bestimmt ihren "Wert", sondern deren Beziehungen zu anderen Zeichen. Diese "anderen" Zeichen sind es vor allem, die "im" Traum dargetellt werden. Aber diese Begrenzung - und im allgemeinen die Unterscheidung zwischen einem *Innen* und *Außen* des Traums - wird im Verlauf der Freudschen Untersuchung zunehmend ausgehöhlt. Bevor wir uns diesem entscheidenden Aspekt von Freuds Auffassung zuwenden, wollen wir zunächst festhalten, daß die hier beschriebene "Logik der Relationen" mit der in unserer Diskussion der sekundären Bearbeitung bereits erklärten identisch ist. Um den Traum korrekt zu lesen, muß dessen manifeste Abfolge mißachtet oder vielmehr intensiv beachtet werden, jedoch nicht vom Standpunkt ihrer scheinbaren Bedeutung aus. Die Bedeutungen, die in den einzelnen Ideogrammen dargestellt werden, sind ihrerseits signifikante Elemente, einer Logik - oder besser einer "Graphik" - gehorchend, in der die räumlichen, syntaktischen Relationen der einzelnen Signifikanten oft entscheidend sind. Der Traum, so beobachtet Freud,

> gibt logischen Zusammenhang wieder als Gleichzeitigkeit ... . So oft er zwei Elemente nahe bei einander zeigt, bürgt er für einen besonders innigen Zusammenhang zwischen ihren Entsprechenden in den Traumgedanken. Es ist wie in unserem Schriftsystem: *ab* bedeutet, daß die beiden Buchstaben in einer Silbe ausgesprochen werden sollen. (G.W. II/III, 319)

Was die Artikulation des Traums charakterisiert, ist, daß die besonders "*innigen*"* semantischen Beziehungen in oder als "äußerliche" Verhältnisse von Signifikanten oder Graphemen übertragen werden. Bedeutungen, die im allgemeinen als den Objekten (des Bewußtseins) innewohnend angesehen werden, werden buchstäblich und graphisch nach *außen verlegt*, mit dem Ergebnis, daß in der Traumschrift die syntaktische Anordnung selbst Träger der Bedeutung wird. Dies gilt für die Beziehung der einzelnen Signifikanten innerhalb eines Traums nicht weniger als für die der Träume untereinander. Aber das Wichtigste ist vielleicht, daß Ähnliches auch für die Beziehung des Traumes "selbst" zu seiner Erzählung zutrifft. Denn wenn der Traum seinerseits das Ergebnis einer Umschrift der "Gedanken" und Wünsche ist, die bereits vor ihm existierten, so setzt sich dieser Prozeß fort und führt zu jener Wiederholung und Entstellung, die die eigentümliche Erzählweise des Traums auszeichnet: dem Prozeß seiner *Erzählung*.

Freuds Betonung des *synchronen* Charakters der Traumerzählung - eine weitere bedeutsame Parallele zur strukturalistischen Semiotik, vor allem derjenigen Saussures - schließt jedoch gerade die *diachrone* Dimension, die der Genfer Linguist aus seiner Konzeption der "langue" zu verbannen suchte, mit ein. Die Traumartikulation ist für Freud in zweierlei Hinsicht diachron: Erstens reproduziert der Traum vorausgegangene Wunsch-Konflikte, indem er sie in die scheinbar statische Gleichzeitigkeit seiner *Bilderschrift** umschreibt; und zweitens entsteht diese Schrift erst im Nachhinein im erzählenden Diskurs des Träumenden, der den Traum zurückholt und wiedergibt.

Der Ausdruck, den Freud zur Beschreibung dieses Prozesses wählt, ist: *Entstellung**, der, wie bereits erwähnt, sowohl *Verzerrung* (*distortion*) als auch *Verschiebung* oder *Verrenkung* (*dislocation*) bedeutet. Wenn auch diese beiden Begriffe im allgemeinen auf ihr Gegenteil - das heißt, auf ein unverzerrtes Original und auf einen rechten Ort - verweisen, so schließt Freuds Verwendung dieses Wortes eine solche Folgerung ausdrücklich aus. Es ist gewiß kein Zufall, daß die Passage, in der er dies verdeutlicht, ein weiteres Mal jene *Auseinandersetzung**, die seine Konzeption provozieren mußte, vorwegnimmt. Zu Beginn des siebenten Kapitels der *Traumdeutung* begegnet Freud möglichen Einwänden, die gegen die Analyse des Traums, wie sie in den ersten sechs Kapiteln des Buches herausgearbeitet worden ist, erhoben werden könnten. Einer davon ist die Behauptung, die gesamte vorausgegangene Diskussion könne vielleicht nichts als eine reine Projektion des Autors sein, da sie nicht auf dem direkten Kontakt zum Traum beruhe, sondern lediglich auf einer nachträglichen Aussage, die weder zuverlässig noch verifizierbar sei. Freuds Antwort darauf kommt einer Erhöhung des Einsatzes gleich:

> Es ist richtig, daß wir den Traum beim Versuch der Reproduktion entstellen; wir finden darin wieder, was wir als die sekundäre und oft mißverständliche Bearbeitung des Traumes durch die Instanz des normalen Denkens bezeichnet haben. Aber diese Entstellung ist selbst nichts anderes als ein Stück der Bearbeitung, welcher die Traumgedanken gesetzmäßig infolge der Traumzensur unterliegen. (G.W. II/III, 518f.)

Indem Freud den Einwand zuläßt, versucht er ihn seiner kritischen Kraft zu berauben. Die Traumerzählung ist eine Reproduktion, so gibt er zu, die zwangsläufig den Traum selbst *entstellt**. Aber der Traum "selbst" ist bereits eine Entstellung, und genau das ist es, was die folgenden Enstellungen, denen er unterliegt, rechtfertigt. All dies gehört zu dem allgemeinen Prozeß der *Entstellung**, der das erzählende Subjekt ebenso umfaßt wie während des Traums den Träumenden.

Die scheinbare Synchronizität des Traums neigt also dazu, sich in die entstellende Diachronizität seiner Erzählung aufzulösen. In diesem Prozeß enthüllt sich der scheinbar nur zuschauende Standpunkt des Träumenden als ein Element der Szene, oder des Szenarios; der Situation verwandt, in der das Kind nach und nach dazu gezwungen wird, seine Position als Beobachter (der Urszene) zu verlassen und in die Geschichte der "Kastration" als Erzähler oder bedrohter Held einzutreten. So nimmt der Träumende, genauso wie das Kind, an der Geschichte, die er erzählt, teil, aber diese Teilnahme umfaßt auch das Erzählen selbst. Daher wird die Erzählung zum Theater, in dem der Traum sowohl Platz nimmt wie entstellt wird. In diesem Sinn wird der synchrone Aspekt des Traums - der, für sich genommen, wie alle Synchronizität eine Beziehung zu einem transzendenten Standpunkt impliziert - von der Erzählung, die ihn nacherzählt, aufgenommen und entstellt.

Wenn also Freud die Kategorie der *Darstellung** durch die der *Entstellung** ersetzt, um den Traum zu charakterisieren; wenn er betont, daß weder der manifeste noch der latente Inhalt, sondern eher die "Traumarbeit" (d.h. die Arbeit der *Entstellung**) dessen Besonderheit als "eine besondere *Form* des Denkens" ausmacht, so ersetzt er nicht nur eine falsche Bestimmung des Traums durch eine richtige. Denn wenn der Traum von und als *Entstellung** konstituiert wird, so müssen seine Grenzen von einem Prozeß bestimmt werden, der seinerseits nicht frei sein kann von eben der Entstellung, die er zu definieren versucht. Und eine "Theorie", die diese Position einnehmen will, ruft nicht nur die *Auseinandersetzung** von außen hervor. Sie bewirkt diese aus ihrer inneren Bewegung heraus, indem sie sich der traditionellen Grundlage theoretischer Legitimation beraubt: des Bezugs auf ein gegebenes, selbstidentisches und verallgemeinerbares Objekt.

Da es den Begriff des Objekts nur unzureichend in Frage stellt und andere Formen der "Legitimation" nicht genügend herausarbeitet, ist Freuds Denken in Wirklichkeit in ein double-bind verstrickt: Seine *Bildersprache** kann nur in der Wiederherstellung und Fortsetzung der Verzerrungen, die sie zu beschreiben versucht, gelingen, wie es das Beispiel der *Bilderschrift** des Traums zeigt. Ihre einzelnen Aussagen und Behauptungen können nur durch die Entstellungen und Verzerrungen, die sie nachzeichnen, funktionieren, weniger durch das, was sie *darstellen**. Oder vielmehr hängt der beschreibende, erkennende Wert ihrer Bilder eher von der Bewegung ihrer Einschreibungen, dem Stil und der Reihenfolge ihrer Anordnung und den Beziehungen, die sie untereinander eingehen ab, als von den Referenten, die sie zu bezeichnen vorgeben. Dies erheischt wiederum eine Bereitschaft zu lesen, nicht in Form von *Setzungen** (*positions or propositions*), sondern in Gestalt einer *Auseinandersetzung**, d.h. einer Bewegung konflikthaften Auseinanderlegens und Zusammensetzens, in denen das, was *gesetzt** wird, auseinanderfällt und sich anders wieder versammelt; sich also von dem, dem es entgegengesetzt ist, absetzt und sich gleichzeitig *ent-setzt*, indem es einen anderen, dritten Ausdruck voraus-setzt, der die beiden anderen zwangsläufig er- und versetzt.[6] Die Geschichte dieser anderen *Auseinandersetzung** soll nun erzählt werden.

[6] Was Freuds Theorie und Praxis der Interpretation von allen herkömmlichen Hermeneutiken unterscheidet, ist der Raum, den er den konfliktgeladenen Kräften zugesteht, wie die folgende Bemerkung aus der *Traumdeutung* zeigt: "Man darf nicht vergessen, daß man bei der Deutungsarbeit die psychischen Mächte gegen sich hat, welche die Entstellung des Traumes verschulden. Es wird so eine Frage des Kräfteverhältnisses, ob man mit seinem intellektuellen Interesse, seiner Fähigkeit zur Selbstüberwindung, seinen psychologischen Kenntnissen und seiner Übung in der Traumdeutung den inneren Widerständen den Herrn zeigen kann." (G.W. II/III, 529)

Metapsychologische Auseinandersetzungen

Es scheint auf den ersten Blick selbst eine weit hergeholte Spekulation zu sein, zu vermuten, daß Freuds "metapsychologische" Spekulationen in irgendeiner strukturellen Beziehung zu den Polemiken gegen Adler und Jung stehen könnten. Sein Versuch, die Beobachtungen und Beschreibungen in einen größeren theoretischen Rahmen zu stellen - Anlaß und Ziel der Metapsychologie -, kann bis zu Freuds frühesten analytischen Schriften zurückverfolgt werden. Der *Entwurf* von 1895 und das siebente Kapitel der *Traumdeutung* sind ausgearbeitete, wenngleich vorläufige Studien zur Metapsychologie. Außerdem wird das Vorhaben, einen zusammenhängenden Corpus von theoretischen Texten unter dem verbindenden Titel *Zur Vorbereitung einer Metapsychologie* zusammenzustellen, von Freud zuerst 1915, anderthalb Jahre nach dem Bruch mit Jung, erwähnt.

Freud selbst hätte sicherlich eine derartige Beziehung geleugnet. Seine allgemeine Vorstellung von intellektueller und literarischer Arbeit läßt wenig Raum für den Einfluß anderer:

> Niemand schreibt, um zu Ruhm zu gelangen, der ohnehin etwas Vorübergehendes oder eine Illusion der Unsterblichkeit ist. Gewiß schreiben wir zuerst, um etwas in uns selbst zu befriedigen, nicht für andere. Natürlich verstärkt es die innere Befriedigung, wenn andere unsere Bemühungen anerkennen, aber dennoch schreiben wir in erster Linie für uns selbst, einem inneren Impuls folgend. (S. Freud, *Mitteilung an Marie Bonaparte* [1925], zitiert in Ernest Jones, *Das Leben und Werk von Sigmund Freud*, Bd. II, S. 465f.)

Die klare Trennung zwischen "innerem Impuls" oder "innerer Befriedigung" und "anderen" wird jedoch durch das Unternehmen Freuds, die Bedeutung des Unbewußten darzustellen, Lügen gestraft. Wenn das Unbewußte überhaupt etwas bedeutet, so kann das nur heißen, daß das Verhältnis zwischen dem Selbst und den Anderen, zwischen Innen und Außen, nicht als *Abstand zwischen polaren Gegensätzen* verstanden werden kann, sondern eher als eine gegenseitige Durchdringung des Selbst durch das Andere, woraus das Subjekt als entstelltes hervorgeht.

Diese Entstellung wird vielleicht am deutlichsten in Freuds letzter "Topologie" der Psyche, und insbesondere in der Beziehung des Ich zum Über-Ich. Das Über-Ich definiert die aporetische Identität des Ich: Es repräsentiert sowohl das Ideal, dem das Ich nachstrebt, als auch die versagende Grenze, die es niemals erreichen kann. Als solches verkörpert das Über-Ich das uneinheitliche und irreduzible Element des Anderen, in dem sowohl innerpsychische wie außerpsychische Momente vereinigt sind. Somit hängt die "innere Befriedigung" von der Anerkennung durch diese Instanz ab, welche die Geschichte des individuellen Subjekts wie die von Gesellschaft und Kultur, zu der es gehört, umgreift. Wenn dieses "etwas in uns selbst", als der Adressat des Schreibens, mit dem Über-Ich verbunden ist (und gemäß dieser letzten Konzeption Freuds muß es das sein), heißt das anzuerkennen, daß wir, wenn wir für "uns selbst" schreiben, notwendig für einen Anderen schreiben, der niemals mit dem Selbst gleichgesetzt werden kann. Denn dieses Selbst gewinnt seine Identität in Beziehung zu jenem Anderen.

Wenn sich das Subjekt also nur in und durch eine ambivalente Beziehung zu einem Anderen artikulieren kann, den es (sich) weder vollkommen angleichen noch ganz ausschließen kann, so gilt dies nicht minder für die Psychoanalyse selbst. Um sich selbst zu definieren, muß sie sich gleichzeitig von dem, was sie nicht ist, absetzen. Daß eine solche *Absetzung* zwangsläufig von dem eingeholt wird, was sie auszuschließen versucht, wird besonders deutlich hinsichtlich Freuds Metapsychologie, deren Absicht "die Klärung und Vertiefung der theoretischen Annahmen, die man einem psychoanalytischen System zu Grunde legen könnte" war.[1] Diese Sätze, 1916 geschrieben, erscheinen somit knapp zwei Jahre, nachdem Freud Adler und Jung endgültig verurteilt und aus der psychoanalytischen Bewegung exkommuniziert hatte, weil deren Denken zu *systematisch*, zu spekulativ und narzißtisch gewesen war. Aber wenn die Metapsychologie die theoretischen Grundlagen eines "psychoanalytischen Systems" darzulegen hat, wird dieses dann weniger spekulativ und narzißtisch sein? Wenn die Psychoanalyse eine gewisse Systematik nicht vermeiden kann, so darf sie genausowenig die durch die Kritik an Adler und Jung aufgeworfenen Probleme ignorieren. Sie muß deshalb beweisen, daß die ihr eigene "Übersetzung" des unbewußten "Materials" gerade nicht den Verfälschungen und Reduktionen unterworfen ist, die sie ihren Widersachern zuschreibt. Freuds Versuch, in *Triebe und Triebschicksale*, einer Studie, die eine Reihe metapsychologischer Texte einleiten sollte, diese Unterscheidung zu begründen, zeigt einige der Schwierigkeiten, die daraus folgen:

> Der richtige Anfang der wissenschaftlichen Tätigkeit besteht vielmehr in der Beschreibung von Erscheinungen, die dann weiterhin gruppiert, angeordnet und in Zusammenhänge eingetragen werden. Schon bei der Beschreibung kann man es nicht vermeiden, gewisse abstrakte Ideen auf das Material anzuwenden, die man irgendwoher, gewiß nicht aus der neuen Erfahrung allein, herbeiholt. Noch unentbehrlicher sind solche Ideen - die späteren Grundbegriffe der Wissenschaft - bei der weiteren Verarbeitung des Stoffes. Sie müssen zunächst ein gewisses Maß von Unbestimmtheit an sich tragen; von einer klaren Umzeichnung ihres Inhaltes kann keine Rede sein. Solange sie sich in

---

[1] *Metapsychologische Ergänzung zur Traumlehre*; G.W. X, 412, Fußnote.

diesem Zustande befinden, verständigt man sich über ihre Bedeutung durch den wiederholten Hinweis auf das Erfahrungsmaterial, dem sie entnommen scheinen, das aber in Wirklichkeit ihnen unterworfen wird. (G.W. X, 210)

Diese Passage, die auch eine allgemeine methodische Einleitung in die Metapsychologie darstellt, verdeutlicht Freuds Art zu *denken* und zu *schreiben*. Nicht nur wegen ihrer Aussagen ist sie beachtenswert, sondern vielleicht noch mehr durch die Art, in der sie formuliert sind. Denn liest man die einzelnen Thesen in ihrer Beziehung zueinander, dann erscheinen die Behauptungen, die sie stützen sollen, ausgehöhlt und verzerrt: so, wenn Freud damit beginnt, die "Beschreibung" zum "richtigen Anfang der wissenschaftlichen Tätigkeit" zu erklären, um dann fortzufahren, Beschreibung sei überhaupt niemals bloß der Anfang, da sie immer und zwangsläufig "gewisse abstrakte Ideen" voraussetze, die selbst nicht nur aus der Erfahrung - nämlich der individuellen Erfahrung - stammten, sondern aus verschiedenen Quellen, "irgendwoher".

Weit entfernt davon, den "richtigen Anfang der wissenschaftlichen Tätigkeit" zu begründen, beweist Freuds Text vielmehr, daß es einen solchen "richtigen Anfang" nicht gibt. Statt mit einer beruhigenden Antwort auf eine vertraute Frage werden wir mit einem Problem zurückgelassen: Wie funktionieren diese "abstrakten Ideen", die von "irgendwoher" und nicht allein aus der individuellen Erfahrung stammen? Die Antwort darauf findet sich nicht in den ausdrücklichen Erwägungen, sondern in Freuds metapsychologischer Praxis selbst: das heißt in einem Stil, der zwangsläufig vom Inhalt der einzelnen Aussagen abweicht. Der Begriff, der jene dynamische Abweichung, in der die Freudschen Begriffe sich bilden und verbilden, am präzisesten bestimmt, heißt: *Auseinandersetzung**. Ihr und ihrem Funktktionieren bei den drei wichtigsten metapsychologischen Konzepten: *Primär- und Sekundärvorgang*, *Verdrängung* und *Angst* soll im Folgenden nachgegangen werden.

A. Primär- und Sekundärvorgang

Freuds Versuch, die Psyche in den Begriffen des *Primär-* und *Sekundärvorgangs* zu entfalten, ist so alt wie das psychoanalytische Denken selbst. Im *Entwurf* von 1895 unterscheidet Freud "psychische Primärvorgänge", nämlich "die Wunschbesetzung bis zur Halluzination, die volle Unlustentwicklung, die vollen Abwehraufwand mit sich bringt", von "Sekundärvorgängen", die "die Mäßigung des obigen ... durch eine richtige Verwertung der Realitätszeichen" darstellen, und "die nur bei Ich-Hemmung möglich" sind.[2]

Aber erst im siebenten Kapitel der *Traumdeutung* versucht Freud eine umfassende Erklärung dieser beiden psychischen Vorgänge. Seine Ausarbeitung ist Teil einer Argumentationskette, die Freud zu dem Schluß führt, "daß die kompliziertesten Denkleistungen ohne Mittun des Bewußtseins möglich sind" (G.W. II/III, 598). Die Theorie der Primär- und Sekundärvorgänge will diese Möglichkeit erklären. Den Ausgangspunkt bildet hierbei Freuds Analyse der Traumarbeit:

> Man erkennt als den Hauptcharakter derselben, daß aller Wert darauf gelegt wird, die besetzende Energie beweglich und abfuhrfähig zu machen; der Inhalt und die eigene Bedeutung der psychischen Elemente, an denen diese Besetzungen haften, wird zur Nebensache. (G.W. II/III, 602)

Freuds eingangs zitierte Mahnung, die Traumbilder nicht nach ihrem Bild- oder Darstellungsinhalt, sondern vielmehr nach ihren Beziehungen zueinander zu deuten, findet hier ihre Entsprechung und Erklärung in dem, was er als "Primärvorgang" bezeichnet, also der Weise der Artikulation, in der "der Inhalt und die eigene Bedeutung der psychischen Elemente" weniger zählen als ihre Fähigkeit, "die besetzende Energie beweglich und abfuhrfähig zu machen". Psychische Energie "haftet" lediglich an einer Vorstellung und vermag sich doch davon zu lösen, wenn die Spannung über eine bestimmte Schwelle hinauswächst.

Um die Effekte und Folgen der *Beweglichkeit* der Besetzungsenergie - den entscheidenden Zug des Primärvorgangs - zu verstehen, ist es hilfreich, sich daran zu erinnern, wie Freud diesen Prozeß aus der von ihm so genannten *"Not des Lebens"** herleitet. Diese Not macht sich in der Gestalt "großer Körperbedürfnisse" des Kindes bemerkbar, die - dank der Hilflosigkeit des Kindes - nur durch "fremde Hilfeleistungen" befriedigt werden können. Diese Bedürfnisse und die Herabsetzung der von ihnen ausgehenden Spannungen ergeben das erste "Befriedigungserlebnis", wenn der "innere Reiz" und die unlustvollen Spannungen, die er hervorbringt, durch äußere Einwirkung (meist durch die Mutter oder die Amme) herabgemildert worden sind.

Wenn auch Freud mit der Betonung des quantitativ - energetischen, d.h. "ökonomischen" Aspekts des Befriedigungserlebnisses anhebt, so versäumt er doch nicht, seine ebenso wichtige qualitative Seite hervorzuheben. Denn gerade dank dieses qualitativen Elements wandelt sich dieser Prozeß von einem lediglich organischen oder physiologischen zu einem psychologischen. Freud verbindet diesen qualitativen Aspekt mit der Funktion von Wahrnehmung und Gedächtnis:

---

[2] Sigmund Freud, *Aus den Anfängen der Psychoanalyse*, Frankfurt/M. 1962, S. 333f.

Ein wesentlicher Bestandteil dieses Erlebnisses ist das Erscheinen einer gewissen Wahrnehmung (der Nahrung im Beispiel), deren Erinnerungsbild von jetzt an mit der Gedächtnisspur der Bedürfniserregung assoziiert bleibt. (G.W. II/III, 571)

Beim erneuten Auftreten dieser Erregung wird dasselbe Erinnerungsbild automatisch, reflexartig wiederholt:

Eine solche Regung [d.h. die Wahrnehmung wieder hervorzurufen] ist das, was wir einen Wunsch heißen; das Wiedererscheinen der Wahrnehmung ist die Wunscherfüllung, und die volle Besetzung der Wahrnehmung von der Bedürfniserregung her der kürzeste Weg zur Wunscherfüllung. Es hindert uns nichts, einen primitiven Zustand des psychischen Apparats anzunehmen, in dem dieser Weg wirklich so begangen wird, das Wünschen also in ein Halluzinieren ausläuft. Diese erste psychische Tätigkeit zielt also auf eine Wahrnehmungsidentität, nämlich auf die Wiederholung jener Wahrnehmung, welche mit der Befriedigung des Bedürfnisses verknüpft ist. (G.W. II/III, 571)

Daraus wird ersichtlich, warum die Bilderschrift des Traums nicht mit ungedeckten Karten, d.h. durchsichtigen Bildern arbeitet. Was Freud hier "Wahrnehmungsidentität" nennt, wird vom Material der Wahrnehmung gebildet, aber dieses hat seine Wirkung nicht durch das, was es darstellt. Denn sein Darstellungs- oder *Vorstellungsinhalt** - fungiert nur als Zeichen von etwas radikal Verschiedenem, das als solches undarstellbar ist, da es aus einem Spannungsfeld hervorgeht, d.h. einer quantitativen, differentiellen Veränderung der Energieverteilung, die einen qualitativen Effekt erzeugt: den Übergang von Schmerz zu Lust. Ausschlaggebend am Begriff der Wahrnehmungsidentität ist, daß die hier gemeinte Identität das Ergebnis einer Wiederholung ist, in der der qualitative Inhalt nur als formale Stütze für das nicht vorstellbare Befriedigungserlebnis, das er hervorrufen soll, dient.

Solange die Besetzung der Vorstellungen - d.h. von Erinnerungsbildern - unter der direkten Herrschaft des Lustprinzips auftritt, solange also ihre psychische Stabilität und Zugänglichkeit eine Funktion ihrer Nähe zu lustvollen Erfahrungen bleibt (für Freud heißt das eher die Vermeidung von Spannung als die Suche nach Lust), prägt der Primärvorgang das psychische Geschehen. Unter dem Zwang der "Not des Lebens" ist die Psyche jedoch gehalten, eine andere Arbeitsweise anzunehmen, den Sekundärvorgang:

Eine bittere Lebenserfahrung muß diese primitive Denktätigkeit zu einer zweckmäßigeren, sekundären, modifiziert haben. Die Herstellung der Wahrnehmungsidentität auf dem kurzen regredienten Wege im Innern des Apparats hat an anderer Stelle nicht die Folge, welche mit der Besetzung derselben Wahrnehmung von außen her verbunden ist. Die Befriedigung tritt nicht ein, das Bedürfnis dauert fort. ... Um eine zweckmäßigere Verwendung der psychischen Kraft zu erreichen, wird es notwendig, die volle Regression aufzuhalten, so daß sie nicht über das Erinnerungsbild hinausgeht und von diesem aus andere Wege suchen kann, die schließlich zur Herstellung der gewünschten Identität von der Außenwelt her führen. Diese Hemmung sowie die darauf folgende Ablenkung der Erregung wird zur Aufgabe eines zweiten Systems. (G.W. II/III, 571f.)

In anderen Worten: Sobald erfahren worden ist, daß die Regungen des Primärvorgangs nicht nur unproduktiv, sondern kontraproduktiv sind und die Spannungen ansteigen lassen, anstatt sie aufzuheben, versucht die Psyche, Einfluß auf die äußeren Anlässe der Spannung auszuüben, um diese vermindern zu können. Dazu bedarf es aber einer anderen Tätigkeit als des Halluzinierens: Die Realität muß erfaßt und geprüft werden, obwohl oder gerade weil sie zur Quelle des Leidens und der *Unlust** geworden ist. Die Psyche muß die Fähigeit zur Bildung von *Repräsentationen* (Wahrnehmungen, Erinnerungsbildern, Begriffen) entwickeln, auch wenn diese mit unlustvollen Erfahrungen einhergehen. Die beweglichen Besetzungen des Primärvorgangs haben deshalb in zunehmendem Maße den stabileren des Sekundärvorgangs zu weichen. Oder, wie Freud es formuliert, die "regredienten" Tendenzen zur Halluzination müssen "gehemmt" werden.

Damit findet sich die Theorie vor die Aufgabe gestellt, eine angemessene Erklärung dafür zu geben, wie diese Hemmung stattfindet. In diesem relativ frühen Stadium seines Denkens neigt Freud dazu, diesen Vorgang als die quasi-automatische Reflexreaktion eines selbst-identischen Subjekts gegenüber der "Not des Lebens" zu deuten. Aber dieses binäre Modell entzieht ihm die Möglichkeit zu erklären, wieso ein solches Subjekt vom "Primär-" zum "Sekundärvorgang" übergeht, auch wenn es für sein Überleben förderlich wäre. Denn zu behaupten, eine solche Entwicklung *müsse* stattfinden, sofern das Kind überleben soll, heißt noch nicht zu erklären, *wie* es geschieht.

Wenngleich der Autor der *Traumdeutung* noch nicht soweit ist, die Hemmung der Regression in genuin psychoanalytischen Begriffen zu erklären, so kann er doch auf das entscheidende Element dieser Erklärung *hindeuten*: den Prozeß der "Bindung", wodurch psychische Energie an Vorstellungen "haftet". Die Qualität dieses Haftens unterscheidet die beweglichen Besetzungen des Primärvorgangs von den stabileren des Sekundärvorgangs. Aber um die Natur der zwei verschiedenen Arten von "Bindung" richtig zu bewerten, müssen wir darauf achten, wie Freud zwischen "Primär-" und "Sekundärvorgang" unterscheidet, da diese Art der Unterscheidung in Primäres und Sekundäres zum Vorbild für weitere begriffliche Oppositionen bei Freud wird, in Bezug auf den Narzißmus, den Masochismus und die Verdrängung. Die Relation "primär/sekundär" hat bei Freud sowohl eine strukturelle wie zeitliche Dimension, wobei er jedoch zugleich einräumt, daß es sich hierbei um eine "theoretische Fiktion" handelt:

> Wenn ich den einen psychischen Vorgang im Seelenapparat den p r i m ä r e n benannt habe, so tat ich dies nicht allein mit Rücksicht auf die Rangordnung und Leistungsfähigkeit, sondern durfte auch die zeitlichen Verhältnisse bei der Namengebung mitsprechen lassen. Ein psychischer Apparat, der nur den Primärvorgang besäße, existiert zwar unseres Wissens nicht und ist insoferne eine theoretische Fiktion; aber soviel ist tatsächlich, daß die Primärvorgänge in ihm von Anfang an gegeben sind, während die sekundären erst allmählich im Laufe des Lebens sich ausbilden, die primären hemmen und überlagern und ihre volle Herrschaft über sie vielleicht erst mit der Lebenshöhe erreichen. Infolge dieses verspäteten Eintreffens der sekundären Vorgänge bleibt der Kern unseres Wesens, aus unbewußten Wunschregungen bestehend, unfaßbar und unhemmbar für das Vorbewußte. (G.W. II/III, 608f.)

Wenn Freud den Primärvorgang als theoretische Fiktion bestimmt, so nur wegen seiner Unbeobachtbarkeit; die "Tatsache", "daß die Primärvorgänge" in der Psyche "von Anfang an gegeben sind", wird von diesem Zugeständnis nicht berührt. Und dennoch legt Freuds eigene Beschreibung nahe, daß die "Fiktionalität" des Begriffs des Primärvorgangs in ihrer Reichweite radikaler sein könnte. Denn dieser hat noch einen weiteren Aspekt, der den Primärcharakter fraglich werden läßt: Damit überhaupt irgendeine Besetzung entstehen kann, selbst die äußerst labilen Besetzungen des Primärvorgangs, muß Energie an Vorstellungen *gebunden* werden, damit eine minimale Wiederherstellbarkeit ihrer - z.B. als "Wahrnehmungsidentitäten" - gewährleistet ist. Doch obwohl Freud den Primärvorgang als reflexartigen Versuch beschreibt, frühere Wahrnehmungen halluzinatorisch wiederherzustellen, ist er nicht in der Lage zu erklären, *wie* diese Wiederherstellung eigentlich vor sich geht. Die "Hemmung", die für die Stabilität der Besetzungen notwendig ist, wird ausschließlich in Bezug auf den Sekundärvorgang gedacht. Wenn dies zutrifft, dann ist entweder der Primärvorgang nicht einer der Besetzung, oder wenn er es ist - und er *muß* es sein, um sich als psychischer Vorgang von einem bloßen Reflex zu unterscheiden -, dann muß er schon von Anfang an die Hemmung des Sekundärvorgangs voraussetzen, um sich überhaupt bilden zu können. Die "Fiktionalität" des Primärvorganges würde sich nicht allein auf seine empirische Unverifizierbarkeit beziehen, sondern auf *seine eigene Struktur als theoretischer Begriff.* Denn die Bedingung des Primärvorgangs, der auf der Bindung von Energie an Vorstellungen (Besetzung) beruht, wäre die hemmende Kraft des Sekundärvorgangs, den Freud jenem entgegenzusetzen versucht.[3] Ohne Besetzung keine Psyche. Ohne Bindung keine Besetzung.

---

[3] Freuds Beschreibung des Sekundärvorgangs deutet zumindest an, daß der Primärvorgang bereits eine gewisse Tendenz zur Bindung von Energie enthält, und daß diese somit nicht vollständig aus der Hemmung des Sekundärvorgangs hervorgeht; diese Hemmung entsteht selbst als Reaktion auf die Tendenz des Primärvorgangs zur Bindung: "Es wurde so eine zweite Tätigkeit - in unserer Ausdrucksweise die Tätigkeit eines zweiten Systems - notwendig,

Und daher: ohne Sekundärvorgang kein primärer, sofern dieser ein psychischer Vorgang sein soll (woran Freud nie zweifelt).

Das Ergebnis dieser "theoretischen Fiktion" ist dann keinesfalls negativ: Wenn der Primärvorgang nicht anders als Effekt des Sekundärvorgangs denkbar ist, so stellt sich als einzig "primär" heraus - ob theoretisch oder praktisch gesehen - der Begriff der Hemmung selbst, als notwendige Bedingung aller Besetzung (und damit alles Psychischen).

Dieser "Primat" der Hemmung kommt aber der Hemmung des Primären gleich. Als solche bezeichnet sie jedoch mehr als ein bloßes Paradox im Denken Freuds. Eher weist sie auf eine andere Art, Begriffe zu bilden, die nicht mehr selbstidentische Gegenstände begreifen wollen, sondern unversöhnliche Konflikte ans Licht bringen. Damit aber beginnt das Freudsche Denken sich von vertrauten Modellen begrifflicher Theorie zu entfernen.

B. Die Verdrängung

Freuds Differenzierung des psychischen Apparats in Primär- und Sekundärvorgänge spitzt sich in der Frage zu: Wie wird libidinöse Energie an Vorstellungen gebunden? Das Problem der *Bindung* rückt damit ins Zentrum von Freuds Theorie der Verdrängung:

> Halten wir aber daran fest, - es ist der Schlüssel zur Verdrängungslehre, - daß das zweite System nur dann eine Vorstellung besetzen kann, wenn es imstande ist, die von ihr ausgehende Unlustentwicklung zu hemmen. (G.W. II/III, 607)

Die Verdrängung wird folglich am Verbindungspunkt von Primär- und Sekundärvorgang angesiedelt, welche sich durch den Grad an "Hemmung", den sie zulassen, voneinander trennen und unterscheiden. Zunächst neigt Freud dazu, die Verdrängung als unmittelbaren Effekt und Element des Primärvorgangs zu beschreiben:

welche nicht gestattete, daß die Erinnerungsbesetzung zur Wahrnehmung vordringe und *von dort aus* die psychischen Kräfte *binde*, sondern die vom Bedürfnisreiz ausgehende Erregung auf einen Umweg leite." (G.W. II/III, 604; *Hervorhebungen von S.W.*) Die einfache Gegenüberstellung Bindung/Nichtbindung, Hemmung/Nichthemmung weicht deshalb in Freuds Denken dem Bemühen, die *verschiedenen Weisen* von Bindungen und Hemmungen aufzuzeigen, und führt schließlich zur Entwicklung der zweiten Topologie, die nicht nur die Ambivalenz erklären soll, sondern ihrerseits ambivalent ist.

> Diese mühelos und regelmäßig erfolgende Abwendung des psychischen Vorgangs von der Erinnerung des einst Peinlichen, gibt uns das Vorbild und das erste Beispiel der psychischen Verdrängung. (G.W. II/III, 606)

Das "Vorbild und das erste Beispiel" hiervon werden im Sinne des allgemeinen Charakters des Primärvorganges als in "müheloser und regelmäßiger" Weise funktionierend beschrieben, da sie die quasi-automatische Vermeidung des peinlichen Erinnerungsbildes oder -zeichens hervorrufen. Wenn wir aber Freuds Gebrauch dieses Ausdrucks näher anschauen, dann entdecken wir, daß dieses *Vorbild** - die primäre, ursprüngliche Form, aus der sich die angeblich besser beobachtbaren sekundären Phänomene entwickeln - sich von diesen darin unterscheidet, daß es ihm an etwas mangelt, was gerade deren wesentliche Eigenschaft ist. Was dem Vorbild im Falle der Verdrängung fehlt, ist das Element des Konflikts. Das "erste Beispiel" für Verdrängung wird als eine Bewegung der "Vermeidung", bzw. *Abwendung** dargestellt. In diesem Begriff der Verdrängung als eine Art von *Flucht* findet Freud den zentralen Ansatzpunkt für seine Ausarbeitung. Wenn dieser Vergleich mit der Flucht nützlich ist, dann jedoch wegen der Differenz gegenüber der Verdrängung, die er hervorbringt. Denn diese unterscheidet sich von jener grundsätzlich darin, daß sie demjenigen, wovor sie flieht, niemals entkommen kann, da es, wie Freud wiederholt betont, endopsychisch ist. Und die Psyche kann nicht einfach vor etwas fliehen, das sie in gewisser Weise selbst "enthält".

Kurzum, wenn die Verdrängung die Antwort auf einen endopsychischen Konflikt ist, darf sie nicht nur als eine Aktion wie die "Flucht", sondern muß als eine *Interaktion* gedacht werden. Diese bringt die wechselseitige Veränderung der betreffenden Akteure hervor. Dieser Prozeß der Interaktion ist, obwohl er von Freud in seinen ersten Versuchen, den Begriff zu fassen, nicht ausdrücklich thematisiert wurde, gleichwohl in dem Ausdruck, den er verwendet, enthalten: *Abwendung**, nicht im Sinne von "Vermeidung" ("*avoidance*"), sondern von "Abneigung" ("*aversion*"). Denn das deutsche Wort bezeichnet sowohl das Sich-Wegwenden eines Subjekts im Sinne der Vermeidung einer unlustvollen Wahrnehmung oder Erinnerung als auch die Abwehr eines unerwünschten Objekts ("*eine Gefahr abwenden*"*). Wenn die Syntax der zitierten Passage deutlich macht, daß *Abwendung** nur benutzt wird, um die ausweichende Bewegung des Bewußtseins zu beschreiben, so wird Freud in den folgenden Passagen anerkennen, daß der Prozeß der Verdrängung als eine doppelte Bewegung zu verstehen ist, die nicht nur auf die verdrängende Instanz, sondern auch auf das Verdrängte (als ursprünglich besetzte Repräsentation) einwirkt.

Aber eine solche Analyse der Verdrängung als einfacher Umverteilung der Energie von einer Repräsentation auf eine andere löst nicht das vom Begriff des Primär- und Sekundärvorgangs gestellte Problem. Denn wenn deren Unterscheidung die Wirksamkeit der "Hemmung" voraussetzt, um die flüchtigen Energien zu bändigen, bleibt es rätselhaft, wie diese Funktion zu begreifen ist. Bei der Einführung und Ausarbeitung des Begriffs der Verdrängung nähert sich Freud jedoch zunehmend einer begrifflichen Bestimmung der notwendig konflikthaften Natur der psychischen Prozesse, die er zu beschreiben versucht. Die beiden Begriffe, in denen sich diese Bestimmung des Konflikts[4] artikuliert, sind *Gegenbesetzung** und *Überbesetzung**.

Diese Begriffe - die Übertragung des "großen X" in die scheinbar vertrautere *Bildersprache** der Metapsychologie - beziehen sich je unterschiedlich auf den Prozeß der Verdrängung. Da sich das Problem der "Gegenbesetzung" klarer darstellt, werde ich es zuerst diskutieren. Wenn eine Repräsentation vom Bewußtsein beiseitegeschoben und ausgeschlossen werden kann, so kann dies nur mit Hilfe einer anderen Repräsentation, *die deren Platz einnimmt*, geschehen. Diejenige, welche die verdrängte ersetzt, nennt Freud "Gegenbesetzung". Sie funktioniert als eine Art Gegengewicht, das einen Teil der Energie absorbiert, die bislang an der vom Bewußtsein ausgeschlossenen Repräsentation haftet. Somit bezeichnet *Gegenbesetzung** sowohl die ersetzende Vorstellung als auch den Prozeß der Besetzung, der die Ersetzung bewirkt. Dies geschieht nicht in einem einzigen Akt und nicht ein für alle Male, sondern muß permanent erneuert werden, wobei ein stetig wachsender Energieaufwand und eine Kette von wiederkehrenden Ereignissen benötigt wird. Dieses Wiederkehren bedeutet keineswegs bloßes Wiederholen des Gleichen, da es häufig mit Verschiebungen - sowohl in den konflikthaften Besetzungen untereinander als auch innerhalb der jeweiligen Vorstellungen selbst - einhergeht.

Obwohl das Verhältnis von Gegenbesetzung und Verdrängung in Freuds Werk damit einigermaßen verständlich wird, ist die Beziehung der Überbesetzung zur Verdrängung komplizierter. Freud verwendet diesen Begriff insbesondere, um den ökonomischen Prozeß zu bestimmen, durch den eine besondere Vorstellung dadurch bewußt wird, daß sie Aufmerksamkeit auf sich zieht. Da die Überbesetzung also mit dem Bewußtsein zu tun hat, scheint sie nur wenig Bedeutung für die Verdrängung zu haben, welche den Vorstellungen den Zugang zum Bewußtsein versperrt.

Der dynamische Konflikt der Verdrängung hat jedoch nicht nur den Ausschluß von Gedanken aus dem Bewußtsein zur Folge, sondern zugleich und notwendig ihre Ersetzung durch andere - Gegenbesetzungen -, die wiederum bewußt *sind*. In einer dauerhaften Verdrängung ist deshalb nicht nur die Bildung der Gegenbesetzung, sondern auch die der Überbesetzung enthalten. Gegenbesetzung und Überbesetzung stellen folglich zwei Be-

[4] Wie wir sehen werden, gewinnt Freuds begriffliche Bestimmung des Konflikts eine wachsende "Konfliktualisierung" der Begriffe selbst.

zeichnungen für denselben Vorgang dar, erstere aus dynamischer, letztere aus ökonomischer Perspektive.

Das Problem der Metapsychologie liegt hierbei darin, das genaue Verhältnis dieser zwei Aspekte zueinander zu bestimmen. Dabei geht es letztlich um nichts anderes als um die Frage der *Hemmung*, wie aus folgender Passage aus der *Traumdeutung* deutlich wird:

> Die Tendenz des Denkens muß also dahin gehen, sich von der ausschließlichen Regulierung durch das Unlustprinzip immer mehr zu befreien und die Affektentwicklung durch die Denkarbeit auf ein Mindestes, das noch als Signal verwertbar ist, einzuschränken. Durch eine neuerliche Überbesetzung, die das Bewußtsein vermittelt, soll diese Verfeinerung der Leistung erzielt werden. (G.W. II/III, 608)

Sofern sich die Verdrängung als Ersetzung einer Vorstellung durch eine andere, welche Zugang zum Bewußtsein hat, vollzieht, verdankt sie sich einer Überbesetzung, die Freud mit der Bildung von dem zusammenbringt, was er "Signal" nennt. Überbesetzung bezeichnet also einen Vorgang, durch den die verdrängte Vorstellung von einer anderen ersetzt wird, welche zum Bewußtsein als "Signal" der unlustvollen, verdrängten Gedanken Zugang hat.

Da Verdrängung in Freuds Werk letztlich den konflikthaften Prozeß meint, in welchem sich die Psyche selbst artikuliert und differenziert, ist die Bedeutung des Begriffs des *Signals* kaum zu überschätzen. Denn er bezeichnet die Art und Weise, in der sich das Unbewußte unter der Herrschaft des Unlustprinzips organisiert.

Wenngleich negativ, zeigt sich dies, wo immer Freud versucht, den Ablauf der Verdrängung zu erklären, ohne dabei das Signal zu berücksichtigen, wie z.B. in der folgenden Passage, die ebenfalls aus der *Traumdeutung* stammt:

> Die Erinnerungen, von denen aus der unbewußte Wunsch die Affektentbindung hervorruft, waren dem *Vbw* niemals zugänglich; darum ist deren Affektentbindung auch nicht zu hemmen. Eben wegen dieser Affektentwicklung sind diese Vorstellungen jetzt auch nicht von den vorbewußten Gedanken her zugänglich, auf die sie ihre Wunschkraft übertragen haben. Vielmehr tritt das Unlustprinzip in Kraft und veranlaßt, daß das *Vbw* sich von diesen Übertragungsgedanken abwendet. Dieselben werden sich selbst überlassen, "verdrängt", und somit wird das Vorhandensein eines infantilen, dem *Vbw* von Anfang an entzogenen Erinnerungsschatzes zur Vorbedingung der Verdrängung. (G.W. II/III, 609f.)

Anstatt die "Hemmung" als aktive Kraft, die eingreift, um die *"Affektentbindung"** abzukürzen, zu bestimmen, führt Freud den Begriff der "Verdrängung" ein, um die eher passive Bewegung des Vorbewußten zu bezeichnen. Denn dieses wendet sich von unlustvollen Gedanken ab, welche "sich selbst überlassen" auf irgendeine Weise den ursprünglichen Kern eines "infantilen ... Erinnerungsschatzes" bilden, also "zur Vorbedingung der Verdrängung" werden.

Der Zirkelschluß dieser Erklärung ist unverkennbar: um die Verdrängung zu erklären, *setzt** Freud einen Ursprung, in dem sie bereits stattgefunden hat: einen "Erinnerungsschatz", der "von Anfang an" aus dem Bewußtsein ausgeschlossen gewesen ist. Alle wiederholten Versuche Freuds, die konflikthafte Arbeit des Unbewußten in genetischen Begriffen zu erklären, verfangen sich eben darin in einer Tautologie, daß sie zu einem Ursprung - einem "primären" Stadium - zurückgehen, aus dem die beobachtbaren Phänomene abgeleitet werden sollen. Deshalb stellt die Haltung, die er fünfzehn Jahre später, in seinem Aufsatz über *Die Verdrängung* diesem Problem gegenüber einnimmt, eine bedeutende und produktive Verschiebung dar:

> Wir werden ferner durch die psychoanalytische Erfahrung ... zu dem Schluß genötigt, daß die Verdrängung kein ursprünglich vorhandener Abwehrmechanismus ist, daß sie nicht eher entstehen kann, als bis sich eine scharfe Sonderung von bewußter und unbewußter Seelentätigkeit hergestellt hat. (G.W. X, 249f.)

Indem er die Frage so wieder aufnimmt, beginnt Freud, sein genetisches Modell zu verlassen und sich einem eher strukturalen zu nähern: "Bis wir mehr von ... der Differenzierung von Unbewußt und Bewußt erfahren haben ... können wir nur noch einige klinisch erkannte Charaktere der Verdrängung in rein deskriptiver Weise zusammenstellen", resümiert Freud (G.W. X, 250). Sein nächster Schritt wird jedoch nicht das "Zusammenstellen" klinischen Materials, sondern seine hochspekulative These sein, die in die bereits diskutierte genetische Hypothese zurückzufallen scheint:

> Wir haben also Grund, eine U r v e r d r ä n g u n g anzunehmen, eine erste Phase der Verdrängung, die darin besteht, daß der psychischen (Vorstellungs) Repräsentanz des Triebes die Übernahme ins Bewußte versagt wird. Mit dieser ist eine F i x i e r u n g gegeben; die betreffende Repräsentanz bleibt von da an unveränderlich bestehen und der Trieb an sie gebunden. (G.W. X, 250)

Dennoch wiederholt diese Hypothese der *Urverdrängung** nicht nur die frühere Unterscheidung von Primär- und Sekundärvorgang; vielmehr *verbindet* sie die beiden, indem sie sie mit dem, was Freud "Fixierung" nennt, verknüpft. Ausgangspunkt ist nicht mehr der reine Zustand ungebundener Energie, sondern eine besondere Verknüpfung von *Bindung** und *Entbindung**. Freuds Denken wandelt sich somit von einem binären Schema, das seine Grundlage in der urspünglichen Priorität *eines* der beiden Begriffe hat, zu einem ternären Modell, in dem keiner der Begriffe ohne seine Beziehung zu anderen zu begreifen ist. *Bindung** und *Entbindung** gelten mithin nicht als Pole einer Opposition, sondern als Aspekte eines übergreifenden Vorgangs der *Verbindung**.

> [Wir] vergessen zu leicht, daß die Verdrängung die Triebrepräsentanz nicht daran hindert, im Unbewußten fortzubestehen, sich weiter zu organisieren, Abkömmlinge zu bilden und Verbindungen anzuknüpfen. (G.W. X, 251)

Was jetzt die unbewußte Besetzung zu charakterisieren scheint, ist weder ihre Labilität noch ihre Stabilität, sondern die besondere Art und Weise, wie beide miteinander verbunden sind.

> Die Triebrepräsentanz [entwickelt] sich ungestörter und reichhaltiger ... , wenn sie durch die Verdrängung dem bewußten Einfluß entzogen ist. Sie wuchert dann sozusagen im Dunkeln und findet extreme Ausdrucksformen, welche, wenn sie dem Neurotiker übersetzt und vorgehalten werden, ihm nicht nur fremd erscheinen müssen, sondern ihn auch ... schrecken. (G.W. X, 251)

Freuds bildhafte Beschreibung der Verdrängung legt also einen Vorstellungskern - die *Triebrepräsentanz** - zugrunde, der keinesfalls stabil, selbstidentisch oder statisch, sondern eher *metastatisch* ist und ein schrekkenerregendes Gespinst von Beziehungen webt, das nur an seinen Rändern Zugang zum Bewußtsein erlangt.

Aber auch wenn die "Fixierung", und also auch die Verdrängung, nicht länger als einfache Polarität von gebundener und ungebundener Energie begriffen werden können, gibt Freud keine Erklärung für die Faktoren, die an der Begründung dieser Fixierung beteiligt sind. Wir wissen nur, daß sie sowohl das Wuchern der *Verbindungen** als auch ihren Ausschluß aus dem Bewußtsein umfaßt. Lesen wir jedoch die Formulierungen, in denen Freud diesen Ausschluß beschreibt, ein zweites Mal, so finden wir den Hinweis auf eine mögliche Erklärung. In der bereits zitierten Passage schreibt Freud, daß die Verdrängung "der psychischen (Vorstellungs-) Repräsentanz des Triebs die Übernahme ins Bewußte versagt". *Versagen** bedeutet buchstäblich genommen *verbieten* (*interdict*), und die linguistische Referenz, die es enthält, ist mit einer anderen linguistischen Figur *verknüpft**, die verwendet wird, um den "Übergang" (*"passage" or transition*) vom Unbewußten zum Bewußtsein, der von der Verdrängung gerade verboten zu werden scheint, zu benennen: nämlich mit derjenigen der *"Übersetzung"**. Eine von Freuds frühesten Beschreibungen der Verdrängung, in einem Brief an Fließ, redet von ihr als der *"Versagung der Übersetzung"**.[5] Alle Fragen, die wir gestellt haben - nach dem Wesen der *Besetzung**, seiner Beziehung zur *Überbesetzung** und *Gegenbesetzung**, nach den Vorgängen von *Bindung**, *Entbindung** und *Verbindung** - laufen in der Studie über *Das Unbewußte* zusammen, in der Freud "entdeckt", was er in gewissem Sinne immer schon "wußte": daß die "scharfe Sonderung" zwischen dem Bewußtsein und dem Unbewußten, nach der er gesucht hatte, aus nichts anderem als einer besonderen Form der Übersetzung und der *Versagung** besteht:

---

[5] S. Freud, *Aus den Anfängen der Psychoanalyse*, S. 152.

> Mit einem Male glauben wir nun zu wissen, wodurch sich eine bewußte Vorstellung von einer unbewußten unterscheidet. ... die bewußte Vorstellung umfaßt die Sachvorstellung plus der zugehörigen Wortvorstellung, die unbewußte ist die Sachvorstellung allein. Das System *Ubw* enthält die Sachbesetzungen der Objekte, die ersten und eigentlichen Objektbesetzungen; das System *Vbw* entsteht, indem diese Sachvorstellung durch die Verknüpfung mit den ihr entsprechenden Wortvorstellungen überbesetzt wird. Solche Überbesetzungen, können wir vermuten, sind es, welche eine höhere psychische Organisation herbeiführen und die Ablösung des Primärvorganges durch den im *Vbw* herrschenden Sekundärvorgang ermöglichen. Wir können jetzt auch präzise ausdrücken, was die Verdrängung bei den Übertragungsneurosen der zurückgewiesenen Vorstellung verweigert: Die Übersetzung in Worte, welche mit dem Objekt verknüpft bleiben sollen. Die nicht in Worte gefaßte Vorstellung oder der nicht überbesetzte psychische Akt bleibt dann im *Ubw* als verdrängt zurück. (G.W. X, 300)

Der Unterschied zwischen bewußtem und unbewußtem Denken, so erklärt Freud mit ungewöhnlicher Begeisterung (worauf wir in Kürze zurückkommen werden), ist nicht mehr und nicht weniger als die Möglichkeit einer bestimmten Übersetzung, d.h. der Verbalisierung. Im Falle des bewußten Denkens erlaubt die "*Überbesetzung** der "zugehörigen Wortvorstellung" der "Sachvorstellung" eine angemessene Übersetzung; im Falle des unbewußten Denkens bleibt uns nur die "Sachvorstellung allein". Die verführerische Evidenz dieser Erklärung hält aber keiner noch so oberflächlichen Überlegung stand. Denn sie setzt voraus, was Freuds allgemeine Konzeption des Primärvorgangs gerade ausschließt: daß die "ersten" Besetzungen auch "authentische" Darstellungen der von ihnen besetzten Objekte seien. Nichts könnte von Freuds Begriff der psychischen Entwicklung weiter entfernt sein, wie wir hinsichtlich der "Wahrnehmungsidentitäten" zeigen konnten. Diese sind nämlich äußerst "unauthentische" Darstellungen der Objekte, mit denen sie aufgrund der Gleichzeitigkeit mit einem Befriedigungserlebnis, das selbst keinerlei innere Beziehung mit dem besetzten Objekt aufrechterhält, metonymisch verbunden sind. Gerade diese qualitative Nichtidentität unterscheidet die Besetzungen des Primärvorgangs von den stabileren Besetzungen des Sekundärvorgangs. Diese "ersten" Objektbesetzungen als "authentische" Darstellungen zu bezeichnen, heißt ein weiteres Mal, Identität vorauszusetzen, anstatt zu erklären, wie sie zustande kommt. Dennoch ist Freuds gesamte "Entdeckung" an dieser Stelle auf einer solchen Voraussetzung gegründet. Der Begriff der "Übersetzung", den er zur Unterscheidung des bewußten vom unbewußten Denken verwendet, erfordert die Existenz stabiler, selbstidentischer "Sachvorstellungen", die ihrer Verbalisierung vorausgehen. Freud versucht zu zeigen, daß die Übersetzung von einer Art der Identität (Objektbesetzungen) in eine andere (Wortbesetzungen) mißlinge, daß die Verdrängung ein bloß *negativer* Vorgang sei, der von sich aus nichts zur Artikulation der Psyche beitrage, außer, daß er sie des Selbstbewußtseins beraube.

In diesem Licht gelesen kann man den begeisterten Ton, in dem Freud seine Entdeckung bekannt gibt, seinerseits als Symptom der Verdrängung deuten, oder eines - wie Nietzsche wohl gesagt hätte - eines "aktiven Vergessens". Denn oberflächlich gesehen leistet Freuds Behauptung wenig mehr, als die Beobachtungen zu wiederholen, die er gut zwanzig Jahre zuvor im *Entwurf* von 1895 gemacht hatte, wo er vermutete, "Sprachassoziationen" seien für "bewußtes, beobachtendes Denken" wie für das "Gedächtnis" verantwortlich.[6] Das Problem bleibt nach wie vor, zu erklären, *wie* gerade diese linguistische Funktion im Zusammenhang mit den beschriebenen psychischen Vorgängen begriffen werden kann. In dem früheren Text streift Freud einen Aspekt der "Wortbilder", der für diese Frage relevant zu sein scheint, ohne ihn auszuarbeiten: Der eigentliche Vorteil dieser Assoziationen, so meint er, beruhe darauf, daß sie "geschlossen (wenig an der Zahl) und ausschließlich" seien. Wahrscheinlich nimmt Freud diese Bemerkung später deshalb nicht wieder auf, weil seine Arbeit über den Traum aufgewiesen hatte, daß Wort-*Assoziationen* nicht notwendig "geschlossen" sein müssen, auch wenn die Worte selbst "wenig an der Zahl" sind; er entdeckte im Gegenteil, daß sich die Worte selber für die Verschiebungen und Verdichtungen der Traumarbeit eignen, gerade weil sie offen und überdeterminiert sind. Kurzum, diese Worte müssen nicht unbedingt dazu dienen, stabile "Entsprechungen", sondern womöglich eher ihr Gegenteil, zu erzeugen.

Wenn Freud in der zitierten Passage deshalb behauptet, die Verdrängung versage die Übersetzung der Sachvorstellungen in "angemessene" Wortvorstellungen, so gibt er damit in Wahrheit nicht eine Lösung, sondern deutet eher nebenbei das Problem an: nämlich, wie diese verbalen Entsprechungen für die Psyche gebildet werden. Um dies zu klären, muß das Verhältnis von Verdrängung und Übersetzung neu durchdacht werden. Denn unsere bisherige Diskussion hat gezeigt, daß die Verdrängung selbst eine bestimmte Form der Übersetzung ist, also ihr gegenüber Freuds Annahme nicht standhält: Eine anstößige Vorstellung wird nur insofern verdrängt, als sie von einer Gegenbesetzung ersetzt - d.h. *übersetzt* - wird, die zugleich als der bewußte Ersatz der verdrängten Vorstellung überbesetzt wird. Der Unterschied zwischen der Übersetzung der Verdrängung in diesem Sinne und derjenigen, die Freud zufolge von der Verdrängung verhindert wird, erscheint somit als der Unterschied zweierlei Art der Übersetzung. Was die nämliche des Bewußtseins von der des Unbewußten unterscheidet, ist nicht, wie eine schnelle Lektüre nahelegen könnte, die Verbalisierung als solche, sondern eher ihre besondere Form. Das Bewußtsein stellt eine Überset-

[6] *ibid.*, S. 364.

zung in Worte dar, die einem Gegenstand in dauerhafter Form entsprechen.

Dieser Begriff der Entsprechung allerdings - von dem Freuds gesamte Unterscheidung des Bewußtseins vom Unbewußten letztlich abhängt - wirft wiederum mehr Fragen auf, als er zu beantworten vermag. Zunächst bleibt die Frage, wie gerade die Objektbesetzungen selbst stabilisiert werden; sodann die nach dem Verhältnis der psychischen zur gesellschaftlichen Ordnung, da dauerhafte und festgefügte "entsprechende Wortvorstellungen" die Beziehung des individuellen Subjekts zu einem bereits vorher existierenden Sprachsystem und somit zu einem sozialen und kulturellen Kontext voraussetzen. Schließlich taucht mit dem Begriff der "Entsprechung" angesichts der überdeterminierten Natur der Worte - wie sie sich im Traum, im Witz und den anderen Artikulationen des Unbewußten zeigt -, die Frage nach dem innerpsychischen Mechanismus auf, welcher verbale Identität erzeugt. Wenn der verbale Diskurs des Bewußtseins dazu neigt, "geschlossen und ausschließlich" zu sein, wie stellt sich dann diese Geschlossenheit und Ausschließlichkeit her?

Die letzte Frage drängt zu einer Antwort, die Freuds ausdrücklicher Annahme in der oben zitierten Textstelle widerspricht und doch, wie zu vermuten ist, nur mit seiner grundlegenden Analyse der Verdrängung vereinbar ist: *Verdrängung*, weit entfernt davon, nur eine einfache Blockierung der Verbalisierung des bewußten Diskurses zu sein, ist auch deren unverzichtbare *Vorbedingung*. Indem sie gewisse Vorstellungen aus dem Bewußtsein ausschließt und sie zugleich durch andere ersetzt, stellt die Verdrängung still, was sonst das unendliche und unbestimmbare Spiel des Primärvorganges unter der Herrschaft des Lustprinzips wäre. Dabei gewährt sie *allen Besetzungen* Raum. Also kann die Überbesetzung der Wortvorstellungen nur durch die von der Verdrängung hergestellten Ausschlüsse, durch den Mechanismus der Gegenbesetzung funktionieren. Nur dadurch, daß sie gegenbesetzt werden, erlangen die Worte die Qualität der Geschlossenheit und Ausschließlichkeit, die sie zum bevorzugten und entscheidenden Medium des Bewußtseins machen.

So scheint die Verdrängung nichts Geringeres als die Bedingung der Identität in der psychischen Ordnung zu sein. Wenn das zutrifft, können wir beginnen, die Schwierigkeiten zu verstehen, die uns bei dem Versuch begegnen, die Verdrängung selbst zu bestimmen. Denn obwohl sie die *Bedingung* von Identität, sei es die der "Sachvorstellung" oder die der "Wortvorstellung", darstellt, ist die Verdrängung nicht identisch mit sich selbst. Zunächst deshalb, weil sie die Bedingungen der Identität, also einer bestimmten nur durch *Ausschließung* erzeugten *Geschlossenheit*, dadurch gewährleistet, daß sie eine Beziehung zum Außen im Kern all dessen, was eingeschlossen ist, errichtet. Aus diesem Grund ist jede Besetzung, und besonders die Überbesetzung des Bewußtseins, auch zugleich eine Gegenbesetzung.

In diesem Fall aber muß dasselbe für die "Verdrängung selbst" gelten. Die Überbesetzung des *Wortes* "Verdrängung", das die konflikthafte Arbeitsweise der Psyche bezeichnet, ist selbst eine Gegenbesetzung. *Worauf* sie nämlich antwortet, haben wir bereits angesprochen; der *innerpsychische* Mechanismus der Verdrängung, als Wort wie als Gegenstand, ist wiederum abhängig von Verboten, die dem Herrschaftsbereich des rein Psychischen vorausgehen und ihn überschreiten: *Die Verdrängung hängt von Systemen gesellschaftlicher Zwänge und Sanktionen ab*. Ihre Kraft, aus- und damit einzuschließen - sie ist nichts anderes als die Kraft, Besetzungen zuzulassen und damit dem Psychischen Raum zu geben -, hängt von einem Ort ab, den sie nicht konstituiert, sondern der vorher schon von metaphysischen Kräften und Traditionen strukturiert ist. Das Wesen dieser Abhängigkeit klingt bereits in den zwei Worten an, die Freud verwendet: *zugehörig** und *entsprechend**. Der erste Begriff ist aus der Wurzel "*hören*"* gebildet, der zweite dem "*sprechen*"* entnommen. Wenn die "Wortvorstellungen" des bewußten Diskurses darauf rechnen können, den "Sachvorstellungen" zu "entsprechen", dann kraft des "Hörens" und "Ansprechens" - zweier Vorgänge, über die in Zusammenhang mit Freuds Witztheorie noch mehr zu sagen sein wird. Hier mag die Bemerkung genügen, daß dieses *Hören* und *Ansprechen* das Problem des Bewußtseins und des Unbewußten erneut in einen diskursiven Prozeß einbinden, der nicht weiterhin dyadisch - als die Beziehungen von "Worten" zu "Dingen" -, noch als im Wesen rein "psychisch" bestimmt werden kann.

Verdrängung besteht nicht nur aus der Behinderung der Übersetzung, sondern auch aus deren Verbot. Solche *Versagung** ist jedoch nicht nur die Abwesenheit oder die Negation der Sprache, da sie sich selbst als eine Art der Übersetzung hervorbringt. Denn diese Übersetzung der *Versagung** ist doppeldeutig und ambivalent: sie bewirkt einerseits den für die Besetzung einer "geschlossenen und begrenzten" Zahl an Wortvorstellungen notwendigen Ausschluß. Andererseits aber verortet sie die Besetzungen in Bezug auf das, was sie ausschließen, indem sie sie als Gegenbesetzungen bestimmt. In diesem Sinne ist die *Versagung** der Verdrängung nichts anderes als das "Sagen" eines Anderen, oder wie Freud es nennt, ein "*Signal*". Denn die Bedeutung eines Signals ist immer woanders, als Verschiedenheit von dem und Aufschub dessen, wofür es steht, was es bezeichnet und wiederholt. Folglich ist das "Objekt" des Signals zwangsläufig die *Gefahr* und sein "Subjekt" die *Angst*.

C. Die Angst

Die Ortsbestimmung der Angst im Denken Freuds ist eine eigenartige: Einerseits ist sie mit seiner Konzeption des Primär- und Sekundärvorgangs und der Verdrängung eng verwandt und dem Zentrum seines Denkens nahe. Freud hielt die Angst in der Tat mehrere Jahre lang für ein direktes Ergebnis der Verdrängung, bevor er dann seine Perspektive umkehrte, indem er die Angst nicht zur Wirkung sondern zur Ursache der Verdrängung erklärte.[7] Andererseits, ungeachtet Freuds lebenslangen Interesses an dem Problem, stand die Angst abseits der Phänomene, mit denen er sich beschäftigte. Im Gegensatz zu den anderen bereits dargelegten zentralen Kategorien war "Angst" weder ein von der Psychoanalyse eingeführter Begriff, noch bezeichnete er ein Phänomen, dessen Bedeutung durch das Werk Freuds so entscheidend verändert wurde, daß man sagen könnte, er habe es wiederentdeckt - wie es z.B. bei der Sexualität oder der Hysterie der Fall war. Deshalb gab es unter den Schülern und Anhängern Freuds wenig Neigung, der Angst jene Signal-Bedeutung für die Psychoanalyse zuzuschreiben, die Freud hingegen niemals bezweifelt hatte.[8] "Es steht fest", so schreibt er in den *Vorlesungen zur Einführung in die Psychoanalyse*,

> daß das Angstproblem ein Knotenpunkt ist, an welchem die verschiedensten und wichtigsten Fragen zusammentreffen, ein Rätsel, dessen Lösung eine Fülle von Licht über unser ganzes Seelenleben ergießen müßte. (G.W. XI, 408)

Angesichts der Wichtigkeit, die Freud diesem Problem beimaß, ist es nicht überraschend, daß die Angst seine Aufmerksamkeit schon von den frühesten Versuchen an auf sich zog, und daß sie ihn gleichsam herausforderte, eine systematische Theorie der Psyche zu entwerfen. Das "Rätsel", das sie stellte, bildete eine große Herausforderung für die Wissenschaft, welche die Psychoanalyse zu werden versuchte: wenn sie wirklich eine befriedigendere Erklärung für das Problem geben könnte, als bisher vorlag, wäre ihr Anspruch auf wissenschaftliche Glaubwürdigkeit nur sehr schwer abzuweisen. Freuds verschiedene Bemühungen, die Angst in psychoanalytischen Begriffen zu erforschen und zu bestimmen, führen eine dauerhafte Demonstration ihrer theoretischen Fruchtbarkeit wie ihrer Grenzen vor.

---

[7] "Nicht die Verdrängung schafft die Angst, sondern die Angst ist früher da, die Angst macht die Verdrängung!" (*Neue Folge der Vorlesungen zur Einführung in die Psychoanalyse*; G.W. XV, 92)

[8] Eine bemerkenswerte Ausnahme bildet das Buch von Jean Laplanche, *Problématiques I, L'angoisse*, Paris 1980.

In seinen ersten Schriften über dieses Thema (1893-1895)[9] versucht Freud, die Angst unter Berücksichtigung der Sexualität und in derselben Richtung wie die Hysterie zu erklären. Demzufolge entsteht Angst, wenn sich die sexuelle Spannung so sehr gesteigert hat, daß die Psyche nicht in der Lage ist, sie zu bewältigen. Die Übererregung "verkehrt" sich hierbei in die für die Angst typischen physischen Erscheinungsformen, wie Herzkrampf, Schweißausbrüche, Atemnot usw.. Diese, so glaubte Freud, seien als "Ersatz für eine spezifische Aktion" zu verstehen, zu welcher die "sexuelle Erregung" tendiert: zu einer Entladung, die blockiert worden war. Was die Angst von der Hysterie unterscheidet, ist also die besondere Art der Blockierung: Im Falle der Angst besteht sie aus einem rein somatischen Prozeß, der im Gegensatz zur Hysterie nicht weiter *psychologisch* analysierbar ist. Wenn sich also die Hysterie aus einem Wunschkonflikt ableitet, müßte man die Angst als Produkt eines Hindernisses auffassen, das der Erfüllung einer rein physischen Strebung im Wege steht: der Entladung sexueller Energie. Unfähig, jene Entladung zu erreichen, wird diese Energie zu einer "frei flottierenden" und entlädt sich in Ersatz-Symptomen. Diese stellen psychische Begleiterscheinungen der "ängstlichen Erwartung" dar, in welcher Freud das "Kernsymptom der [Angst-] Neurose" wahrnahm, das aus der Tendenz jener Energie besteht, "sich [jederzeit] mit irgend einem passenden Vorstellungsinhalt zu verbinden" (G.W. I, 318f.).

So beschrieben hat die Angst ihren Ort am Rande der Psyche wie der Psychoanalyse selbst. Als Ergebnis der Unterbrechung eines von Freud als unabhängig beschriebenen physischen Prozesses schließt die Angst jede weitere psychologische Analyse, d.h. jede weitere *Psychoanalyse* aus. Gleichzeitig aber stellt sie das Muster jener Konfliktsituation dar, welche die Psychoanalyse zu ihrem bevorzugten Bereich erklären sollte: die gehemmte oder konflikthafte Sexualität.

Die eigentümliche Position der Angst, marginal und zentral zugleich, wird besonders deutlich in Freuds Identifikation ihrer primären oder charakteristischen Ursache: dem *coitus interruptus*. Dieser Ausdruck bezeichnet die Blockierung der sexuellen Entladung, die Freud als Quelle der Angst begriff. Aber in einem anderen, eher bildlichen Sinne kann man diesen Begriff auch als Beschreibung nicht nur der Ursache, sondern auch der Wirkung der Angst betrachten. Denn wenn diese aus der Steigerung von Energie in einem "frei flottierenden" Zustand besteht, so ist gerade das "Zusammen-Kommen" - der *coitus* - der Energie mit psychischen Repräsentationen unterbrochen. Somit ist es genau dasselbe, was die Angst und

---

[9] Freuds zuerst veröffentlichte, das Thema Angst betreffende Aufsätze sind: *Über die Berechtigung von der Neurasthenie einen bestimmten Komplex als "Angstneurose" abzugrenzen* (G.W. I, 313ff.) und *Zur Kritik der "Angstneurose"* (*ibid.*, S. 355ff.), beide von 1895.

was den "Primärvorgang" charakterisiert: die Abwesenheit stabiler, dauerhafter Besetzungen als die Vorbedingung der Lustentladung.

So verwundert es nicht, daß Freud die Angst sehr bald mit der Manifestation des "Unlustprinzips" und folglich auch mit der *Verdrängung* gleichsetzen sollte. In der *Traumdeutung* beschreibt er die Angst als Ergebnis des Zusammenbruchs der Verdrängung und der Wiederkehr des Verdrängten im Bewußtsein. Für Freud ist die Verdrängung also Bedingung oder Ursache der Angst. Damit deutet sich die spätere Umkehrung der Theorie an. Denn wenn die Verdrängung die Existenz der "Besetzung" voraussetzt, *stellt die Angst den Prozeß der Besetzung selbst in Frage*. Um Freuds spätere Charakterisierung zu verwenden: Wenn die Verdrängung aus der *Nicht-Übersetzung* einer "Sachvorstellung" in ihre entsprechende "Wortvorstellung" besteht, dann ist die Angst noch radikaler; sie verweigert die Übersetzung von Energie ("Erregung") in Vorstellungen.

Das eigentümliche Problem, das die Angst jeglicher Theorie stellt, betrifft also *das Verhältnis des Psychischen zum Nichtpsychischen*, oder in anderen Worten, *die Abgrenzung der Psyche als solcher*. Dadurch, daß sie das Verhältnis von Psychischem zu Nichtpsychischem, zwischen "Innen" und "Außen", sowohl inszeniert als auch verhüllt, erschwert die Angst ihre Erforschung und Erfassung durch die Theorie:

> Die Psyche gerät in den Affekt der Angst, wenn sie sich unfähig fühlt, eine von a u ß e n n a h e n d e Aufgabe (Gefahr) durch entsprechende Reaktion zu erledigen; sie gerät in die Neurose der Angst, wenn sie sich unfähig merkt, die endogen entstandene (Sexual-) Erregung auszugleichen. S i e b e n i m m t s i c h a l s o, a l s p r o j i z i e r t e s i e d i e s e E r r e g u n g n a c h a u ß e n. (G.W. I, 338)

Nicht übertrieben ist es zu behaupten, daß diese Passage aus Freuds erstem zu diesem Thema veröffentlichten Aufsatz (*Über die Berechtigung von der Neurasthenie einen bestimmten Symptomkomplex als "Angst-Neurose" abzutrennen*, 1895) sowohl seine spätere Annäherung an das Problem verdichtet, als auch die Schwierigkeiten vorwegnimmt, denen er bei seinem Lösungsversuch begegnen wird. Während die Angst als Reaktion der Psyche auf eine äußere Gefahr beschrieben wird, bedeutet diese Reaktion zugleicht die "Projektion" der gefährlichen "Erregung" nach außen, welche dadurch ein *zweites Außen* herstellt, das gewissermaßen den Platz des ersten einnimmt. Wie wir sehen werden, fällt es weder der ängstlichen Psyche noch der Theorie, die sie zu begreifen sucht, immer leicht, die beiden auseinanderzuhalten.

Alle Anstrengungen Freuds, die Angst verstehbar zu machen, hängen davon ab, wie er die äußere Gefahr, auf die die Angst reagiert, bestimmt d.h. die Bewegung, durch die sich das Außerpsychische dem Innerpsychischen aufzwängt. Die Zwiespältigkeit dieses Vorgangs wird schon in der zitierten Passage deutlich: Die Gefahr, der die Psyche begegnet, *kommt von außen* ("eine von a u ß e n n a h e n d e ... Gefahr"); aber die "Erregung", welche die unmittelbare Form dieser Gefahr bildet, *erwächst im Inneren*, "endogen". Die Schwierigkeit, diese beiden Aussagen zu versöhnen, liegt in der Erklärung, wie die Psyche eine Gefahr wahrnehmen kann, die exogen im Ursprung, zugleich aber endogen in der Funktion ist.

Dies wiederum bezieht sich auf das, was Freud von Anfang an als den doppelten Charakter der Angst (an-)erkannt hat: Einerseits besteht sie aus einer psychischen Reaktion, die angesichts "realer" Gefahr oft nützlich und notwendig ist, andererseits kann aus ihr eine Reaktion werden, welche die Gefahr, auf die sie zu reagieren bestrebt ist, allererst hervorruft. Eine angemessene Theorie der Angst muß deshalb das Phänomen als normale, d.h. notwendige und sinnvolle Verteidigung *wie auch* als neurotische und dysfunktionale Bedrohung erklären können.

In einer ersten Annäherung, die sich hauptsächlich auf den zweiten Aspekt bezieht, betrachtet Freud zunehmend die neurotische oder pathologische Angst als Variante ihrer realistischen oder adäquaten Form. Der Text, indem er dann versucht, diese Position zu vervollständigen, ist der 1926 veröffentlichte Aufsatz *Hemmung, Symptom und Angst* (G.W. XIV, 111ff.).

Dieser stellt eine Antwort auf die ernsthafteste Herausforderung von Freuds Denken nach Adler und Jung dar: nämlich Ranks Theorie des Traumas der Geburt. Nicht nur wegen des Ansehens ihres Autors, der einer seiner engsten Mitarbeiter gewesen war, stellte diese Theorie für Freud eine Gefahr dar, sondern auch, weil sie viele von Freuds eigenen Vorstellungen über die Angst substantiell übernommen hatte. Die Idee des Geburtstraumas stammte, wie Freud nicht ohne Groll sagte, ursprünglich von ihm selbst.[10] Während Freud die Angst als Reaktion auf eine äußere, letzten Endes nichtpsychische, also *reale* Gefahr beschreibt, deutet Ranks Hypothese des Traumas der Geburt die logische Konsequenz dieses Ansatzes an. Denn welche Gefahr könnte "realer" und ursprünglicher sein als die der Geburt? "Es ergab sich die Nötigung", so Freud, "von der Angst-reaktion auf die G e f a h r s i t u a t i o n hinter ihr zurückzugehen" (G.W. XIV, 194). Freud versucht so, das Problem der Angst neu zu beschreiben. Nicht ohne Bedeutung ist also, daß seine Behandlung der Angst ihrerseits von der Herausforderung - oder sollten wir sagen, der "Gefahr"? - hervorgerufen wurde, welche auf die Psychoanalyse durch die Entwicklung einer ihrer Anhänger zukam. Indem Freud der Frage der Gefahr sich stellt, will er nun die Psychoanalyse selbst gegen eine Bedrohung verteidigen, die,

[10] *cf.* G.W. XIV, 194: "Die R a n ksche Mahnung, der Angstaffekt sei, *wie ich selbst zuerst behauptete*, eine Folge des Geburtsvorganges und eine Wiederholung der damals durchlebten Situation, nötigte zu einer neuerlichen Prüfung des Angstproblems." (*Hervorhebungen von den Übersetzern; A.d.Ü*)

obwohl "innerlich" entstanden, als *von außen auftretend projiziert* wird. Was mithin für die Konzeption der Psyche als auch für die Psychoanalyse selbst auf dem Spiel steht, ist die Integrität und Kohärenz eines bestimmten "Innen" in seinem Verhältnis zum "Außen".Diese Integrität kann nur verteidigt werden, indem die Linie, die das Innen vom Außen, die Psychoanalyse vom Geburtstrauma, Freud von Rank, trennt, neu beschrieben wird.

Dabei aber zeigt es sich, daß solche Trennlinien im Begriff der Angst zusammenlaufen und sich verknäueln. Freud geht darauf ein, indem er das Knäuel und den "Knotenpunkt" zu entwirren versucht:

> Was aber ist eine "Gefahr"? Im Geburtsakt besteht eine objektive Gefahr für die Erhaltung des Lebens, wir wissen, was das in der Realität bedeutet. Aber psychologisch sagt es uns gar nichts. Die Gefahr der Geburt hat noch keinen psychischen Inhalt. (G.W. XIV, 165)

"Realität" reicht also nicht aus, um die psychologische Bedeutung oder das Verständnis einer Gefahr zu erzeugen. Und doch läßt Freud nicht ab, die "reale" Natur der Gefahr, aus der letzten Endes Angst entsteht, zu betonen. Und er muß tatsächlich so verfahren, wenn sein Versuch, die Angst als Reaktion auf eine Gefahr zu erklären, plausibel sein soll: Wenn die Gefahr nicht scharf von der "Reaktion", die sie hervorruft, unterschieden werden kann, wird sie als theoretischer Erklärungshintergrund hinfällig.

Es ist also nicht Ranks Auffassung von der "Realität" der Gefahr, die Freud kritisiert, sondern die *Weise*, wie Rank diese Realität denkt. Ranks Bemühung, alle Formen der Angst auf das Trauma der Geburt zurückzuführen - so Freuds Einwand - basiere auf der Annahme,

> das Kind habe bestimmte Sinneseindrücke, insbesondere visueller Natur, bei seiner Geburt empfangen, deren Erneuerung die Erinnerung an das Geburtstrauma und somit die Angstreaktion hervorrufen kann. Diese Annahme ist völlig unbewiesen ... , es ist nicht glaubhaft, daß das Kind andere als taktile und Allgemeinsensationen vom Geburtsvorgang bewahrt hat. (G.W. XIV, 166).

Nach Freud irrt Ranks Hypothese fast genauso wie diejenige Adlers (mit der er sie vergleicht): wegen der Hypostasierung des Ich. Da Rank das Geburtstrauma zum Ursprung der Angst erklärt, muß er dem Neugeborenen geistige Fähigkeiten zuerkennen, die in Wirklichkeit nur nach und nach - mit der Entwicklung des Ich - erworben werden. Wenn die Geburt ein Trauma ist, dann ist sie nach Freud nicht eines, das wahrnehmbare, sichtbare Spuren hinterläßt, sondern lediglich "taktile und Allgemeinsensationen".

Obwohl Freud mit der Auffassung übereinstimmt, daß die Angst ein zuvor erfahrenes "Trauma" wiederkehren läßt, unterscheidet sich doch seine Bestimmung dieses Traumas radikal von derjenigen Ranks. Trauma bezeichnet für ihn nicht irgendeine besondere, abgegrenzte, gar objektive Realität, denn es setzt gerade die Unfähigkeit der Psyche - oder genauer, des

Ich - voraus, abzugrenzen, d.h. einen Überschuß an Energie zu binden oder zu besetzten. Damit wird diese Energie zu einer Bedrohung. Deshalb bleibt Freuds Definition des Traumas notgedrungen vage. Es verdankt sich einer "Situation der Hilflosigkeit". Wenn das Trauma also die Entwicklung der Angst bedingt, dann ist

> das Entscheidende ... aber die erste Verschiebung der Angstreaktion von ihrem Ursprung in der Situation der Hilflosigkeit auf deren Erwartung, die Gefahrsituation. (G.W. XIV, 200)

Diese "erste Verschiebung" ist entscheidend, weil sie das Auftreten einer Subjekt-Objekt-Beziehung anzeigt. Indem durch sie die Energie von einem ungebundenen in einen gebundenen Zustand verschoben wird, wird sie zur unverzichtbaren Bedingung für die Bildung stabiler Objektbesetzungen. Die Realität eines Objekts ist, wie Freud in seinem Aufsatz über *Die Verneinung** geschrieben hatte, nicht etwas, das "gefunden", sondern etwas, das "wiedergefunden" wird;[11] also eine Besetzung, die die Wiederkehr des Gleichen impliziert. Die Möglichkeit dieser Wiederkehr hängt von der Hemmung oder Ablenkung des Unlustprinzips ab, welches den Primärvorgang beherrscht. Ungehemmt würde es in seinem Versuch, die Spannung herabzusetzen, dazu tendieren, ständig-wechselnde Besetzungen hervorzubringen. Daher ist strenggenommen die von Freud so genannte "erste Verschiebung" nicht primär, sondern die Verschiebung der Verschiebungen des Primärvorganges, die ihrerseits in der "Situation der Hilflosigkeit" ihre Zuspitzung erfahren haben. Dank der Wiederholung *verschiebt* die Psyche die Verschiebung der Hilflosigkeit und *verändert* die unablässige Veränderung, die der Primärvorgang hervorbringt. Sie leistet dies durch die Bildung des von Freud so genannten *Signals*:

> Dies [das Angstsignal] will besagen: ich erwarte, daß sich eine Situation von Hilflosigkeit ergeben wird, oder die gegenwärtige Situation erinnert mich an eines der früher erfahrenen traumatischen Erlebnisse. ... Die Angst ist also einerseits Erwartung des Traumas, andererseits eine gemilderte Wiederholung desselben. (G.W. XIV, 199)

Was Freud anhand dieser Herstellung des Gefahren-Signals, seinerseits die Reproduktion eines Traumas, eigentlich beschreibt, ist nichts anderes als die Art und Weise, in der sich das Ich konstituiert, indem es sich von der Undifferenziertheit des Primärvorgangs absetzt. Wenn dieser aus der unablässigen Veränderung der immer verschiedenen Besetzungen - d.h. einem unbeschränkten Anderen - besteht, dann bedeutet Angst die Veränderung dieses Anderen in einem Prozeß der Wiederholung, der Raum und Zeit in einer dyadischen Opposition organisiert: innen/außen und vergangen/zukünftig. In einem solchen Raum-Zeit-Verhältnis setzt die Angst das Ich als Trennlinie zwischen beiden entgegengesetzten Polen.

---

[11] G.W. XIV, 14.

In einem doppelten, zweideutigen, aber auch zwiespältigen Sinn wird das Ich durch die Angst auseinandergesetzt: Als Angst wird das Trauma wiederholt, aber in einer veränderten Form, als etwas Wiedererkennbares: "Die Gefahrensituation ist die erkannte, erinnerte, erwartete Situation der Hilflosigkeit." (G.W. XIV, 199) Das Trauma, das durch und als Angst wiederholt, wiedererkannt und erinnert wird, ist seinerseits weder wiedererkennbar noch erinnerungsfähig. Nicht wiedererkennbar ist es, da es aus ewig-wechselnden Besetzungen besteht, die nur "wiedererkannt" werden können, indem sie verschoben, verzerrt und *entstellt** werden. Und erinnerbar ist es nicht, weil die "eigentliche" Situation der Hilflosigkeit der Bifurkation in Vergangenheit und Zukunft, der Bedingung von Erinnerung und Erwartung, sich widersetzt.

Deshalb ist der eigentümliche Charakter der Besorgnis, der der Angst eignet und sie von der "Furcht" unterscheidet, von einer gewissen "Unbestimmtheit" und "Objektlosigkeit" (G.W. XIV, 199); die "Gefahr", die sie wiedererkennt und erwartet - die sie repräsentiert -, ist in Wirklichkeit als Trauma niemals in Reinform anwesend. Das Trauma überschreitet stets sein Wiedererkennen wie seine Repräsentation; so ist die Angst nur präsent oder präsentierbar als Annäherung an etwas anderes.

Sie beginnt als der konfliktgeladene, widersprüchliche Versuch des Ich, das Undarstellbare darzustellen, das Andere zu verändern und sich dabei selbst zu *organisieren*: denn, wie Freud betont:

> Das Ich ist eine Organisation, es beruht auf dem freien Verkehr und der Möglichkeit gegenseitiger Beeinflussung unter all seinen Bestandteilen, seine desexualisierte Energie bekundet ihre Herkunft noch in dem Streben nach Bindung und Vereinheitlichung, und dieser Zwang zur Synthese nimmt immer mehr zu, je kräftiger sich das Ich entwickelt. (G.W. XIV, 125)

Indem es das Nahen einer Gefahr signalisiert, reagiert das Ich nicht nur auf einen gegebenen Zustand von Verhältnissen, der eine mögliche Bedrohung seiner Organisation bildet - auch wenn Freud ausdrücklich versucht, die Angst auf diese Weise zu beschreiben; vielmehr bemüht sich das Ich, seine Identität dadurch zu festigen, daß es das Trauma als ein Ereignis projiziert, dem es dann *begegnen* kann. Es möchte sich also die "ökonomische" Störung der unablässigen Verschiebung aneignen, indem es sie nach außen ver- und vor sich hin schiebt, indem es sie zu einer *Vor-stellung** macht: einer Re-präsentation gewiß, aber auch buchstäblich zu etwas, das *heraus-* und *gegenübergestellt* ist, räumlich wie zeitlich.

Was das Ich als *Vorstellung** vergegenwärtigt oder vorführt, ist die Entstellung seiner selbst: das Selbst als *Entstellung**. Und es leistet dies durch die Besetzung der Wahrnehmung. Wenn das Ich in der Lage ist, sich vom Es abzusetzen, dann - so Freud - "infolge seiner innigen Beziehungen zum Wahrnehmungssystem, die ja sein Wesen ausmachen und der Grund seiner Differenzierung vom Es geworden sind" (G.W. XIV, 119). Noch präziser:

Das Ich entwickelt seine Organisation durch die Bildung oder Besetzung wahrnehmbarer Objekte. Diese sind gerade *nicht* die "Wahrnehmungsidentitäten" des Primärvorgangs, die ja, wie wir gezeigt haben, keine Identitäten, sondern eher sich andauernd verschiebende Veränderungen sind. Insofern allerdings die Frage, *wie* diese Wahrnehmungsidentitäten zu ihrer Identität finden konnten - es ist die Frage nach der möglichen "Hemmung" des "Unlustprinzips" -, bislang unbeantwortet (und als solche die treibende Kraft von Freuds *Auseinandersetzung** über Primär- und Sekundärvorgänge sowie Verdrängung) geblieben ist, deutet sich hier nun eine mögliche Antwort an. Denn indem die Psyche die Fähigkeit entwickelt, die Anwesenheit von Gefahr anzuzeigen und dabei dem Trauma durch zeitlichen Aufschub auszuweichen, verhält sie sich so, als handele sie einen Kompromiß mit dem Unlustprinzip aus, der die Wiederholung der Differenzen - die mobilen Besetzungen - zuläßt. Diese können dann als ein Mehr des Selben, als Bewegung der Identität wiederholt werden. Eine Wahrnehmung, die als Gefahrensignal wirkt, verweist nicht nur auf das Objekt, das sie darstellt, sondern auch auf den undarstellbaren Verlust der Wahrnehmung selbst. Somit wird die einbrechende Kraft des Traumas als möglicher (zukünftiger) Verlust verzeitlicht und dadurch umgangen, da sie in einer, wenn auch mehrdeutigen Weise an ein Objekt oder an eine Situation gebunden bleibt. Darüberhinaus ist im dyadischen oder dialektischen Begriff des Verlusts sowohl der Besitz dessen, was als verloren wahrgenommen wird, enthalten, als auch die Tatsache, daß er durch die Vermeidung der bevorstehenden Gefahr wiedererlangt werden kann. Wenn also Freud zufolge "das Entscheidende ... aber die erste Verschiebung der Angstreaktion von ... der Situation der Hilflosigkeit auf deren Erwartung, die Gefahrsituation" ist, dann ist die Form, die diese Erwartung (für das Ich) annimmt, die des Verlustes der Wahrnehmung:

> Die erste Angstbedingung, die das Ich selbst einführt, ist also die des Wahrnehmungsverlustes, die der des Objektverlustes gleichgestellt wird. (G.W. XIV, 203)

Mit dieser Einführung - *Vorstellung** - des Wahrnehmungsverlustes ist das Ich in der Lage, sich selbst gegenüber dem Es zu organisieren und sich eine Geschichte zu geben.[12] In dieser Geschichte wird der Verlust des Ich

[12] Die in Fn. 5 des vorherg. Kapitels zitierte Passage aus *Hemmung, Symptom und Angst* deutet an, daß die Schwierigkeit, das Ich begrifflich zu bestimmen, auf die Notwendigkeit verweist, die Funktion der Darstellung selbst als *Effekt* des konflikthaften Prozesses darzustellen, der wiederum nicht in Kategorien der Darstellung begriffen werden kann. Die englische Übertragung von "*Es*"* durch "*Id*" und von "*Ich*"* durch "*Ego*" neigt dazu, die im Deutschen zunächst und zumeist linguistischen Begriffe zu substantialisieren - und damit als Repräsentationen darzustellen. Die Erzählung der "Kastration" ist bezeichnend für den aporetischen Versuch des Ich, sich selbst darzustellen, indem es das irreduzibel Andere als negativen Modus der Aneignung, als "Verlust" oder Mangel wiedergibt; cf. hierzu S. Weber, "tertium da-

erzählt, aber auch seine Bemühung, sich wieder dasjenige anzueignen, was es für sein ursprüngliches Eigentum halten möchte. Dies ist selbstverständlich die Geschichte der Kastration - eine Geschichte, die sich das narzißtische Ich selbst erzählt, um das Andere, von dem es (Es) abhängig ist, zu identifizieren und sich anzueignen. Nur als Verlust des Phallus nimmt das Ich die anatomische Geschlechtsdifferenz wahr; darin "erkennt" es die weiblichen Genitalien als "kastrierte" und bewahrt so den Glauben an die Allgegenwart des Phallus, d.h. an seine eigene Fähigkeit, die Differenz als Identität festzustellen und zu wiederholen. Die "Gefahr", die es dabei signalisiert, wird so als seiner Struktur äußerlich und damit als zumindest prinzipiell vermeidbar gedeutet.

Wenn Freud das Ich als "Stätte" und "Quelle" der Angst begründen will, kann er nicht umhin, diese Geschichte nachzuerzählen - als Beweis für die Realität des Ich wie der Gefahr, auf die es reagiert. Genau wie das Ich das unauflöslich Andere des Traumas zu meistern versucht, und zwar durch die Konstruktion einer in Anfang, Mitte und Ende zeitlich gegliederten Erzählung, will auch Freud das schwer faßbare, doppeldeutige und zwiespältige Phänomen der Angst dadurch meistern, daß er es *isoliert* und in zwei verschiedene Formen *einteilt*: neurotische sowie "reale" oder "realistische" Angst. Diese Zweiteilung ist wiederum von einer ihr vorhergehenden Unterscheidung der Gefahr abhängig:

> Realgefahr ist eine Gefahr, die wir kennen, Realangst die Angst vor einer solchen bekannten Gefahr. Die neurotische Angst ist Angst vor einer Gefahr, die wir nicht kennen. Die neurotische Gefahr muß also erst gesucht werden; die Analyse hat uns gelehrt, sie ist eine Triebgefahr. (G.W. XIV, 198)

Durch den Aufweis, daß "neurotische Angst" von einer durch die Triebe hervorgerufenen Gefahr herrührt, wird zugleich gezeigt, daß die in den Trieben enthaltene Gefahr letzten Endes eine reale Gefahr ist. Zumindest ist dies in Freuds Behauptung enthalten, daß die Kastration, als *das* Paradigma der neurotischen Angst, sich im Grunde von einer *realen*, äußerlichen sexuellen Gefahr herleite:

> Die Kastration [würde] uns nicht angedroht werden, wenn wir nicht bestimmte Gefühle und Absichten in unserem Inneren nähren würden. So werden diese Triebregungen zu Bedingungen der äußeren Gefahr und damit selbst gefährlich. (G.W. XIV, 177)

Freuds Insistenz auf dieser realistischen Natur der Gefahr, von der die Angst - sogar in ihrer neurotischen, rein psychischen Form - abstammt, ersetzt seine ökonomische Theorie der Angst durch eine topische Erklärung. Deren Definition der Angst als einer wesentlich funktionalen, zweckdienlichen und zielgerichteten Reaktion, scheitert an dem eminent "histori-

---

tur", in: F. A. Kittler (Hrsg.), *Austreibung des Geistes aus den Geisteswissenschaften*, Paderborn 1980, S. 204-221 (*A.d.Ü.*).

schen" Charakter, den Freud ihr als Reproduktion einer früheren Erfahrung zuschreibt. Denn was die Angst oberhalb und jenseits aller besonderen und bestimmten Gefahren, die das Ich erfahren hat, wiederholt, ist das ökonomische Chaos eines Traumas, das niemals *als solches* wiederholbar ist. Freud gesteht dies insgeheim zu, wenn er anerkennt, daß:

> andererseits ... auch die äußere (Real-) Gefahr eine Verinnerlichung gefunden haben [muß], wenn sie für das Ich bedeutsam werden soll; sie muß in ihrer Beziehung zu einer erlebten Situation von Hilflosigkeit erkannt werden. (G.W. XIV, 201)

Aber das "Erkennen" dieser "Situation der Hilflosigkeit" ist in sich selbst unerkennbar, denn sie hat kein "Selbst". Sie ist ein Prozeß der Verschiebung, der dem Ich Raum gewährt, als Angst verschoben zu werden. Wenn das Ich deshalb der "Sitz" der Angst ist, so ist umgekehrt die Angst die Stätte des Ich. Und diese ist für das Ich niemals ein bequemer Platz. Auch nicht für die Theorie, die die Angst zu "fassen" und vom Ich abzuleiten sucht:

> Es ist Zeit, sich zu besinnen. Wir suchen offenbar nach einer Einsicht, die uns das Wesen der Angst erschließt, nach einem Entweder-Oder, das die Wahrheit über sie vom Irrtum scheidet. Aber das ist schwer zu haben, die Angst ist nicht einfach zu erfassen. Bisher haben wir nichts erreicht als Widersprüche, zwischen denen ohne Vorurteil keine Wahl möglich war. Ich schlage jetzt vor, es anders zu machen; wir wollen unparteiisch alles zusammentragen, was wir von der Angst aussagen können, und dabei auf die Erwartung einer neuen Synthese verzichten. (G.W. XIV, 162)

Dieser "Verzicht" auf die "Erwartung einer neuen Synthese" ist jedoch - wie jeder Verzicht - leichter zu formulieren als zu realisieren. Denn auch das angeblich bescheidenste und umsichtigste Vorhaben, "unparteiisch alles zusammen[zu]tragen, was wir von der Angst aussagen können", setzt voraus, daß man weiß, was von ihr sich nicht sagen läßt, d.h. daß man gerade über ein "Entweder-Oder" verfügt, das einen befähigt, "die Wahrheit über sie vom Irrtum" zu scheiden.

Dieser schwierige Verzicht zeigt sich in der Ambivalenz von Freuds Argumentation in diesem Text: Einerseits möchte er seine frühere "ökonomische" Erklärung der Angst als automatische Umwandlung der Libido verwerfen und durch eine "realistischere" topische Analyse, derzufolge sie eine Funktion des Ich darstellt, ersetzen, ein Versuch, der völlig der "Entweder-Oder"-Alternative gehorcht, auf die doch Freud verzichten will. Andererseits ist er jedoch gezwungen, die ambivalente Natur der Angst anzuerkennen, *sowohl* als einer "automatischen" Umwandlung von Energie, *wie* als einer zielgerichteten und zweckmäßigen Reaktion des Ich gegenüber einer Gefahr. Da Freud beide Aspekte der Angst nicht einfach ignorieren oder verleugnen kann, versucht er sie schlicht auseinanderzuhalten und dann sein Desinteresse am ersten Aspekt kundzutun:

> Die früher behauptete direkte Umsetzung der Libido in Angst ist unserem Interesse nun weniger bedeutsam geworden. (G.W. XIV, 195)

Mit diesem Argument bleibt Freud einer Denkweise treu, die er an anderer Stelle desselben Textes als eine der Abwehrstrategien, die das Ich zur Vermeidung der Gefahr einsetzt, beschrieben hat. Es ist der Mechanismus der "Isolierung", durch den eine Energie oder ein Gedanke nicht verdrängt, sondern eher "von seinem Affekt entblößt [wird] und seine assoziativen Beziehungen ... unterdrückt oder unterbrochen [sind], so daß es wie isoliert dasteht" (G.W. XIV, 151).[13] Obwohl dieser Abwehrmechanismus in den Fällen der Zwangsneurose am deutlichsten sichtbar wird, scheut Freud sich nicht, seine Ähnlichkeit mit "normaleren" Formen des Denkens herauszustellen:

> Einen Vorwand für dies Verfahren der Neurose gibt der normale Vorgang der Konzentration. Was uns bedeutsam als Eindruck, als Aufgabe erscheint, soll nicht durch die gleichzeitigen Ansprüche anderer Denkverrichtungen oder Tätigkeiten *gestört* werden. Aber schon im Normalen wird die Konzentration dazu verwendet, nicht nur das Gleichgültige, nicht Dazugehörige, sondern vor allem das *unpassende Gegensätzliche* fernzuhalten. Als das *Störendste* wird empfunden, *was ursprünglich zusammengehört hat und durch den Fortschritt der Entwicklung auseinandergerissen wurde* ... . So hat das Ich normalerweise eine große Isolierungsarbeit bei der Lenkung des Gedankenablaufes zu leisten. (G.W. XIV, 151; *Hervorhebungen von S.W.)*

Indem Freud "automatische" Angst von der Ich-Angst trennt, wiederholt er genau das, was er dem Ich als für seine Selbstkonstitution notwendig zuschreibt: nämlich das auseinanderzuhalten, "was ursprünglich zusammengehört hat", aber ein "unpassendes Gegensätzliches" darstellt. Doch was hier unpassend ist, ist nichts als die Angst selber, oder eher: die Angst als Affekt. Als solcher "stört" die Angst und "mischt sich ein" in die theoretische Bemühung, sie zu identifizieren und in Begriffen von Ursache und Wirkung zu fassen. Deshalb ist Freud dazu gezwungen, die Angst von ihrem Affekt zu trennen, der auch ihr Effekt ist. So kann der Affekt nicht ausschließlich als Anwort des Ich auf eine Gefahr eingegrenzt oder bestimmt werden, da die Angst selbst zu jener Gefahr werden kann, auf die sie reagiert. Mit der Ersetzung der "ökonomischen" Theorie durch eine "topische" beabsichtigt Freud, der Angst ihren eigentlichen Platz zuzuweisen. Aber seine eigene Analyse zeigt, daß die Angst *keinen eigentlichen Platz besitzt*: Sie führt die Unmöglichkeit einer derartigen Zuweisung vor. Der Versuch des Ich, einen

---

[13] Freuds Unterscheidung zwischen Isolierung und Verdrängung kann mindestens bis zum siebenten Kapitel der *Traumdeutung* zurückverfolgt werden, wo er zwei Arten der "Zensur" beschreibt, deren eine "sich nur gegen den *Zusammenhang* zweier Gedanken" richtet, die andere gegen die Gedanken "an sich" (G.W. II/III, 536, *Hervorhebung von S.W.*).

solchen Ort zu konstituieren oder einzugrenzen, muß scheitern, denn dieser Ort *entstellt** und verschiebt sich unaufhörlich.[14]

Freud versucht, die Angst in genau jenem dichotomischen Raum und in jener dyadischen Zeit anzusiedeln und zu "fassen", die von der Angst zugleich erzeugt und durchkreuzt werden. Die Angst wird in einer Gefahr begründet, die "real" im Sinne von äußerlich, objektiv und selbstidentisch sein soll. Indem Freud jedoch die Angst als die Reproduktion eines Traumas bestimmt, ist er gezwungen, zu dem "ökonomischen" Faktor, den er ausschließen wollte, zurückzukehren. Denn wenn die "Gefahr", auf welche die Angst reagiert, real ist - d.h. vom Ich, dem "organisierten Anteil" des Es unterschieden -, so ist sie deshalb noch nicht mit sich selbst identisch. Sie besteht, wie Freud schreibt, in der "ökonomische[n] Störung durch das Anwachsen der Erledigung heischenden Reizgrößen" und darin liegt "der eigentliche Kern der 'Gefahr'" (G.W. XIV, 168). Deren *Realität* aber kann niemals von der theoretischen "Einsicht" vollkommen erfaßt werden, da sie niemals als solche gesehen, benannt oder erkannt werden kann.[15] Darum besteht so die "Realität" genau in jenem "großen X", der unbekannten Variablen, die "wir in jede Formel mit hinübernehmen". Dieses "große X" bezeichnet den Punkt, auf den das psychoanalytische Denken, oft gegen seinen Willen, zurückzukommen gezwungen ist; einen Punkt, der unmöglich zu *besetzen** ist, weil er unmöglich identifiziert werden kann. Jeder Versuch, ihn zu orten, festzulegen oder zu benennen - z.B. als "Trauma" -, muß als Signal einer Gefahr gewertet werden, die zwar befürchtet, aber als solche nicht erkannt werden kann.[16] Das "große X" der Metapsychologie

---

14 Ein wichtiger Aspekt dieser Verschiebung wird - obwohl Freud sich nicht mehr mit ihr auseinandersetzt - von den körperlichen Begleiterscheinungen der Angst geboten: Atemnot, Schweißausbrüche, Herzkrampf usw. . Wenn das Ich, wie Freud in *Das Ich und das Es* (G.W. XIII, 235ff.) nahelegt, "vor allem ein körperliches", das Ergebnis der "Projektion einer Oberfläche" ist (*ibid.*, 253), so verkörpern diese physischen Innervationen der Angst die Überschreitung der Oberfläche und verleiben sich somit die "Gefahr" ein, auf die Angst reagiert. In diesem Sinn wird der Körper zum Signal des Anderen, welches das Ich durch die Angst hindurch mittels seiner ambivalenten und zweideutigen Besetzung der Vorstellung und ihrer zeitlichen Organisierung in ein Szenario zu binden versucht.

15 Wenn die "Realität" nur durch einen Prozeß der Wiederholung oder der "Wiederentdeckung" (cf. Fn. 5 des vorherg. Kapitels) erfaßt werden kann, und wenn das "reale" Objekt , das wiederentdeckt werden soll, gar kein Objekt, sondern der Überschuß ungebundener Energie (das Trauma) ist, dann kann dieses nur als real erkannt werden, indem es *fehlinterpretiert* wird. Das Signal *ist* diese Fehlinterpretation und deshalb immer potentiell ein *Gefahren*-Signal. Da jedoch das bewußte Denken, wie Freud behauptet, sich selbst nur durch die Bildung eines Signals "von der ausschließlichen Regulierung durch das Unlustprinzip immer mehr" befreien kann (G.W. II/III, 608), muß dieses Denken als die Verlängerung des Abwehrprozesses durch die "Fehlinterpretation", wie er bei der Angst auftritt, begriffen werden. Das muß *a fortiori* für das psychoanalytische Denken selbst gelten, was die vorliegenden Studien zu beweisen - und zu erforschen versuchen.

16 Für eine Diskussion des Problems der "Befürchtung" ("*apprehension*") und einige seiner theoretischen Konsequenzen cf.: S. Weber, "*It*", Glyph 4, Baltimore 1978, S. 16ff.

Freuds kann deshalb *als das Signal des psychoanalytischen Denkens* bezeichnet werden.

Aber wenn Freuds Bemühung, der Angst in solchen Modellen ihren Ort zuzuweisen, sich als erfolglos erweist, so ist sie doch nicht bedeutungslos: denn ihr Ergebnis ist es, die einzige "Erklärung", die das psychoanalytische Denken anzubieten hat, hervorzuheben, und diese ist weder einfach "ökonomisch" im Sinne der reinen Quantität, noch einfach "topisch" im Sinne der bloßen Ortsbestimmung; sondern, was in der *Auseinandersetzung** dieser beiden Gesichtspunkte deutlich wird, ist die *Unabwendbarkeit des dynamischen, konfliktgeladenen Faktors für die psychoanalytische Auffassung des Psychischen*. Dieser kann dem Nicht-Psychischen weder *entgegengesetzt* noch von ihm *abgeleitet* werden; er kann nicht mit den Begriffen von Ursache und Wirkung, Außen und Innen, Realität und Irrealität oder irgendeinem der Gegensatzpaare, auf die Freud zwangsläufig zurückgreift, erklärt werden. Denn wenn der Konflikt das Wesen der Psyche ausmacht, dann ist er ebenso für das psychoanalytische Denken selbst konstitutiv. Und dies zeigt sich vielleicht nirgends deutlicher als in der Behauptung, die Freud der Rankschen Theorie entgegensetzen möchte:

> Mehr als diese Kennzeichnung der Gefahr braucht das Kind von seiner Geburt nicht bewahrt zu haben. (G.W. XIV, 168)

Muß man aber davon ausgehen, das Kind habe die Fähigkeit, Gefahr zu erkennen, *von Anfang an* gehabt, so läuft das auf die Anerkennung von etwas hinaus, das keine kausale Erklärung zulassen kann: nämlich daß kein "von Anfang an" existiert, da es von Anfang an Wiederholung, d.h. Verweisung gibt. Insofern besteht für einen theoretischen Diskurs keine Möglichkeit, einer Zeit "jenseits" oder "vor" der Funktion dieser Verweisung oder Wiederholung nahe zu kommen. Wenn es aber ein solches Jenseits nicht gibt, so gibt es genausowenig ein einfaches Diesseits: und die psychoanalytische Beschreibung der Angst hält sich, wie die Angst selbst, in der Schwebe. Die Angst ist, wie Freud schreibt, immer die "*Angst vor etwas*"*. Dieses "vor", das der Angst ihren Ort gibt, hat sowohl zeitliche wie räumliche Bedeutung. Die Angst ist immer auch eine *um* etwas und somit *um* etwas *herum*. Und die Psychoanalyse, für die "Denken" immer eine Angelegenheit von Signalen ist, denkt nicht anders: Sie *wiederholt* die Angst, die sie *beschreibt*.

Damit setzt sich das psychoanalytische Denken selbst auseinander.

II. Der Andere Teil

Hier ist sie. Ich habe mich sehr schwer entschlossen, sie aus der Hand zu geben. Persönliche Intimität hätte nicht hingereicht, es gehörte unsere intellektuelle Aufrichtigkeit voreinander dazu. Sie ist ganz dem Unbewußten *nachgeschrieben nach dem berühmten Prinzip von Itzig dem* Sonntagsreiter. "Itzig, wohin reit'st Du? - Weiß ich? frag das Pferd."

S. Freud, *Brief an W. Fließ*

Die Bedeutung des Thallus

Jede Wissenschaft wird von einem Begriff des Sinns geprägt, der das Wissen, das jene hervorzubringen sucht, legitimieren soll. Daß ein solcher Begriff die Entstehung der Psychoanalyse geleitet hat, zeigt sich deutlich in der programmatischen Aussage, mit der Freud die *Traumdeutung* beginnt:

> Auf den folgenden Blättern werde ich den Nachweis erbringen, daß es eine psychologische Technik gibt, welche gestattet, Träume zu deuten, und daß bei Anwendung dieses Verfahrens *jeder Traum sich als ein sinnvolles psychisches Gebilde herausstellt*, welches an angebbarer Stelle in das seelische Treiben des Wachens einzureihen ist. (G.W. II/III, 1; *Hervorhebung von S.W*)

Die Bedingung, die Freud hier nennt, das "Verfahren" oder die "*Technik*"*, die verwendet werden soll, ist selbstredend die besondere Art der Deutung, die er in seiner Untersuchung der Träume herausgearbeitet hat. So war Freuds Psychoanalyse von Anfang an darauf gerichtet, sowohl die Allgegenwart von "Sinn" in der Domäne des Psychischen aufzuzeigen, als auch die besondere Technik der Deutung, die erforderlich ist, um zu diesem Sinn zu kommen. Eines der ersten Hindernisse, dem Freud hierbei begegnete, war die herkömmliche Vorstellung von Sinn, die ihn entweder als Bewußtseinsakt, nämlich willentliche Intention oder als Ausdruck organischer, physiologischer Prozesse definierte. Von Anfang an attackierte Freud die Alternative - bewußte Intentionalität und/oder Physiologie - und vor allem den ersten Begriff der beiden. Durch die gesamte *Traumdeutung* hindurch betonte er immer wieder, "daß die kompliziertesten Denkleistungen ohne Mittun des Bewußtseins möglich sind" (G.W. II/III, 598), und daß folglich der Sinn einer psychischen Aktivität nicht ausschließlich mit bewußter Intentionalität oder bewußtem Denken identifiziert werden kann. "Die Psychiater haben hier viel zu früh auf die Festigkeit des psychischen Gefüges verzichtet" (G.W. II/III 533f.), so argumentierte er, gerade weil sie die Festigkeit und Zielgerichtetheit ausschließlich in Begriffen des bewußten Denkens gedeutet haben.

Die in Freuds Studie über die Träume entwickelte Methode der Deutung wird als Spiegelbild des Traumes selbst dargestellt: Während sie den Weg, den die Psyche bei der Bildung der Träume gegangen ist, zurückverfolgt, versucht die Deutung, auf derselben Route zu reisen, nur in entgegengesetzter Richtung, indem sie vom "manifesten" Inhalt zu dem verborgenen, "latenten" Sinn des Traums fortschreitet. Was Wunder, daß der Kern von Freuds Konzeption der Träume mit dieser dualistischen Struktur von manifestem/latentem Inhalt identifiziert wurde. Diese Gleichsetzung basiert auf einem grundlegenden Mißverständnis, das Freud in einer langen, 1925 hinzugefügten Anmerkung zum sechsten Kapitel seines Buches (über *Die Traumarbeit*) zurechtzurücken versucht:

> Ich fand es früher einmal so außerordentlich schwierig, die Leser an die Unterscheidung von manifestem Trauminhalt und latenten Traumgedanken zu gewöhnen. ... Nun da sich wenigstens die Analytiker damit befreundet haben, für den manifesten Traum seinen durch Deutung gefundenen Sinn einzusetzen, machen sich viele von ihnen einer anderen Verwechslung schuldig, an der sie ebenso hartnäckig festhalten. Sie suchen das Wesen des Traums in diesem latenten Inhalt und übersehen dabei den Unterschied zwischen latenten Traumgedanken und Traumarbeit. Der Traum ist im Grunde nichts anderes als eine besondere Form unseres Denkens... . Die Traumarbeit ist es, die diese Form herstellt, und sie allein ist das Wesentliche am Traum, die Erklärung seiner Besonderheit. (G.W. II/III, 510f.)

Alle Träume sind, wie psychische Phänomene überhaupt, sinnvoll, betont Freud, aber es ist nicht der *Sinn*, der ihr "Wesen" ausmacht. Die entscheidende Struktur des Traumes liegt nicht im semantischen Inhalt der "latenten" Traumgedanken, sondern in der besonderen *Form*, welche die Traumarbeit diesen Gedanken aufprägt. Die Kennzeichen dieser "besonderen Form des Denkens" werden von Freud im Begriff *Entstellung** zusammengefaßt, einem Begriff, der nur dann richtig verstanden werden kann, wenn er in Gegensatz zu dem Begriff der *Darstellung** gebracht wird. Das Wesen des Traums mit seinem verborgenen, "latenten" Inhalt zu identifizieren, wäre nur annehmbar, wenn der Traum tatsächlich eine *Darstellung**, eine Weise der Repräsentation wäre, bei der eine Anzahl von Gedanken schlicht und unmittelbar von einer anderen ihr entsprechenden Menge ersetzt würde. Aber das, so betont Freud, ist nicht der Fall. Obwohl es im Traum selbstverständlich die Ersetzung und Vertretung "latenter" Traumgedanken durch den "manifesten" Trauminhalt gibt, kann dieser Prozeß nicht als Mittel der Repräsentation einer (selbst-identischen) Anzahl von Gedanken durch eine andere gesehen werden. Der Traum wird nicht von der Absicht der Repräsentation motiviert, sondern eher - falls ein Neologismus erlaubt ist - von der *De-präsentation*, und dies trotz der Tatsache, auf die Freud anspielt, nämlich daß der Traum seine Bilder in der Gegenwart (*in the present*) darstellt. Denn das Vorstellen der (hauptsächlich visuellen) Bilder in einem Traum wird von der Syntax eines Szenarios beherrscht, dessen Beziehungen nicht in der Gegenwart begriffen werden können. Die Wirkmechanismen dieser Syntax - die Sprache des Unbewußten - fallen mit den vier Arten der Traumarbeit zusammen: Verdichtung, Verschiebung, Rücksicht auf Darstellbarkeit (representability)[1] und sekundäre Bearbeitung. Diese Arbeitsweisen kennzeichnen den Traum als eine "besondere Form des Denkens", die sich von unserem wachen, bewußten Denken unterscheidet. Und wenn sich dieses durch Prädikationen, Aussagen und Behauptungen artikuliert, gemäß dem Satz der Identität und des ausgeschlossenen Widerspruchs, so sind in der Sprache des Traums Identität und Widerspruchsfreiheit strategische, berechnende und irreführende Nachwirkungen differentieller Beziehungen, Umwandlungen und Verschiebungen. Wenn die Sprache des Traums diejenige des "Unbewußten" darstellt, dann nicht in erster Linie, weil bestimmte "Wünsche" nicht bewußt "erfüllt" werden können, sondern weil der Traum in einem und durch ein Medium arbeitet, das selbst nicht auf die prädikative Grammatik des bewußten Denkens reduzierbar ist. Bewußtsein verlangt Begriffe der Identität, wie Subjekt, Objekt und Prädikat, um bewußt zu *sein* oder zu *werden* (d.h. Bewußtsein von *etwas* [some-*thing*]); als *Ent-stellung** (Verzerrung, aber auch Verstellung) jedoch ist der Traum Ortswechsel und dadurch Veränderung der Identität. Und dies macht der Traum, wie wir in unserer Diskussion der sekundären Bearbeitung gesehen haben, auf besondere Weise: Er entstellt (*disfigure, distort, dislocate*) nicht nur (die Traumgedanken oder Wünsche), sondern er entstellt selbst den Prozeß dieser Entstellung. Die Logik der Identität findet ihren Platz in der Traumstrategie der Verschiebung, welche die Entstellungen verbirgt (*dissimulates*), die stattgefunden haben, *nämlich die* Stätte des Bewußtseins gefunden haben, und zwar noch darin, daß sie diesem nachzugeben scheinen.

Die Wirkungen dieser eigenartigen und eigentümlichen Traumarbeit sind offenkundiger und leichter einzusehen, wenn man den Traum als *Objek*t betrachtet, und nicht von den *Subjekten* aus, die ihn deuten oder theoretisieren. Daß der Träumende notwendigerweise irregeleitet wird, läßt sich leicht behaupten und akzeptieren, solange dieser Irrtum dazu dient, die Einsicht und die Autorität derer, die solches behaupten, zu festigen. Daß psychoanalytisch geschulte Traumdeuter selbst irregeleitet werden könnten, wenn sie den Traum mit dem Sinn, den ihre Deutung entdeckt, gleichsetzen, ist schon weniger bequem, aber immer noch zu ertragen, solange es jemanden oder etwas gibt, worauf sich dieser Irrtum *nicht* ausdehnt: die Theorie der Traumarbeit, "Freud". Aber was, wenn das nicht mehr zutrifft?

---

[1] Freuds deutscher Ausdruck ist *Rücksicht auf Darstellbarkeit**. Aber da der darstellende Inhalt im Traum nur als Element eines "Rebus" oder einer hieroglyphischen Schrift (Freud) fungiert, ist die von Lacan vorgeschlagene Übersetzung von *Darstellbarkeit** durch "mise-en-scéne" ("In-Szene-setzen") vorzuziehen. Für noch treffender halte ich den Ausdruck *Szenario*, der die Aufmerksamkeit nicht nur auf die szenischen, theatralischen Aspekte des Traums zieht, sondern auch auf sein erzählendes Moment. Unter der Bedingung gewiß, daß man hervorhebt, daß dieses Traumszenario nicht beim Zuschauer oder beim Erzähler, der es (nach-) erzählt, endet.

Was nun, wenn die Analyse des Traums als *Entstellung** auf die Tatsache hinweist, daß die Deutung des Sinns, da zumindest, wo sie traditionell analysiert und praktiziert wurde, ihrerseits ein Teil und ein Stück eines größeren Prozesses ist, nämlich der *verstellenden Entstellung**? Wo würde das den Traumdeuter, den Theoretiker der Traumdeutung hinführen?

Diese Fragen bestimmen die ersten Seiten des siebenten und letzten Kapitels der *Traumdeutung*. Das Kapitel beginnt folgendermaßen:

> Unter den Träumen, die ich durch Mitteilung von seiten anderer erfahren habe, befindet sich einer, der jetzt einen ganz besonderen Anspruch auf unsere Beachtung erhebt. (G.W. II/III, 513)

Der Zeitpunkt, dieses "*jetzt*"*, da der Traum, den Freud erzählen wird, seinen besonderen Anspruch auf unsere Beachtung erhebt, ist entscheidend. Er folgt einem ausführlichen und wesentlichen Kapitel, in welchem die Traumarbeit - das "Wesen" des Traums - behandelt und beschrieben worden ist. Und er liegt vor einer völlig neuen Dimension der Forschungsarbeit bzw. führt sie ein, einer Arbeit, in der die "psychologischen" - oder, wie Freud später sagen wird, die "metapsychologischen" - Auswirkungen von Phänomenen wie dem Traum untersucht werden sollen. Schon diese Einführung soll an einem besonderen Beispiel den Übergang von der beschreibend-analytischen Darstellung der Träume zu ihrer synthetisch-theoretischen Begriffsbildung vorbereiten und motivieren; anders gesagt, sie haben die Aufgabe, eine bestimmte *Spekulation* herbeizuführen, zu der Freud sich, wie wir gesehen haben, unweigerlich hingezogen fühlt. Diese Spekulation erweist hier - "*jetzt*"* - ihre ambivalente Anziehungskraft mit seltsamer Klarheit. Freud setzt seine Einführung in den Traum folgendermaßen fort:

> Er ist mir von einer Patientin erzählt worden, die ihn selbst in einer Vorlesung über den Traum kennen gelernt hat; seine eigentliche Quelle ist mir unbekannt geblieben. Jener Dame aber hat er durch seinen Inhalt Eindruck gemacht, denn sie hat es nicht versäumt, ihn "nachzuträumen", d.h. Elemente des Traums in einem eigenen Traum zu wiederholen, um durch diese Übertragung eine Übereinstimmung in einem bestimmten Punkte auszudrücken. (G.W. II/III, 513)

Was dieser "bestimmte Punkt" ist, wird uns nie erzählt. Umso eindrucksvoller ist jedoch die präzise Beschreibung des Netzwerkes, durch das der Traum *übertragen* (*transmitted*) worden ist. In einer Sequenz von Wiederholungen und Nacherzählungen eingebunden, deren "eigentliche Quelle unbekannt" ist, ruft diese Szene ein weiteres Szenario hervor oder nimmt es vorweg: Platons *Symposion* und den Gebrauch, den Freud in *Jenseits des Lustprinzips* davon macht. Wie in Platons Text ist es eine Frau, die als Übermittler dieser unvordenklichen Erzählung dient; aber hier, in der *Traumdeutung*, bleibt die Frau ohne Namen, wird nur als "eine Patientin" beschrieben und genannt, die von dem Traum beeindruckt war, den Freud selbst "*vorbildlich*"* nennt: Nämlich einen Modelltraum, der beispielhaft, vielleicht aber auch mahnend und zukunftsweisend ist. Der Anfang dieses *vorbildlichen** Traumes ist folgender:

> Ein Vater hat Tage und Nächte lang am Krankenbett seines Kindes gewacht. Nachdem das Kind gestorben, begibt er sich in einem Nebenzimmer zur Ruhe, läßt aber die Tür geöffnet, um aus seinem Schlafraum in jenen zu blikken, worin die Leiche des Kindes aufgebahrt liegt, von großen Kerzen umstellt. Ein alter Mann ist zur Wache bestellt worden und sitzt neben der Leiche, Gebete murmelnd. Nach einigen Stunden Schlafs träumt der Vater, daß das Kind an seinem Bette steht, ihn am Arme faßt und ihm vorwurfsvoll zuraunt: Vater, siehst du denn nicht, daß ich verbrenne? Er erwacht, merkt einen hellen Lichtschein, der aus dem Leichenzimmer kommt, eilt hin, findet den greisen Wächter eingeschlummert, die Hüllen und einen Arm der teuren Leiche verbrannt durch eine Kerze, die brennend auf sie gefallen war. (G.W. II/III, 513f.)[2]

Der Traum selbst setzt die Folge der Wiederholungen fort, die seine Übertragung kennzeichnet: Der Vater, der am Krankenbett seines Sohnes gewacht hat, ist durch einen "alten Mann" ersetzt worden, der am Leichenbett wacht. Der Vater fällt in den Schlaf, der alte Mann schlummert ein. Der Sohn "erwacht" und weckt den Vater, der das Licht sieht, das der alte Mann nicht sehen kann. Und wie wir "sehen" werden, enden die Wiederholungen hier keinesfalls. Aber folgen wir Freud, wie er bei der Deutung des Traums vorangeht - oder vielmehr bei der Erzählung der Deutung eines Traums, der so einfach ist, daß er eigentlich keiner Deutung bedarf:

> Die Erklärung dieses rührenden Traumes ist einfach genug und wurde auch von dem Vortragenden, wie meine Patientin erzählt, richtig gegeben. Der helle Lichtschein drang durch die offenstehende Tür ins Auge des Schlafenden und regte denselben Schluß bei ihm an, den er als Wachender gezogen hätte, es sei durch Umfallen einer Kerze ein Brand in der Nähe der Leiche entstanden. Vielleicht hatte selbst der Vater die Besorgnis mit in den Schlaf hinübergenommen, daß der greise Wächter seiner Aufgabe nicht gewachsen sein dürfte. (G.W. II/III, 514)

Toter Sohn, schlummernder alter Mann und dazwischen ein Vater, dessen Wachsamkeit nach dem Tode des Sohnes nachläßt, der dann aber gerade rechtzeitig wieder erwacht, um die sterblichen Überreste des Kindes zu retten, dem nur ein Arm und die "*Hüllen*"* als Anzeichen beinahe einer Katastrophe versengt worden sind. Dieser "rührende" Traum bereitet, so Freud, seinem Deuter absolut keine Schwierigkeiten: sei es dem "Vortra-

[2] Meine Übersetzung setzt, verglichen mit der der *Standard Edition* das Präsens wieder ein, in dem Freud diesen Traum erzählt. Dieser Gebrauch des Präsens weist auf die strukturelle Nähe hin, die die Erzählung mit dem erzählten Traum eingeht, der sich, wie Freud betont, immer ins Präsens setzt. Wenn Freud dieses mit der Zeitlosigkeit des Unbewußten in Beziehung bringt, so könnte man hinzufügen, daß die Gegenwart (present) die *Vor-Stellung* (*pretense*) des Traums als entstellte Wunscherfüllung konstituiert.

genden", der Patientin oder dem Autor der *Traumdeutung*. Gemäß Freud ist der Traum "einfach genug", und eben dies macht ihn interessant. Doch zunächst, worin besteht diese angebliche Einfachheit? Erstens in dem Effekt des Lichtscheins und der anderen "Tagesreste" bei der Erzeugung des Traums; diese Reste schließen anscheinend die mögliche "Besorgnis" des Vaters darüber ein, daß der alte Mann der ihm übertragenen Aufgabe "nicht gewachsen" sein könnte. Zweitens gibt es die "Wunscherfüllung", die im Wunsch des Vaters liegt, das Kind noch einmal lebend zu sehen.

Nachdem er also die Einfachheit des Traums behauptet hat, fährt Freud damit fort, zu erklären, warum er den Traum gerade an dieser Stelle des Textes eingeführt hat:

> Es kann kein Zweifel darüber sein, durch welche Eigentümlichkeit dieser kleine Traum unser Interesse fesselt. Wir haben uns bisher vorwiegend darum gekümmert, worin der geheime Sinn der Träume besteht, auf welchem Weg derselbe gefunden wird, und welcher Mittel sich die Traumarbeit bedient hat, ihn zu verbergen. Die Aufgaben der Traumdeutung standen bis jetzt im Mittelpunkte unseres Blickfeldes. Und nun stoßen wir auf diesen Traum, welcher der Deutung keine Aufgabe stellt, dessen Sinn unverhüllt gegeben ist, und werden aufmerksam, daß dieser Traum noch immer die wesentlichen Charaktere bewahrt, durch die ein Traum auffällig von unserem wachen Denken abweicht und unser Bedürfnis nach Erklärung rege macht. (G.W. II/III, 515)

Und der Schluß, den Freud aus der Würdigung dieses Modelltraumes zieht, ist nichts, als die radikale *mise-en-question* (*In-Frage-Stellung*) von all dem, was er bisher über den Traum geschrieben hat:

> Nach der Beseitigung alles dessen, was die Deutungsarbeit angeht, können wir erst merken, wie unvollständig unsere Psychologie des Traumes geblieben ist. (G.W. II/III, 515)

Freuds Schlußfolgerung erinnert an den Spruch, der Leopold Bloom an verschiedenen Stellen des *Ulysses* einfällt:

> What is home without
> Plumtree's Potted Meat?
> Incomplete.
> With it an abode of bliss.[3]

Was ist Traumtheorie ohne Metapsychologie? Unvollständig, schreibt Freud. Mit ihr ein Stätte der Glückseligkeit, gewiß. Aber der Pfad zu dieser Stätte ist so dunkel und unsicher wie unumgänglich:

> Bisher haben alle Wege, die wir gegangen sind, wenn ich nicht sehr irre, ins Lichte, zur Aufklärung und zum vollen Verständnis geführt; von dem Moment an, da wir in die seelischen Vorgänge beim Träumen tiefer eindringen wollen, werden alle Pfade ins Dunkel münden. (G.W. II/III, 515)

---

[3] "Was ist ihr Heim ohne Plumtrees Fleischkonserven? Unvollständig. Mit ihnen eine Stätte der Glückseligkeit." (*A.d.Ü*)

Der Weg in die Spekulation ist dunkel, weil er vom Gewußten weg zum Ungewußten, von der *Aufklärung** weg in das unklare Reich der Hypothesen und *Annahmen** führt. Sogar im besten Falle, so schließt Freud, wo die Irrtümer in der Kalkulation und Kombination dieser hypothetischen Konstruktionen auf ein Minimum reduziert sind, wird durch das Studium der Träume allein dennoch keine definitive Einsicht erreichbar sein.

> So werden die psychologischen Annahmen, die wir aus der Analyse der Traumvorgänge schöpfen, gleichsam an einer Haltestelle warten müssen, bis sie den Anschluß an die Ergebnisse anderer Untersuchugen gefunden haben, die von einem anderen Angriffspunkte her zum Kern des nämlichen Problems vordringen wollen. (G.W. II/III, 516)

Daß an dieser Stelle die Beschreibung der metapsychologischen Spekulation in die Sprache der Kriegskunst und des Transportwesens abwandert, sollte uns nach unserer Darstellung der *Auseinandersetzung** weit weniger überraschen. In der Tat steht der Rest dieses einleitenden Teils des siebenten Kapitels der *Traumdeutung* vollkommen unter dem Zeichen einer proleptischen *Auseinandersetzung** mit möglichen Einwänden, die gegen die vorangegangene Diskussion der Träume erhoben werden könnten.

Was unser Interesse hier weckt, ist jedoch die Art und Weise, in der Freud diese *Auseinandersetzung** einführt und vorbereitet; er zieht scheinbar seiner bisherigen Theorie den Boden unter den Füßen weg. Denn er behauptet, der "kleine Traum" sei beispielhaft, *vorbildlich**, da er zeige, wie wenig Fragen nach Sinn und Deutung ausreichen, um die Besonderheit des Traums zu erklären. Und dies müsse uns von der Unvollständigkeit der vorhergehenden Untersuchung überzeugen. Würden wir jedoch Freuds Deutung dieses Traums für bare Münze nehmen: nämlich als einen Traum, der eine weitergehende Deutung weder benötigt noch zuläßt, da er seinen Sinn *unverhüllt** darstellt - die Konsequenz wäre nicht nur die "Unvollständigkeit" der ersten sechs Kapitel Freuds, sondern deren völlige Unangemessenheit. Denn ihr Ergebnis ist, wie wir bereits vermutet haben, nicht mehr und nicht weniger als die Schlußfolgerung, der Traum sei - wesentlich und strukturell - eine *verstellende Entstellung** und erfordere deshalb stets und unvermeidlich eine Deutung, um verstanden zu werden. *Entweder* ist schon der Begriff eines vollkommen transparenten Traums, dessen Sinn *unverhüllt gegeben** sei, ein Trugschluß, *oder* die Theorie des Traums als einer besonderen, durch die verstellende Traumarbeit charakterisierten Form des unbewußten Denkens muß gründlich revidiert werden.

Aber will Freud tatsächlich sagen, der Sinn des Traums sei "offensichtlich", transparent, "*unverhüllt gegeben*"*? Ja, insofern dies ausdrücklich im Text geschrieben steht. Zugleich jedoch unterhöhlt er, den Konfliktlinien der *Auseinandersetzung** folgend, die Schlichtheit dieser Aussage mit einer marginalen aber unauslöschbaren Bemerkung, die ich in meiner bisherigen Betrachtung übersprungen habe, da die offensichtliche Diskrepanz zur zentralen Stoßrichtung der Freudschen Argumentation jede zusammenfassende Darstellung unmöglich und inkohärent gemacht hätte. Diese Unstimmigkeit erfordert es, daß wir jetzt zu ihr zurückkehren. Nachdem Freud der "einfachen" Erklärung, wie sie vom Vortragenden gegeben und von der Patientin übermittelt wurde - es sei der Lichtschein aus dem Nachbarzimmer gewesen, der den Vater auf das Feuer aufmerksam gemacht habe -, *scheinbar* zugestimmt hat, fügt er folgenden anscheinend harmlosen Vorbehalt hinzu:

> Auch wir finden an dieser Deutung nichts zu verändern, es sei denn, daß wir die Forderung hinzufügten, der Inhalt des Traumes müsse überdeterminiert und die Rede des Kindes aus Reden zusammengesetzt sein, die es im Leben wirklich geführt, und die an dem Vater wichtige Ereignisse anknüpfen. (G.W, II/III, 514)

Dieser bescheidene Zusatz leistet nicht weniger als die Verschiebung der Deutung des Traums als eines, dessen Sinn "unverhüllt" gegeben sei. Die "*Forderung*"*, dieser Traum müsse, wie alle bisher analysierten, "überdeterminiert" sein, zeigt wie notwendig und zentral die Deutung ist, während doch Freud auf ihre Infragestellung so viel Mühe verwendet. Denn wenn der Modelltraum überdeterminiert ist, dann ist die Deutung, die Freud bevorzugen möchte, keineswegs ausreichend, um die Beschränktheit von Deutung überhaupt bei der Klärung der Besonderheiten des Traums zu beweisen. Darüber hinaus hört der kleine Traum auf, so zu funktionieren, wie Freud es gerne sähe: nämlich eine klare und deutliche Grenze zu ziehen, die den bereits erforschten Raum von Licht und Sinn - die Traumdeutung - von der hypothetischen Spekulation sondert, welche den dunklen Rand des Phänomens aufzuhellen versucht.

Freuds Traum gehört hier einer Sphäre *jenseits** der Deutung an, einem unerforschten Feld, das in Dunkelheit gehüllt darauf wartet, entdeckt zu werden, einem unberührten Land. Der Wunsch nach diesem als notwendig und heil versprochenem Land, verführt ihn dazu, das "Kind", das er gerade erzeugt hat, zu opfern, indem er dessen Unangepaßtheit aufdeckt. Diese Geste - die in Freuds Schriften regelmäßig wiederkehrt - spekuliert natürlich immer auf nachfolgende Wiederaneignung und Gewinn: Wenn die Traumtheorie noch unvollständig ist, dann wird das, was folgt, sie in ein größeres und stärkeres Ganzes einfügen, vorausgesetzt, man besitzt genügend Mut, Intelligenz und vor allem Geduld, an der "*Haltestelle*"* zu warten, bis der richtige "*Anschluß*"* kommt.

Die Frage, die bleibt, betrifft die Route dieser Reise und den Raum, den sie durchquert. Im Rückblick auf die bisher zurückgelegte Strecke versucht Freud, diesen Raum in einen sauberen Gegensatz von Licht und Dunkel, Schwarz und Weiß zu unterteilen; aber sein Tagtraum wird von eben dem Nachttraum gestört, der herbeizitiert wurde, um ihn zu bestätigen. Anstatt die Transparenz des Sinns zu bestätigen und auf die Notwendigkeit theoretischer Spekulation *jenseits** aller Deutung aufmerksam zu machen, legt der Modelltraum nahe, daß die Deutung noch gar nicht wirklich begonnen hat, eben weil sie die ganze Zeit schon am Werke ist. Wenn man diesen kleinen Traum als beispielhaft auffassen kann, dann weil ihm genau das eigen ist, was Freud verleugnen will: Daß nämlich Deutung und Spekulation einander nicht einfach *entgegengesetzt* werden können, da eine bestimmte Form der Spekulation schon innerhalb der Deutung der Träume wirksam ist. Und dies zumal in dem Traum, der sein deutlichstes Beispiel zu sein scheint. "Siehst du denn nicht?" - Diese Ermahnung des Kindes an den Vater ist im Zusammenhang der *Traumdeutung* auch ein Vorwurf, den der Text gegen seinen "Vater" erhebt. Denn obwohl der Vater im "kleinen Traum" entdecken wird, daß sowohl der "Arm" des Kindes als auch seine "*Hüllen*"* in Flammen gestanden haben, will der Vater der *Traumdeutung* beides trennen: sein Kind von den Hüllen, in die es gekleidet wurde.

"Vater, siehst du denn nicht?" - Und doch *sieht* Freud hier in einem gewissen Sinne, er sieht ohne zu sehen. Indem er, und sei es nebenbei, erwähnt, daß diese Worte des Kindes sich auf für den "Vater wichtige Ereignisse" beziehen, hebt er genau dasjenige hervor, was seine Deutung reduzieren möchte: Die konfliktgeladene Ambivalenz, die das Begehren überhaupt und das insbesondere das kindliche Begehren ausmacht, und welche für die unvermeidliche (und strukturelle) Überdetermination der Träume mitverantwortlich ist. Freud "sieht" dies alles, möchte aber dessen Folgen umgehen, indem er einem Mechanismus gehorcht, den wir weiter oben diskutiert haben, dem der *Isolierung*: Die Tatsache der Überdetermination wird bemerkt, nicht aber ihre Konsequenz; daß der Sinn dieses Traums nicht einfach "*unverhüllt gegeben*"* sein kann, wird ignoriert.

Es wäre zweifellos interessant, über das Begehren zu mutmaßen, das Freuds *Deutung-als-Ende-aller-Deutung* hervorbringt: dasjenige nach einem Traum, der schlicht eine Realität wiederspiegelte und *für sich selbst spräche*, und jenes nach einem Sinn, der unverhüllt gegeben, und nach einer Welt, die klar in Licht (Vergangenheit) und Dunkel (Zukunft) gesondert wäre.So käme man zweifellos zu einer Einsicht zurück, die von der Psychoanalyse immer wieder unter verschiedenen Vorzeichen ausgesprochen wird: daß es Zeiten und Räume gibt, in denen Licht bedrohlicher sein kann als Dunkel, zumal dann, wenn beide nicht länger als getrennte Wesenheiten einander entgegengesetzt scheinen, sondern *im selben Raum zusammen existieren*; wenn zum Beispiel ein *Leichenzimmer** nicht länger einem *Schlafraum** (als Realität für einen Traum) entgegengesetzt oder strikt von ihm abgetrennt werden kann. Der Traum des brennenden Kindes stellt in Verein mit dem deutenden Diskurs, den er hervorruft, eben jenes Beisammensein oder jenen Schnittpunkt dar in dem, was man ein *Urszenario** nennen könnte, in welchem Erzähler und Erzähltes auf seltsame Weise einander ähneln.

Weniger spekulativ kann man zumindest festhalten, daß der unmittelbare Effekt dieses Modelltraumes innerhalb der Ökonomie von Freuds Text genau das Gegenteil dessen bewirkt, was er ausdrücklich herbeiführen sollte: Statt jenseits der Deutung zu argumentieren, folgen dem Traum einige der ausführlichsten und nachdenklichsten Reflexionen über Deutung und Sinn, die Freud jemals unternommen hat. Diese Diskussionen besagen, daß uns dieser "bewegende" Traum tatsächlich weniger dazu *bewegt*, den Raum hermeneutischer Fragen zu verlassen, als vielmehr ihn zu vertiefen und umzugestalten. Freuds Argumentation schreitet hier mit dem Mangel an Logik fort, den er bislang als eines der entscheidenden Merkmale der Träume bestimmt hat. Während er bisher den Modelltraum als einen analysiert hat, der einfach, klar und eindeutig spricht, fährt er nunmehr fort:

> In loserer Anreihung will ich hier noch einiges vorbringen, was ich über die Deutung der Träume zu bemerken habe ... . Am schwierigsten ist der Anfänger in der Traumdeutung zur Anerkennung der Tatsache zu bewegen, daß seine Aufgabe nicht voll erledigt ist, wenn er eine vollständige Deutung des Traums in Händen hat, die sinnreich, zusammenhängend ist und über alle Elemente des Trauminhalts Auskunft gibt. Es kann außerdem eine andere, eine Überdeutung, desselben Traumes möglich sein, die ihm entgangen ist. ... Der Leser wird immer geneigt sein, dem Autor vorzuwerfen, daß er seinen Witz überflüssig vergeude; wer sich selbst Erfahrung erworben hat, wird sich eines Besseren belehrt finden. (G.W. II/III, 527f.)

Der Vorwurf des Kindes an den Vater ("Siehst du denn nicht?") wird hier zugleich als ein vorweggenommener Vorwurf wiederholt, den zugleich der Leser gegenüber dem Autor erheben könnte. Könnte der Versuch Freuds, einen Traum zu finden, der keine weitere Deutung erfordert, nicht bedeuten, diesen Vorwurf zu umgehen? Wenn dem so ist, dann muß er scheitern, da es immer die Möglichkeit - und meist die Notwendigkeit - einer "Überdeutung" gibt, nicht im Sinne einer überzogenen, spitzfindigen und überflüssigen Übung des "Witzes", vielmehr als eine, die von der immanenten Tendenz des Traums zur Überdeterminierung gefordert wird. Wir spüren, daß die Deutung zu einem Problem wird, nicht weil der Traum zu wenig Sinn, sondern weil er *zu viel* davon hat: Wie kann der Interpret, konfrontiert mit "dem Reichtum an unbewußten, nach Ausdruck ringenden Gedankengängen in unserem Denken", mit Sicherheit wissen, welchen er folgen muß, welche Verbindung die richtige ist? Den skeptischen Leser auf die "Erfahrung" zu verweisen, kann schwerlich genügen, da diese nichts als der bewußte Rest der Konflikte ist, welche die Ungwißheit allererst erzeugen.

Wenn es auf die Frage nach der Gewißheit keine einfache Antwort gibt, läßt der Ort des Interpreten und das Tun, in das er verwickelt ist, sich nicht mehr nach dem Modell der Kontemplation denken: Der Interpret ist nicht mehr bloß Zuschauer oder Beobachter, sondern auch und zur gleichen Zeit ein Haupt-Darsteller, und die Ergebnisse seines Handelns verdanken sich einer Beziehung von Kräften, in die er eingebunden ist:

> Die Frage, ob jeder Traum zur Deutung gebracht werden kann, ist mit Nein zu beantworten. Man darf nicht vergessen, daß man bei der Deutungsarbeit die psychischen Mächte gegen sich hat, welche die Entstellung des Traumes verschulden. Es wird so eine Frage des Kräfteverhältnisses, ob man mit seinem intellektuellen Interesse, seiner Fähigkeit zur Selbstüberwindung, seinen psychologischen Kenntnissen und seiner Übung in der Traumdeutung den inneren Widerständen den Herrn zeigen kann. (G.W. II/III, 529)

Also gerade die Kräfte, welche die Deutung ermöglichen - indem sie den Traum allererst bilden -, machen deren Ergebnisse unsicher, unberechenbar. Es ist unmöglich endgültig zu verifizieren (oder zu falsifizieren). Denn eine solche "endgültige" Instanz kann es nicht geben, gerade weil es keinen archimedischen oder transzendentalen Punkt gibt, von dem aus eine Ab- oder Eingrenzung vorzunehmen wäre. Die Topographie des Traums scheint solche Abgrenzungen zu verunmöglichen. Dies zeigt sich zumindest in der gewiß berühmtesten Passage des gesamten Abschnittes - und vielleicht des ganzen Buches -, in der Freud zu beschreiben versucht, was er den "Nabel des Traums" nennt:

> In den bestgedeuteten Träumen muß man oft eine Stelle im Dunkel lassen, weil man bei der Deutung merkt, daß dort ein Knäuel von Traumgedanken anhebt, der sich nicht entwirren will, aber auch zum Trauminhalt keine weiteren Beiträge geliefert hat. Dies ist dann der Nabel des Traums, die Stelle, an der er dem Unerkannten aufsitzt. Die Traumgedanken, auf die man bei der Deutung gerät, müssen ja ganz allgemein ohne Abschluß bleiben und nach allen Seiten hin in die netzartige Verstrickung unserer Gedankenwelt auslaufen. Aus einer dichteren Stelle dieses Geflechts erhebt sich dann der Traumwunsch wie der Pilz aus seinem Mycelium. (G.W. II/III, 530)

Hier, auf der Schwelle zur Metapsychologie innehaltend, auf der Grenze, die angeblich das transparente Reich der Traumdeutung von den Unklarheiten der Spekulation trennt, blickt Freud zurück, um inmitten des Lichts eine dunkle Stelle zu entdecken oder zu beschreiben. Und doch gibt es keinen Ton der Angst, kein Gefühl des Schreckens, keinen Grund zur Beunruhigung, denn die "Stelle", die man sogar "in den bestgedeuteten Träumen ... im Dunkel lassen" muß, kann genau an ihren Ort gesetzt werden, trotz - oder gerade *wegen* ihrer Dunkelheit. Es scheint, daß deren schattigen Konturen sich noch durch die Helligkeit, gegen die sie sich abzeichnen, um so leichter identifizieren und lokalisieren lassen. So undurchdringlich diese "Verstrickung" auch sein mag, so sehr sie sich auch der Enthüllung widersetzt, so fraglos bleibt es - zumindest für Freud -, daß diese Traumgedanken "zum Trauminhalt keine weiteren Beiträge" liefern. Keine *weiteren* Beiträge? Es reicht aus, das will Freud wohl andeuten, uns auf diese Spur und an diesen merkwürdigen Ort zu lenken. Aber wenn sich die Verstrikkung des Denkens weiterer Analyse und Deutung entzieht, wie können wir dann so sicher sein, daß sie keine weiteren Beiträge zum Traum liefert?

Jedenfalls scheint Freud sich damit zufrieden zu geben. Nachdem er die Verstrickung "isoliert" hat, fährt er damit fort, ihr einen Namen und ein Bild zu geben, das die Einbildungskraft seiner Leser fasziniert, ja geprägt hat. Das Bild, das er hiermit geschaffen hat, ist derart eindrucksvoll und einprägsam, daß alle Unklarheiten mit einem Schlag aufgeklärt und beseitigt scheinen: *der Nabel des Traums*. Was könnte beruhigender und vertrauter, ursprünglicher und naheliegnder sein als der Hinweis auf *den* Ort, an dem der Körper bis zuletzt mit dem mütterlichen Ursprung verbunden war. Daß dieser Ort auch die Stätte einer *Spur* und einer *Abtrennung*, aber auch einer *Verwachsung* darstellt, ist eine Überlegung,· die dem beruhigenden Gedanken von Kontinuität, Abstammung und Ursprünglichkeit, der in diesem Bild mitklingt, wenig Halt gibt.

Der Nabel des Traums scheint, an dieser Stelle auf den Text übertragen oder ihm überschrieben, doppelt trostreich zu sein: seine undurchdringlichen Dunkelheiten markieren den identifizierbaren Ort des Traumwunsches, die Quelle der Bedeutung des Traums. Außerhalb seiner undurchsichtigen Verstrickung drängt der Traumwunsch zur Sichtbarkeit und gibt der erhellenden Deutung ihr endgültiges Objekt und letzte Bestätigung.

Zumindest könnte es dem Leser der *Standard Edition* so erscheinen, der keinen Zugang zum deutschen Text hat. Ein solcher Leser ist anfällig für ein schnelles Überlesen von Freuds Beschreibung der unendlichen Natur der Traumgedanken ohne innezuhalten und auf ihre Verzweigungen zu achten. Denn diese sind durch die Übersetzung von Strachey weniger deutlich als im Deutschen. Bei Strachey heißt es: "The dream-thoughts ... branch out in every direction into *the intricate network* of our world of thought."[4] Aber Freuds "Netz" meint nicht nur Verwicklung im Sinne von unendlicher Komplexität, sondern auch und vielleicht vor allem eine *Falle*. Fallen, vor allem die des Unbewußten, sind kaum weniger wirkungsvoll, wenn sie unbeachtet bleiben.

Die deutschen Worte, die die *Standard Edition* mit *"intricate network"* übersetzt, lauten:*"netzartige Verstrickung"**. Die Umstellung der Ausdrücke hebt die Veränderung hervor: Das "Netz", das in Freuds Text am Werke ist, stellt kein stabiles oder klar abgegrenztes *Objekt* dar, sondern eine *Bewegung*, in die man *verstrickt** wird. Oder vielmehr bleibt das *Knäuel** der Traumgedanken nicht an seinem Ort, sondern es beginnt in die Gedanken einzuwandern, die das Licht des Tages, d.h. unser waches, bewußtes Denken, bilden.

---

4 Eine mögliche Rück-Übersetzung könnte lauten: "Die Traumgedanken ... verzweigen sich nach allen Seiten hin in das *verwickelte Netzwerk* unserer Gedankenwelt" (*A.d.Ü*).

Aber in dieser Bewegung verzweigt sich der Traumnabel nicht so sehr in die beruhigende Festigkeit eines Baumes, wie es wohl die *Standard Edition* nahelegt, sondern eher in die beunruhigenden Stricke einer Falle. In Freuds Text wird die unerschöpfliche Ruhe einer unaufhörlichen Verzweigung überschattet durch das konfliktreiche Verstricktsein in eine Vertrautheit, die nicht mehr so familiär ist, wie sie anfangs schien. Überdies beginnt sich die klare Trennung zwischen Traumgedanken und wachem Denken zu verwirren; die Tatsache, daß das Eine sich in das Andere ausdehnt, "*ohne Abschluß*"*, wie Freud schreibt, macht uns unfähig, sie so deutlich zu unterscheiden wie vorher.

Da auch unsere erste Lektüre dieser Passage "*ohne Abschluß*"* ist, wollen wir ihre Schritte zurückverfolgen und neu beginnen. Wenn wir selbst in den "bestgedeuteten" Täumen gleichwohl eine Stelle im Dunkel lassen müssen, dann vor allem deshalb, weil wir sie auf bestimmte Weise sehen oder bemerken - "*man ... merkt*"*. Das "Knäuel von Traumgedanken" ist eindeutig nicht nur ein dunkler Fleck in einem Meer von Licht, sondern etwas, das sich darüber erhebt. Obwohl wir die Fäden der Figur nicht entwirren können, scheint ihre Lage völlig klar zu sein: sie "*sitzt dem Unerkannten auf*"*. Folglich ist ihr Ort der Punkt, an dem die Deutung an den äußersten Rand ihres Geltungsbereiches gelangt, dort aber auch zu entgleiten droht. Deshalb findet sich in Freuds Beschreibung des Traumnabels die stillschweigende Anordnung: "bis hierher und nicht weiter"; denn gingen wir weiter, würden wir zweifellos die Spur des Traums und des Wunsches, den dieser erfüllt, verfehlen und beginnen, uns selbst im Labyrinth unserer alltäglichen Gedanken zu verlieren. Da diese Fäden "keine weiteren Beiträge" zum Traum liefern, gibt es keinen Grund weiterzugehen. Wir können, sollen, ja wir *müssen* genau hier einhalten, um über den Nabel nachzudenken.

Aber wo ist eigentlich dieses "hier"? Dieser dichte und schattige Ort, wo "sich dann der Traumwunsch wie der Pilz aus seinem Mycelium" erhebt? Das Bild des Nabels legt eine Position im Zentrum des Traums nahe, d.h. einen Punkt, von dem aus der Traum erzeugt wird. Dieser Ort, in der ursprünglichen Mitte des Traums, wird gewöhnlich dem Traumwunsch zugeschrieben. Und doch macht der Traumwunsch als solcher nicht das "Wesen" des Traums aus: Er geht ihm voraus und ist zudem in der Sprache und Logik des bewußten Denkens formuliert. Sein "Wesen" ist die Bewegung der *Entstellung* in der und durch die Traumarbeit, der auch das Denken und der Wunsch unterworfen ist. Das Besondere des Traums liegt somit in der Übertragung des Traumwunsches in die Traumfassade, in dem Gespinst oder *Geflecht**, das aus den verschiedenen Ketten der Traumgedanken gewoben wird.

Wenn wir der Bewegung dieser Gedankenketten oder -gänge folgen, entfernen wir uns von der manifesten Form des Traums hin zu seinem latenten Inhalt, dem Traumwunsch. Wir verlassen damit aber auch den

Traum als solchen und folgen seinen Verzweigungen in unsere alles einschließende *Gedankenwelt*. Deshalb könnten wir, falls wir nicht genau wüßten, wo einzuhalten, die Spur dessen verfehlen, was wir doch suchen: den Traum "selbst".

Glücklicherweise, so versichert uns Freud, *wissen* wir, wo wir einzuhalten haben: *dort**, wo die verschiedenen Fäden zusammenlaufen und einen absolut undurchdringlichen, aber eindeutigen Knoten bilden; einen Knoten, der aus etwas zusammengesetzt ist, von dem wir nichts wissen. Die Frage, die bleibt, ja drängt, lautet: Wie können wir wissen, wann und wo wir diesen entscheidenden Punkt unserer Deutung der Träume erreicht haben? Ist unser Unvermögen, weiter zu deuten, ein hinreichendes Zeichen dafür, daß wir am undurchdringlichen Kern des Traums angekommen sind? Und können wir sicher sein, daß dieser geheimnisvolle Nabel tatsächlich im *Zentrum* des Traums sitzt, wenn unsere Deutung uns immer weiter von der manifesten Form des Traums weg - und immer näher zu unserer "Gedankenwelt" hinführt?

Wir brauchen einen Wegweiser, um einen Orientierungspunkt in diesem verwirrenden Raum zu finden.

In den letzten Jahren hat sich tatsächlich ein solcher Begleiter in der Person von Jacques Lacan vorgestellt. Am Anfang seines Seminars von 1964 eröffnete Lacan seinen Zuhörern (und künftigen Lesern): "Ich glaube, daß sie sich geführt fühlen können von den Begriffen, die ich einführe, wenn Sie an die Texte von Freud herangehen werden."[5] Es kann keinen Zweifel geben, daß die von Lacan eingeführten Begriffe Vielen den Weg gewiesen haben, die seinem Appell zu einer "Rückkehr zu Freud" Beachtung schenkten. So wundert es nicht, daß der Diskurs und die Begriffe von Lacan, direkt zu dem Ort führen, der uns hier angeht:

> Kein Diskurs, der hier nicht auch eine Offensive darstellte - auch der Diskurs, den ich diese letzten zehn Jahre hielt, hat hier manche seiner Wirkungen. Nicht ohne Folgen, auch in einem öffentlichen Diskurs nicht, faßt man die Subjekte ins Auge und berührt sie, nach einem Ausdruck Freuds, am Nabel - *Nabel der Träume*, schreibt er, und meint damit letzten Endes das Zentrum des Unerkannten - das, wie der anatomische Nabel, der jenen andern repräsentiert, nichts anderes ist als die Kluft, von der wir sprechen.[6]

Was immer sonst in Lacans Diskurs unklar sein mag, so scheint es doch wenig zweifelhaft, daß seine Begriffe "letzten Endes" zum "Zentrum des Unbekannten" führen und zu Grundbegriffen wie dem der *Kluft* (*béance*). Lacan wiederholt hier die Geste, die wir bei Freud nachgezeichnet haben: die Geste der letzten Analyse selbst, einer bestimmten Beendigung (*termi-*

---

[5] J. Lacan, *Seminar XI. Die vier Grundbegriffe der Psychoanalyse*, Olten und Freiburg i.Br. 1978, S. 28.

[6] *ibid.*, S. 29; der deutsche Ausdruck "letzten Endes" gibt das französische "au dernier terme" wieder, das englisch mit "in the final analysis" übersetzt wird (*A.d.Ü*).

nation) und Bestimmung (*determination*); die des letzten Begriffs, der die Unbestimmtheit (*indetermination*) und die unbeendbare (*interminable*) Ausweitung beenden soll. Der abschließende Begriff, *béance* oder *manque* (*Mangel*), bezeichnet den Ort, an dem man innehalten und aus dem Zug steigen kann, da man das begehrte Ziel erreicht hat. Er ist die Endstation, Terminus oder Terminal, wo jede Reise beginnt und endet; völlig verschieden von der dunklen, vom Wege abgelegenen *Haltestelle**, bei der man, nach Freud, bereit sein muß, geduldig auf einen *Anschluß** zu warten.

Die Sicherheit, mit der Lacan den genauen Sitz des Traumnabels festlegt, indem er ihn zunächst als das "Zentrum des Unbekannten" bestimmt und dann dieses mit der "Kluft, von der wir sprechen" identifiziert, beruht auf einer bestimmten Vorstellung von der *Bildersprache** Freuds, die Lacan zu sagen erlaubt, der Traumnabel und der "anatomische Nabel" stünden zueinander in repräsentativer Beziehung, und dieses Verhältnis sei wiederum von einer beiden gemeinsamen (in beiden gegenwärtigen) Eigenschaft abgeleitet: derjenigen der *béance*, dem Abgrund oder der Kluft, die beide umfassen sollen.

Paradoxerweise ist es dann genau die Abwesenheit, d.h. die Spaltung oder Leere der *béance*, die dem Leser, der sich an Lacans Begriffen orientiert, etwas gibt, das stabil genug ist, um sich daran zu halten:

> Wenn Sie diese initiale Struktur festhalten, laufen Sie nicht Gefahr, sich in diesem oder jenem Teilaspekt des Unbewußten zu verlieren .... Sie werden sehen, daß Sie das Unbewußte weit radikaler in der Dimension einer Synchronie situieren müssen ... auf der Ebene des Subjekts des Aussagens/sujet de l'énonciation, sofern dieses in den Sätzen, in den Modi gleichermaßen sich verliert und wiederfindet ... kurz, auf der Ebene, auf der alles, was im Unbewußten zur Entfaltung kommt, sich *um eine zentrale Stelle herum* verteilt, wie das Mycelium, von dem Freud beim Traum spricht.[7]

Wäre es die Frage, was Freud sagte oder zu sagen wünschte, könnten wir hier tatsächlich mit Lacan gehen und ihm bis zu einem Ort folgen, der in der abschließenden Analyse so substantiell wie leer ist: die Stätte dessen, was Lacan "das Subjekt als unbestimmtes"[8] nennt. Und ginge es nur darum, was Lacan und Freud zu sehen gewünscht haben könnten: zum Beispiel den Sinn des Traums, der sich majestätisch aus seinem Mycelium *erhebt* - die Bedeutung des Phallus -, dann könnte Lacans "Reiseführer" genügen. Aber von Freuds erklärtem Widerwillen gegen solche Baedeker[9] ganz abgesehen,

---

[7] *ibid.*, S. 32 (*Hervorhebung von S.W.*)

[8] *ibid.*

[9] "Ich bin überhaupt nicht für die Fabrikation von Weltanschauungen. Die überlasse man Philosophen, die eingestandenermaßen die Lebensreise ohne einen solchen Baedeker, der über alles Auskunft gibt, nicht ausführbar finden. Nehmen wir demütig die Verachtung auf uns, mit der die Philosophen vom Standpunkt ihrer höheren Bedürftigkeit auf uns herabschauen. Da auch wir unseren narzißtischen Stolz nicht verleugnen können, wollen wir unse-

widerstehen seine Texte den Plänen solcher Führer. So gestattet uns im vorliegenden Fall nichts, die Schlußfolgerung zu ziehen, der Nabel des Traums sei entweder substantiell oder leer. Er scheint im Gegenteil eigentümlich gefüllt, ja übersättigt zu sein, und wenn er unserem Verstehen Schwierigkeiten bereitet, dann weil er zu viel anstatt zu wenig enthält. Kurz, was immer es sonst sein mag, ein *Knäuel** ist nicht einfach eine *béance* (oder ein *Abgrund**). Und vor allem dürfen wir nicht behaupten, die Gedankenketten und -züge, die Fäden und Fallstricke, die das Gewebe des "Nabels" bilden, seien sauber *um* ein Zentrum *herum* "verstreut". Wenn sich Freuds Beschreibung dieses Nabels von derjenigen Lacans unterscheidet, dann weil sie Bewegung in etwas bringt, das Lacan gerade stillstellen will: den Begriff und den Ort eines *Zentrums*. Freuds Nabel enthält weder ein Zentrum, noch repräsentiert er eines. Er macht etwas ganz anderes: *er sitzt dem Unerkannten auf**. Wir wollen daher einen Moment über die merkwürdige Pose oder Position des Traumnabels nachdenken, der auf dem Unerkannten sitzt, bzw. ihm aufsitzt. Wir beginnen, indem wir - geradezu klinisch - einige Bedeutungen des Wortes "straddle" untersuchen. Gemäß dem *Oxford English Dictionary* leitet sich das Wort von dem Verb "to stride" her, aber die Bedeutungen, die das Wörterbuch verzeichnet, unterstreichen die Wandlungen, denen das Wort unterworfen war. Aus einem Verb, das eine Vorwärtsbewegung, ein Nachvorneschreiten bedeutet hat, wurde "straddle" das Signum für verschiedene Arten stillgestellter Bewegung, und somit die Annahme einer bestimmten Haltung. Unter den vom *Oxford English Dictionary* verzeichneten Bedeutungen finden wir die folgenden:

> "1. *intr.* To spread the legs wide apart in walking, standing or sitting. b. of the legs; To stand wide apart. c. Of a thing esp. of a thing having legs: also, to sprawl. 2. To walk with the legs wide apart. 3. To set (the legs) wide apart (in standing or walking). 4. To sit, stand, or walk with one leg on either side of; to stride over; to bestride. b. To stand or lie across or on both sides of (something). 5. *U.S. colloq*. To occupy or take up an equivocal position in regard to; to appear to favour both sides of. 6. *Poker*. To double (a stake, bet). 7. *Gunnery*. To find the range of (an objekt) by placing shots first to one side of it and then on the other" Und, am Ende des Artikels, ein Synonym: "Bot. divaricate."[10]

---

ren Trost in der Erwägung suchen, daß alle diese "Lebensführer" rasch veralten, daß es gerade unsere kurzsichtig beschränkte Kleinarbeit ist, welche deren Neuauflagen notwendig macht, und daß selbst die modernsten dieser Baedeker Versuche sind, den alten, so bequemen und so vollständigen Katechismus zu ersetzen." (*Hemmung, Symptom und Angst*; G.W. XIV, 123)

10 Laut *Collins German-English, English-German*, Glasgow 1980 hat das Verb folgende deutsche Entsprechungen: "breitbeinig [oder] mit gespreizten Beinen stehen über ... ; rittlings sitzen auf ... ; grätschen über ... ; überbrücken; ... überspannen. ... **to ~ an issue** (*US inf*) in einer Frage zwischen zwei Lagern schwanken." Hingegen übersetzt es nicht die im *Oxford English Dictionary* verzeichneten Definitionen 6. (den Einsatz verdoppeln) und 7. (Zieleinstellung beim Schießen) (*A.d.Ü.*).

Gerade, wenn wir glauben, wir seien zu einem Schluß gekommen - au dernier terme -, geraten wir an eine letzte, rätselhafte Verweisung. Und deshalb wenden wir uns, um absolut sicher zu gehen, daß uns nichts Wichtiges entgangen ist, der folgenden Definition zu:

Divaricate: (fr. Dis- + *varicare*, f. *various*, straddling). 1. *intr*. To stretch or spread apart; to branch off or diverge; in *Bot*. and *Zool*. to diverge widely. 2. *trans*. To stretch or open wide apart or asunder. 3. To cause or spread out in different directions.[11]

Die englische Wiedergabe von Freuds "*Aufsitzen*"* als "straddling" scheint also genau die Bewegung zu verdichten, die wir im ersten Teil der Studie nachgezeichnet haben, diejenige einer *Aus-ein-ander-setzung**, sowohl im transitiven als auch im intransitiven Sinne, also einem Prozeß des Auseinandergehens (divergence). Nur ist die Bewegung hier keine von Ideen oder Begriffen, sondern die eines Körpers, genauer von Beinen: stehend, ausgestreckt, gehend mit weit auseinandergespreizten Beinen. Die Bedeutung von "To occupy or take up an equivocal position . . . to favour both sides" erinnert auch an die "*Besetzung*"* ("occupation" - "cathexis") von Repräsentanzen durch unbewußte *Triebe**. Denn täuscht nicht eine jede solche Haltung (posture), ist sie nicht ein Betrug (imposture), der einen unmöglichen *Kompromiß* "*erzwingen*" ("*impose*") soll? Bedeutet dieser Kompromiß nicht eine Art Poker, in dem man zwangsläufig den Einsatz erhöhen muß, um im Spiel zu bleiben?

Freuds "Beine" stehen also genau auf beiden Seiten einer unhaltbaren Alternative, der er in allen vom *Oxford English Dictionary* so provokativ vorgeschlagenen Bedeutungen "aufsitzt" ("straddles"); und hiervon ist die Urszene vielleicht nur die ausgeprägteste Darstellung. Aber wir sind mit den Verzweigungen von Freuds *Bildersprache**, einer Sprache, die weniger re-präsentiert (dar-stellt) als de-präsentiert, d.h. "*ent-stellt*"*, noch nicht am Ende. Denn Freud hört bei der Bestimmung des Traumnabels als der "Stelle, an der er [der Traum] dem Unerkannten aufsitzt", nicht einfach auf, er *beschreibt* das Unerkannte, oder vielmehr das, was daraus entsteht: den Traumwunsch, der hervorsprießt "wie der Pilz aus seinem Mycelium". Der Traumwunsch, der sowohl aus dem Traumnabel auftaucht wie auch dessen "unerkannte" Aspekte erkennbar werden läßt, ist also von dem "Mycelium" untrennbar. Was kann man nun über ein Mycelium sagen? Noch einmal wenden wir uns wegen einer Antwort an das *Oxford English Dictionary*, und wieder werden wir nicht enttäuscht:

[11] "ausstrecken", "ausspreizen", "auseinandergehen", "sich verzweigen", "aussprießen" (*A.d.Ü.*).

Mycelium. (f. Gr. *mykes* mushroom, after *epithelium*.) Bot. The vegetative part of the thallus of fungi, consisting of white filamentous tubes (hyphae); the spawn of mushrooms.[12]

Wenn sich der Traumwunsch, wie ein Phallus, selbst aus dem Mycelium aufrichtet, so dient dies dazu, uns an etwas zu erinnern, was Lacans Lesart vergessen möchte, nämlich daß der Traumnabel aus einem einfachen Grund nicht auf die Frage des Phallus, der béance, also eines gespaltenen oder abwesenden Zentrums eines Subjekts, reduziert werden kann: wegen des Thallus. Der Traumnabel, wie er in Freuds Text eingeschrieben und beschrieben ist, weist uns in eine Richtung, die zwar weniger sichtbar, aber auch nicht unsichtbar ist. Die hier aufgeworfene Frage betrifft den *Ort* des Nabels, die Stelle, aus der sich der Traumwunsch erhebt. Die Frage ist, kurz gesagt, die nach der Bedeutung des Thallus ("signification du thallus"). Zum letzten Mal schauen wir im *Oxford English Dictionary* nach, um eine merkwürdige Definition zu entdecken - eine Definition, die fast ausschließlich aus *Negationen* besteht:

Thallus, (Gr. *thallos*, green shoot, f. *thállein* to bloom.) Bot. A vegetable structure without vascular tissue, in which there is no differentiation into stem and leaves, and from which true roots are absent.[13]

Kein Wunder, daß es hier so schwierig ist, "weit radikaler" zu sehen, wie Lacan verspricht ("Sie werden sehen, daß Sie ... weit radikaler ..."). Denn das Wesen dieser merkwürdigen Figur kann, wie es scheint, nur in *Negationen* artikuliert werden, d.h. in genau der Sprachform, von der das Unbewußte Gebrauch macht, um sich dem Bewußtsein zugänglich zu machen und gleichzeitig die Verdrängung zu umgehen.[14]

Wir beginnen zu verstehen, warum Freud seine Beschreibung beim Pilz und dessen Mycelium enden ließ, ohne den Thallus zu erwähnen. Denn was hätte er uns darüber erzählen können, außer dem, was wir nun wissen und nicht wissen, daß er eine Struktur "ohne vaskulares Gewebe" ist, dem es an der "Differenzierung zwischen Stamm und Blättern" mangelt, und dem vor allem "echte Wurzeln fehlen". Die "Wurzel" des Traumwunsches, seine Grundlage, ist durch das Fehlen *echter* Wurzeln definiert. Heißt dies, daß es dort *unechte* gibt, die in seinem Gewebe enthalten sind?

Verglichen mit dem Thallus erscheint Lacans "signification du phallus" wie ein Kinderspiel: *manque d'un manque*, béance, Signifikant der Effekte des Signifikanten - all diese Formeln bewegen sich leicht in das stabile und

---

[12] "Vegetativer Teil des Thallus von Pilzen, der aus weißem Fadengeflecht (hyphae) besteht." (*A.d.Ü.*)

[13] "Pflanzliche Struktur ohne vaskulares Gewebe, ohne Differenzierung zwischen Stamm und Blättern und ohne Wurzeln." (*A.d.Ü.*)

[14] *Die Verneinung*; G.W. XIV, 9ff.

homogene räumliche Kontinuum, das der Thallus verzerrt und aufbläht, verschiebt und entstellt.

Vielleicht verweist dies auf die Grenzen einer Art Freud zu lesen, die seine *Bildersprache** als Repräsentation von etwas versteht, das ein für alle Mal, au dernier terme, erfaßt und benannt werden kann. Vielleicht ist eine andere Weise des Lesens erforderlich, die dazu bereit ist, Freuds Text in einer anderen Weise aufzusitzen (to straddle). Denn wenn wir an den Grenzen der Interpretation nicht einen Abgrund eines abwesenden Zentrums, sondern einen Nabel oder Thallus entdecken, so verändert sich allein schon der Begriff des Sinns vor unseren Augen - insbesondere, wenn unsere Augen auf Freuds Text gerichtet sind. Denn das Wort, das wir mit "straddle" übersetzt haben, hat im Deutschen noch eine andere Bedeutung: *jemandem** oder *etwas aufsitzen** kann auch heißen, "von jemandem oder etwas überlistet oder irregeführt worden zu sein"; vom *Unerkannten** zum Beispiel, oder von den von Lacan eingeführten Begriffen, wie dem des *Nom-du-Père* (*Name-des-Vaters*), der, wie er vorschlug, auch als: *les non-dupes errent* (*die Nicht-Betrogenen irren*) gelesen werden muß. Wenn dieser Irrtum als für den Gestus der Benennung konstitutiv verstanden werden muß, kann dies nicht ohne Konsequenzen für jede Form des Diskurses sein, der versucht, die Wahrheit durch das Mittel der Benennung zu artikulieren: sei es der Freuds, Lacans, oder auch dieses Textes.

So gesehen ist die Bedeutung des Thallus anscheinend ein sehr schlechter Witz über alle Versuche, Sinn zu äußern - oder *spielt* ihnen zumindest einen Streich. Denn die Verzweigungen von Freuds Beschreibungen des Traumnabels legen nahe, daß Deutung in einer Art von kalkulierter Täuschung ihren Ursprung und ihr Ziel hat: in einer Haltung (posture), die notwendigerweise und wesentlich ein Betrug (imposture) und vielleicht auch eine Zumutung (imposition) ist.

In jedem Fall steht es außer Zweifel, daß es diese Fragen waren, die Freud dazu trieben, sich von der Deutung der Träume, vom Königsweg zum Unbewußten weg in das weniger königliche Reich der Witze zu begeben - zu laufen, zu schreiten (to stride) oder gar zu grätschen (to straddle). Und wie wir sehen werden, war und ist das nichts zum Lachen.

Der Witz: ein Kinderspiel

Eine der frühesten Kritiken an der *Traumdeutung*, mit der Freud konfrontiert war, kam von seinem "ersten Leser und Kritiker", Wilhelm Fließ, dem Freud Teile des Manuskriptes zusandte. Fließ, der "Repräsentant des 'Anderen'"[1], wie Freud ihn nannte, war der erste, der eine Kritik formulierte, welche die Psychoanalyse immer wieder in vielerlei Form provozierte, deren gängigste sicherlich die berühmte von Karl Kraus war, der behauptete: "Psychoanalyse ist jene Geisteskrankheit, für deren Therapie sie sich hält".[2] Fließens Version dieses Verdachts war auf das überraschend Gewitzte gerichtet, das die Träume, die Freud zu deuten vorhatte, darboten. Wie kann eine psychische Aktivität, so Fließ' eigentliche Frage, die vom bewußten Willen so weit entfernt ist, Züge zeigen, die bisher ausschließlich dem Bewußtsein vorbehalten waren? Es könnte sein, daß das, was Freud für dem Traum wesentlich hielt, in Wirklichkeit nur das Produkt seiner eigenen Interpretation war. Freud gab auf diesen Einwand eine doppelte Antwort: Zunächst verteidigte er den geistreichen, witzigen Aspekt seiner Deutung als eine Eigenschaft des Traumes selbst:

> Daß der Träumende zu witzig, ist sicher richtig, aber es trifft weder mich, noch motiviert es einen Vorwurf. Alle Träumer sind ebenso unausstehlich witzig und sie sind es aus Not, weil sie im Gedränge sind, ihnen der gerade Weg versperrt ist. ... Der scheinbare Witz aller unbewußten Vorgänge hängt intim mit der Theorie des Witzigen und Komischen zusammen.[3]

Auf den murrenden Vorwurf seines ersten Lesers reagiert der Vater der Psychoanalyse in einer vorgeblich aufrichtigen Weise: Es ist nicht mein Fehler, so erklärt er, wenn der Traum witzig, sogar unausstehlich witzig ist - er kann nicht anders; er hat keine andere Wahl, da er nicht so aufrichtig sein kann, wie ich jetzt und hier in meiner Anwort an Dich. Aber Freuds Antwort ist selbst weniger aufrichtig, als sie scheinen mag. Denn während er sich von der Anklage des übermäßig Gewitzten und Verfälschten - letztlich dem Vorwurf der *Entstellung** - freizusprechen scheint, unterbietet Freud dieses Argument mit seiner abschließenden Vermutung: Der Anschein von Witz, den alle unbewußten Vorgänge zeigen, "hängt intim mit

---

[1] S. Freud, *Aus den Anfängen der Psychoanalyse*, Frankfurt/M. 1962, S. 256.

[2] K. Kraus, *Beim Wort genommen,* Werke Bd. 3, München 1955, S. 351 (*A.d.Ü.*).

[3] S. Freud, *Aus den Anfängen der Psychoanalyse*, S. 255.

der *Theorie* des Witzigen und Komischen zusammen". *Theorie* wird jedoch nicht - oder zumindest nicht direkt - vom Unbewußten selbst, sondern von einem bewußten Subjekt geschrieben. Der Appell an das Objekt, an "alle Träumer" oder "alle unbewußten Vorgänge", kann deshalb nicht einfach die theoretische Interpretation von jeglichem Verdacht freisprechen.

Somit verschiebt sich die Frage: Wenn der witzige Charakter der Träume mit der konfliktgeladenen Situation, die sie ausdrücken, und auf die sie mit ihren charakteristischen *Entstellungen** antworten, in Verbindung gebracht werden kann, inwiefern gilt dies dann ebenso für die *Theorie*, die diese Vorgänge verstehen will? Inwiefern ist die Theorie der *Entstellung** selbst eine *Entstellung**?

Die Hartnäckigkeit dieses Problems bestimmt nun Freuds zweite Antwort. Nachdem er zuerst alle persönliche Verantwortung für das Witzige der Träume geleugnet hat, gesteht Freud eine gewisse Unzufriedenheit mit seinen bisherigen Versuchen, den Sachverhalt angemessen darzustellen, ein:

> Die Traumsachen selbst halte ich für unangreifbar; was mir an ihnen mißfällt, ist der Stil, der unfähig war, den edlen einfachen Ausdruck zu finden, und in witzelnde, bildersuchende Umschreibungen verfallen ist. Ich weiß das, aber der Teil in mir, der es weiß und zu schätzen weiß, der produziert leider nicht.[4]

Das "Ich", das alles über diese Problemen "weiß", ist "leider" unproduktiv: Es ist nur ein Teil "in mir", und ein anderer Teil produziert den Stil, der Freud so mißfällt. Anders gesagt, wie den Träumern, die er untersuchte, bleibt Freud keine andere Wahl, als gerade den "*witzelnden, bildersuchenden Umschreibungen*"* zu verfallen, welche solch schwerwiegende Zweifel an der wissenschaftlichen Objektivität seiner Untersuchungen ausgestreut haben. Denn dem Autor der *Traumdeutung* war "der gerade Weg versperrt". Wie die Träumer war er gezwungen, nach Bildern zu suchen, die eben nur gekünstelt, "*witzelnd*"* erscheinen können. In seiner *Auseinandersetzung** der Träume und der damit verbundenen unbewußten Vorgänge, wird seine eigene Sprache - wie er selbst zugibt - von ihrem "Objekt" verunreinigt. Und dies ist nichts zum Lachen, da diese Verunreinigung gerade Integrität und Zuverlässigkeit seiner Analysen bezweifelt. Denn die Autorität eines wissenschaftlichen Diskurses, der Entstellung, Täuschung und Deformation zum Thema hat, hängt davon ab, ob er sich selbst von dem Phänomen, das er begreifen möchte, freihält. Doch gerade diese Freiheit und diese Distanz stehen hier auf dem Spiel, und Freud kommt in seinem nächsten Brief Fließ sehr weit entgegen, wenn er anerkennt, daß dessen Einwände nicht ohne Grund sind:

> Es steckt auch in mir ein Stück Formgefühl, eine Schätzung der Schönheit als eine Art der Vollkommenheit und die gewundenen, auf indirekten Worten

[4] *ibid.*, S. 254f.

stolzierenden, nach dem Gedanken schielenden Sätze meiner Traumschrift haben ein Ideal in mir schwer beleidigt. Ich tue auch kaum Unrecht, wenn ich diesen Formmangel als ein Zeichen fehlender Stoffbeherrschung auffasse. Du wirst es ebenso empfunden haben ... .[5]

Das Gefühl des Bedauerns, die Anerkennung "fehlender Stoffbeherrschung" sind Anzeichen eines ernsten Problems: um überhaupt Träume zu deuten, muß der Interpret sich zugestehen, an der Bewegung der *Entstellung**, die den Traum herstellt und reproduziert, teilzunehmen. Tatsächlich bildet sich der Traum nur in und durch Entstellung und Wiederholung. Und dennoch, wenn eine Deutung ernstgenommen werden will, so darf die logische, chronologische und strukturelle Serie, die Sequenz, nicht völlig gebrochen werden. Die Deutung *von* etwas ihr selbst Verschiedenem, von etwas, das ihr grundsätzlich, wenn auch nicht faktisch, vorausgeht - das zumindest ist die Voraussetzung, unter der Freud arbeitete, und welche die meisten wissenschaftlichen Diskurse noch heute anerkennen.

Was unausgesprochen im Vorwurf des "Repräsentanten des ‘Anderen’" auf dem Spiel steht, ist immerhin die Autorität des Freudschen theoretischen Diskurses. Von hier aus gewinnt Freuds Behauptung, daß "der scheinbare Witz aller unbewußten Vorgänge ... intim mit der Theorie des Witzigen und Komischen zusammen[hänge]", eine zusätzliche Bedeutung: genau der "*Zusammenhang*"* ist das Problem. Von diesem Zusammenhang mit dem *scheinbaren Witz** hängt der Status der Freudschen Theorie ab: Entweder ist sie in der Lage, diesen *Schein** zu durchbrechen und in den Kern, den dieser verbirgt - nämlich den des Unbewußten als eines ernstzunehmenden, substantiellen Wesens - einzudringen; oder der *scheinbare Witz** wird die Theorie zum allgemeinen Gespött machen.

Freuds Entscheidung, den *Witz** zum Gegenstand der Untersuchung zu nehmen, antwortet somit auf ein Dilemma, das nicht weniger als die Autorität und Autonomie seines gesamtem theoretischen Unternehmens aufs Spiel setzt. Die Vorkehrungen, die er am Anfang seiner Studie trifft, sind bezeichnend für seine Anstrengung, einen Zusammenhang herzustellen, in dem dieser Einsatz kaum sichtbar wird. Schon der Titel seines Buches - *Der Witz und seine Beziehung zum Unbewußten* (G.W. VI) - scheint zu unterstellen, was die Leser daraufhin immer für selbstverständlich hielten: Die Untersuchung von Witzen ist nicht mehr als ein Fall von angewandter Psychoanalyse, wobei deren theoretische Errungenschaften sich an einem Problem fruchtbar zeigen können, mit dem die Psychoanalyse als solche nur am Rande zu tun hat. Witze, so verrät uns der Titel, sollen in "ihrer Beziehung zum Unbewußten" untersucht werden - d.h. in Beziehung zur zentralen Entdeckung der Psychoanalyse. Durch Freuds Buch hindurch scheint die Psychoanalyse als Grundlage, bzw. Bezugspunkt zu dienen, von dem aus

[5] *ibid.*, S. 254f.

man sich dem Phänomen des Witzes nähert, es analysiert und aufklärt. Man würde kaum vermuten, daß in dieser Studie, vielleicht mehr als in allen anderen, die Psychoanalyse selber in Frage steht.

Diese Frage wird natürlich nie direkt gestellt. Sie taucht nur allmählich auf, folgt dabei aber einem Muster, mit dem wir langsam vertraut werden: Wie beim Traum, kristallisiert sich hier das Zeichen oder Symptom dieses Musters an der Schwierigkeit heraus, den Gegenstand der Untersuchung einzugrenzen. Das Problem erscheint auf den allerersten Seiten von Freuds "Witzbuch": um den *Witz** in Beziehung zum Unbewußten zu setzen, muß er zunächst lokalisiert und identifiziert werden. Und gerade hier taucht ein wesentliches Hindernis auf: nämlich authentische und zuverlässige Beispiele zu nennen, auf denen eine Analyse des Witzes als solchen gegründet werden kann. Freud notiert über die merkwürdige Art, in der sich seine Vorgänger in ihren Untersuchungen auf eine kleine Anzahl von kanonischen Witzen beschränkt haben:

> Es ist immerhin auffällig, wie wenig Beispiele von als solchen anerkannten Witzen den Autoren für ihre Untersuchungen genügen, und wie ein jeder die nämlichen von seinen Vorgängern übernimmt. (G.W. VI, 12)

Obwohl Freud dazu bereit ist, diesen traditionellen Kanon zu akzeptieren, und seine Vorgänger mit mehr Respekt behandelt, als es in der *Traumdeutung* der Fall war, besteht er dennoch auf der Notwendigkeit und der Pflicht, ihn durch die Aufnahme neuer Beispiele von Witzen zu erweitern, welche, obwohl es ihnen an der Autorität einer langen Tradition mangelt, "uns selbst im Leben den größten Eindruck gemacht und uns am ausgiebigsten lachen gemacht haben" (G.W. VI, 12). Im ersten Teil des Buchs geht Freud daran, eine Vielfalt solcher Witze zu sammeln; aber indem ihre Zahl wächst, wird dieses Anwachsen von einem wachsenden Gefühl des Zweifels über den genauen Status dieser Beispiele begleitet, die zum größten Teil aus der persönlichen Erfahrung genommen wurden. Exemplarisch für die Schwierigkeiten, die mit der Sammlung solcher Beispiele verknüpft sind, scheinen die Witze, die von der Technik des "*Gleichnisses*"* Gebrauch machen, zu sein:

> Wir haben schon vorhin eingestanden, daß wir bei manchen zur Untersuchung vorliegenden Beispielen ein Schwanken, ob sie überhaupt den Witzen zuzurechnen seien, nicht zu bannen vermögen, und haben in dieser Unsicherheit eine bedenkliche Erschütterung der Grundlagen unserer Untersuchung erkannt. Bei keinem anderen Material empfinde ich aber diese Unsicherheit stärker und häufiger als bei den Gleichniswitzen. Die Empfindung, welche mir ... zu sagen pflegt: Dies ist ein Witz, dies darf man für einen Witz ausgeben, noch ehe der verborgene wesentliche Charakter des Witzes entdeckt ist; diese Empfindung läßt mich bei den witzigen Vergleichen am ehesten im Stiche. (G.W. VI, 87f.)

Es ist, als habe Freud begonnen zu zweifeln, ob das witzige Gleichnis eine gültige Gattung des Witzes sei, oder nur ihr scheinbares *Gleichnis**. Von besonderer Bedeutung ist es wohl, daß die Schwierigkeit, den Witz in seiner wesentlichen Authentizität zu identifizieren, gerade in der Verwendung von Analogien liegt. Denn diese waren der Ansatzpunkt der modernen Reflexion über den Witz im achtzehnten Jahrhundert. Kant beschreibt die Funktion des Witzes wie folgt: "Der Witz p a a r t (assimiliert) heterogene Vorstellungen" und definiert ihn als "*Verähnlichungsvermögen*"*[6]. Daß Freuds Unsicherheit über den Status des Witzes gerade diesem Aspekt geschuldet sein könnte, mag seine Vorgehensweise von der seiner Vorgänger unterscheiden. Denn Analogie oder Ähnlichkeit ist eine Eigenschaft des Äquivalenzcharakters von Zeichen, und gerade diese Funktion repräsentierender Zeichen, die zur Definition des Witzes traditionell verwendet wurde, ist es, die Freud verwirft. Für ihn kann die Besonderheit des *Witzes** nicht an die Repräsentation allein gebunden werden, oder, allgemeiner, wie bei Kant, an die Arbeit eines Erkenntnisvermögens ("Der Witz ... ist ein eigentümliches Verähnlichungsvermögen, welches dem Verstande ... , so fern er die Gegenstände unter Gattungen bringt, angehört."[7]). Die entscheidende Eigenschaft des Witzes besteht für Freud vielmehr in der eigentümlichen Wirkung, die er hervorruft, und die uns sowohl die Gewißheit gibt, daß etwas tatsächlich ein Witz ist, als auch zugleich alles andere ungewiß werden läßt. Diese Wirkung ist das Lachen, und daran scheint es gerade den Witzen zu mangeln, die vom Gleichnis Gebrauch machen:

> Wenn ich den Vergleich zuerst ohne Bedenken für einen Witz erklärt habe, so glaube ich einen Augenblick später zu bemerken, daß das Vergnügen, das er mir bereitet, von anderer Qualität ist, als welches ich einem Witz zu verdanken pflege, und der Umstand, daß die witzigen Vergleiche nur sehr selten das explosionsartige Lachen hervorzurufen vermögen, durch welches sich ein guter Witz bezeugt, macht es mir unmöglich, mich dem Zweifel wie sonst zu entziehen, indem ich mich auf die besten und effektvollsten Beispiele der Gattung einschränke. (G.W. VI, 88)

Ein Witz, der kein "explosives Lachen" hervorruft, kann nach Freud nicht als wirkungsvoll oder erfolgreich, vielleicht überhaupt nicht als Witz betrachtet werden. Das Wesen des Witzes ist somit vom Effekt des Lachens, den er hervorruft, untrennbar. Dieser Aspekt bereitet jedoch jeglicher theoretischen Diskussion von Witzen besondere Schwierigkeiten. Denn die Eigenschaft des Lachens ist nicht bloß eine unter anderen. Wenn sie uns auch ein Maß an Sicherheit bei der Identifizierung von Witzen gibt,

---

[6] I. Kant, *Anthropologie in pragmatischer Hinsicht*, §51; in: *Werke* (hrsg. v. W. Weischedel), Bd. XII, Frankfurt/M 1964, S. 537f.

[7] *ibid.*, S. 538

so bildet sie gleichzeitig ein Hindernis für deren Analyse und Verständnis. Und zwar durch die Aufnahme dessen, was man eine *diskontinuierliche Zeitlichkeit* nennen könnte, in die Struktur des *Witzes**. Denn um das Lachen "ausbrechen" oder "explodieren" zu lassen - und dies sind die Metaphern, die Freud verwendet, um die Wirkung von Witzen zu beschreiben -, ist es notwendig, daß die Person, die lacht, nicht weiß, worüber sie lacht. Dies ist die wesentliche Bedingung des Lachens. Im Unterschied zu allen Formen des Vergleichs, in denen das Wiedererkennen des Gleichen eine entscheidende Rolle spielt, kann der Prozeß des Lachens niemals direkt auf ein Objekt oder eine Vorstellung bezogen werden. Dies zumindest folgert Freud aus seiner Sammlung von "Beispielen" und ihrer Kategorisierung nach den Formen der "Techniken", die sie verwenden:

> [Ein] Witz [kann] auch sehr gehaltvoll sein, etwas Wertvolles aussagen. Der Gehalt eines Witzes ist aber vom Witz unabhängig und ist der Gehalt des Gedankens, der hier durch eine besondere Veranstaltung witzig ausgedrückt wird. Freilich so wie die Uhrmacher ein besonders gutes Werk auch mit einem kostbaren Gehäuse auszustatten pflegen, mag es auch beim Witz vorkommen, daß die besten Witzleistungen gerade zur Einkleidung der gehaltvollsten Gedanken benützt werden. (G.W. VI, 100)

Freuds witziger Vergleich des Witzes mit dem Uhrmacher bestätigt in der Praxis, was er in der Theorie bereits behauptet hat: daß witzige Vergleiche allein nicht notwendigerweise kraftvolles, explosives Lachen hervorrufen. "Die gehaltvollsten Gedanken", Erzeugnisse der bewußten Intentionalität, werden vom Unbewußten als Folie, "Hülle" oder *Einkleidung** verwendet, um seine Operationen zu verkleiden und zu verbergen. In den Äußerungen des Unbewußten dienen die Gedanken dazu, von etwas anderem, daß viel schwieriger ist, abzulenken. Und dies gilt für Freuds eigene Sprache, seine *Bildersprache**, ebenso wie für das, was sie zu beschreiben versucht - in unserem Beispiel die Witze und deren Beziehung zu den Gedanken, die sie "ausdrücken".

Wenn das Wesen des Witzes gerade *nicht* in diesen Gedanken, in seinem *Gehalt** zu finden ist, so ist dies der besonderen Natur des Lachens als einer spezifischen Form des Nichtwissens geschuldet. Und dennoch ist es eben dieses Nichtwissen, das es überaus schwer macht, eine *Theorie* des Witzes zu entwickeln. Denn eine solche Theorie muß sich auf die Identifizierung - d.h. das Wiedererkennen - von authentischen Beispielen des Witzes stützen, um eine verallgemeinerbare Einsicht in die Struktur des Witzes zu erlangen. Aber wenn die Besonderheit des Witzes vom augenblicklichen Effekt des Lachens, welches Wissen gerade ausschließt, nicht zu trennen ist, wie kann man dann gewiß sein, daß die Witze, die man erinnert, tatsächlich authentische Muster sind? Wie kann man wissen, daß die eigenen Beispiele wirklich beispielhaft sind? Die diskontinuierliche Zeitlichkeit des Witzes schließt ihre unbestimmte Wiederholung grundsätzlich aus; und dennoch ist die reflektierende Neusammlung der Witze die unverzichtbare Bedingung für die Sammlung von "Daten", auf denen eine theoretische Studie basieren muß. Wenn alles, was wir von einem Witz behalten und wiederholen können, sein *Gehalt** ist, aber nicht das Lachen, das er hervorruft, bleibt uns dann nicht die bloße *Einkleidung**?

Ungeachtet dieses Dilemmas bleibt dem Wunsch, Theoretiker des Witzes zu sein, keine andere Wahl, als solche Einkleidungen und Verkleidungen zu sammeln, da es keinen anderen Zugang zu dem gibt, was er sucht. Freud beschreibt dieses Desiderat schon am Anfang seines Buches, wo er die Mängel seiner Vorgänger auf diesem Gebiet aufzeigt. Nach Freud hätten deren Studien dazu tendiert, Teilaspekte des Witzes zu identifizieren, jedoch sei es ihnen nicht gelungen, sie zu einem organisch Ganzen zusammenzufügen:

> Es sind *disiecta membra*, die wir zu einem organisch Ganzen zusammengefügt sehen möchten. Sie tragen schließlich zur Kenntnis des Witzes nicht mehr bei als etwa eine Reihe von Anekdoten zur Charakteristik einer Persönlichkeit, über welche wir eine Biographie beanspruchen dürfen. (G.W. VI, 11f.)

Aber ist es sicher, daß wir das Recht haben, nach der "Biographie" einer "Persönlichkeit" zu fragen? Hat die Psychoanalyse dieses Recht? Können die verschiedenen "Fall-Studien", die in den Schriften Freuds zu finden sind, (auf witzige oder andere Weise) unter die "Biographien" aufgenommen werden, im Sinne des "organisch Ganzen", das Freud bei seinen Vorgängern vermißt? Im vorliegenden Fall ist es nicht leicht, auf diese Fragen eine zustimmende Antwort zu geben, da nicht "Persönlichkeiten charakterisiert" werden sollen, sondern ein Phänomen, dessen Wesen nicht nur hinter einer sinnhaften Einkleidung verborgen ist, sondern sich an einem anderen Ort befindet: im Ausbruch des Lachens, dessen konvulsivische Einzigartigkeit aller Vergegenständlichung, ja sogar aller Beschreibung zu spotten scheint.

Angesichts dieser Fragen erscheint der erste Teil von Freuds Witzbuch wie eine enorme, wenn nicht unmögliche Anstrengung, die wesentlichen Merkmale eines Phänomens zu bestimmen, das sich seiner Bestimmung aus dem einfachen Grund entzieht, daß der Witz, seiner Theorie gegenübergestellt, eben darüber zuletzt lacht (has the last laugh); oder vielmehr deshalb, weil dieses Lachen nicht *andauert* (*last*): Es bricht aus, vergeht und kehrt wieder als der stille Begleiter aller Anstrengungen Freuds, den "verborgenen, wesentlichen Charakter des Witzes" (G.W. VI, 87) zu erfassen. Freud muß also, nachdem er sämtliche der verschiedenen "Techniken" isoliert hat, von denen die von ihm gesammelten Beispiele Gebrauch machen, noch immer zugestehen, daß ihm das Wesen des Witzes entglitten ist: "Es ist also nicht mehr zu bezweifeln, daß die Technik allein nicht hinreicht, den Witz zu charakterisieren. Es muß noch etwas anderes hinzukommen, das wir bis jetzt nicht aufgefunden haben." (G.W. VI, 79)

Die Suche geht also weiter. Indem er seiner Beschreibung der Witztechniken folgt - die auf die zwei bereits in seiner Studie über die Traumarbeit analysierten Mechanismen, Verschiebung und Verdichtung, zurückführbar sind - setzt Freud die Untersuchung der Witze unterm Aspekt ihrer Funktion oder Strategie fort: er nennt es ihre "Tendenziosität" (ein Ausdruck, dessen aggressive Konnotationen in der *Standard Edition* zu einer bloßen "Absicht" ["purpose"] neutralisiert worden sind). Nachdem Freud vier Haupttypen von "Tendenzen" unterschieden hat: obszöne, feindselige, zynische und skeptische, sieht er sich ein weiteres Mal vor die Frage nach dem Wesenszug des Witzes, seiner organischen Einheit gestellt.

> Wenn es richtig ist, daß die Lust, die der Witz bringt, einerseits an der Technik, anderseits an der Tendenz haftet, unter welchem gemeinsamen Gesichtspunkt lassen sich etwa diese zwei so verschiedenen Lustquellen des Witzes vereinen? (G.W. VI, 128)

Und ist dieses "*Vereinen*"*, so könnten wir weiter fragen, bloß witzig oder beruht es auf einem wirklichen Verstehen? Ist es gelungene Theorie oder bloß ein guter Witz? Witztheorie oder ein Theoriewitz?

Freuds ursprüngliche Bemühung - zu Beginn des "synthetischen Teils" seines Witzbuches - den wesentlichen, aber verborgenen Charakter des Witzes aufzudecken, gipfelt in der Behauptung, es sei das "Prinzip der Ökonomie", welches die verschiedenen Aspekte des *Witzes** vereinheitliche und seinen entscheidenden Charakter ausmache:

> Eine zusammendrängende oder richtiger e r s p a r e n d e Tendenz beherrscht alle diese Techniken. Es scheint alles Sache der Ökonomie zu sein, wie Prinz H a m l e t sagt (*Thrift, Horatio, Thrift*!). (G.W. VI, 43)

Was der Witz gemäß dieser Theorie "erspart", ist, "eine Kritik zu äußern, ein Urteil zu bilden" (G.W. VI, 44). Wollte man diese Hypothese halten, so würde der Witz auch die Theorie "ersparen", die seine verschiedenen Erscheinungsformen, seine "Beispiele" zu begreifen versucht, indem sie sie unter einer einzigen Tendenz oder einem einzigen Charakteristikum vereinigt.

Aber der Autor des Witzbuches - oder sollten wir sagen, der Erzähler - gerät, kaum daß er diese Vermutung geäußert hat, in Zweifel, die sich nicht so sehr von denen Shakespeares, an den er hier appelliert, unterscheiden: "Es *scheint* alles eine Sache der Ökonomie zu sein", versichert er, aber kann man diesem Anschein trauen?

> Mag es sein, daß jede Witztechnik die Tendenz zeigt, mit dem Ausdruck zu sparen, aber ... nicht jede Ersparung am Ausdruck ... ist darum auch witzig. ... Es müßte also eine besondere Art von Verkürzung und von Ersparnis sein, an welcher der Charakter des Witzes hinge, und solange wir diese Besonderheit nicht kennen, bringt uns die Auffindung des Gemeinsamen in der Witztechnik der Lösung unserer Aufgabe nicht näher. Außerdem finden wir den Mut zu bekennen, daß die Ersparungen, welche die Witztechnik macht, uns nicht zu

imponieren vermögen. ... Was erspart sich der Witz durch seine Technik? ... Wird die Ersparnis an geäußerten Worten nicht durch den Aufwand an intellektueller Leistung mehr als aufgehoben? Und wer macht dabei die Ersparung, wem kommt sie zugute? (G.W. VI, 45f.)

Der Begriff "Ökonomie" ist also nicht zufriedenstellend, denn er klärt weder Subjekt noch Objekt der "Ersparung". Eine komplexere Analyse ist erforderlich, eine, die Freud im "Synthetischen Teil" seines Buches zu entwickeln anstrebt. Wenn Witze eine "Ersparung" bewirken, so kann diese nicht in rein quantitativen Begriffen dargestellt werden. Die Lust, die sie gewährt, besteht aus zwei Elementen: erstens in der zeitweiligen *Aufhebung** existierender *Hemmungen** und somit des Energieaufwandes, der benötigt wird, um sie aufrechtzuerhalten; und zweitens in der (verbalen) Abkürzung dessen, was normalerweise ein komplexer Gedankengang wäre. Diese beiden Formen der Ökonomie werden von Freud als die *Hülle** und den *Kern** des Witzes bildend beschrieben, bzw.:

Die Witzlust, kann man demnach sagen, zeige einen Kern von ursprünglicher Spiellust und eine Hülle von Aufhebungslust. (G.W. VI, 155)

Obwohl diese beiden Facetten der Witzlust gleichermaßen unverzichtbar für seine Arbeitsweise sind, so teilen sie doch nicht denselben strukturellen oder psychologischen Status. Die *Spiellust** ist "ursprünglich" und archaisch, und Freud versucht von daher die Entwicklung des Witzes zurückzuverfolgen, indem er das herausarbeitet, was er "Psychogenese" nennt. Dies verwickelt ihn in eine Diskussion über das Wesen des Spiels in den frühesten Erscheinungen bei Kindern, eine Problematisierung, die einige derselben Fragen berührt, denen wir bereits begegnet sind. Tatsächlich kann man an Freuds Würdigung der Theorie von Groos, der das Spielen aus dem Machtstreben abzuleiten versucht, schon seine spätere Kritik an Adler ablesen. Freud weist diese Theorie zurück, während er zugleich Groos' Beschreibung des Spiels als Wiederholung des Bekannten, als Wieder-erkennen (recognition), übernimmt. Das Spiel ist ihm zufolge lustvoll, nicht weil es mit der "F r e u d e an der M a c h t, an der Überwindung einer Schwierigkeit" einhergeht, sondern schlicht, weil "das Erkennen an sich, d.h. durch Erleichterung des psychischen Aufwandes lustvoll ist" (G.W. VI, 136).

Freuds Versuch, eine genetische Erklärung des Witzes zu entwickeln, indem er ihn bis auf seine ursprüngliche Tendenz, Aufwand zu reduzieren, zurückverfolgt, überträgt nur das Problem auf ein anderes, scheinbar ursprünglicheres Niveau: auf das des Kinderspiels, das er als die Anstrengung beschreibt, den beschwerlicheren Akt des Urteilsvermögens mit den Mitteln der Analogie zu umgehen. Der Witz entwickelt sich aus dem Spiel, weil das Spiel des Kindes von vornherein witzig ist. Aber - und hier versucht Freud, die konflikthaften Aspekte, die mit allen Erscheinungen des Unbewußten, einschließlich des Witzes, verbunden sind, zu erklären - die kindliche Lust am Spiel ist dem Erwachsenen aufgrund der Anforderungen der

Vernunft (und letztlich des Realitätsprinzips) unerreichbar. Es kommt die Zeit, da man der Lust am Wiedererkennen nicht mehr bereitwillig frönen kann, da man "sich nicht [getraut], Widersinn auszusprechen" (G.W. VI, 141), da "die sinnlose Zusammenstellung von Worten oder die widersinnige Anreihung von Gedanken ... doch einen Sinn haben" muß (G.W. VI, 144). Und diese Entwicklung führt zum Phänomen des Witzes, da dank ihrer die Spiellust nicht mehr unmittelbar zugänglich ist. Der Witz, so nimmt Freud nunmehr an, erwächst aus dem Konflikt zwischen *Spiel** und *Sinn**. Wenn das Spiel also der "Ursprung" des Witzes ist, so geschieht es nur durch seine Negation oder Hemmung, die von den Anforderungen des Sinns und des kritischen Intellekts auferlegt worden sind, so daß der Witz selbst gezwungen wird hervorzutreten. Seine anfängliche Form ist die des *"Scherzes"**. Obwohl der Scherz eine niedrige und rudimentäre Form des Witzes darstellt (eine Unterscheidung, die vom englischen Wort "joke" ein wenig verdeckt wird, da sich seine Bedeutung mit der des deutschen Wortes *"Scherz"** überschneidet), betont Freud, daß diese Bewertung nicht seine Form als Witz berührt, denn bereits der Scherz enthält und erfüllt alle wesentlichen Bedingungen des Witzes. Was den Scherz vom Witz unterscheidet, und was man ihre qualitative Differenz nennen könnte, ist gerade der *unwesentliche* Aspekt des Witzes: nämlich der spezifische Sinngehalt, der ausgesagt wird. Denn wenn der Sinn eines *Witzes** wesentlich ist, während der des Scherzes gewöhnlich trivial ist, so betrifft dies keineswegs den Status eines Scherzes als eines Witzes, da der Sinn nur witzig wirkt, insofern er dazu taugt, die hemmende Kraft der kritischen Vernunft abzulenken und zu immobilisieren. Der Sinn hat also für den Witz keinen inneren Wert, sondern dient nur zur zeitlich befristeten Aufhebung der Schranken, um spielen zu können. Das Resultat dieser Bestimmung des Sinns entbehrt nicht eines gewissen paradoxen Elements: Wenn der "Scherz" sich zum "Witz" verhält, wie "schlecht" zu "gut", so drängt sich Freud dennoch der Schluß auf, "daß die schlechten Witze keineswegs als Witze schlecht, d.h. ungeeignet zur Erzeugung von Lust sind" (G.W. VI, 135).

Aber es gibt einen weiteren paradoxen Aspekt in Freuds Analyse der Funktion des Sinns im Witz: indem er ihn als äußere Fassade und instrumentelle Hülle des Witzes bestimmt, dessen urprünglichen Kern also entgegengesetzt, so will er doch den Witz als geordneten, d.h. sinnvollen Gegenstand der Theorie konstruieren. Das Wesen des Witzes besteht demnach darin, wie der Sinn in den Dienst des Spiels gestellt wird. Der Anspruch der Freudschen "Psychogenese" des Witzes, ihn auf einen Ursprung des reinen und einfachen Spiels zurückzuführen, ist die theoretische Strategie, der diese Konzeption folgt. Um zu funktionieren, muß das Spiel, das Freud an den Ursprung des Witzes - und der damit verbundenen Lust - setzt, tatsächlich *rein und einfach* sein. Deshalb kritisiert er Groos' Bemühung, das Spiel aus der Macht herzuleiten: "Ich ... sehe keinen Anlaß, von der einfacheren Auffassung abzuweichen, daß das Erkennen an sich ... lustvoll ist" (G.W. VI, 136), betont Freud. Man kann diese Kritik natürlich mit Freuds Zurückweisung jenes Ansatzes in Verbindung bringen, der ein konstitutives Subjekt hypostatsiert und so zwangsläufig den Begriff eines ursprünglichen Willens zur Macht enthält. Aber indem er die Einfachheit des Spiels und der Lust, die es gewährt, hervorhebt und zudem behauptet, "Erkennen" sei "*an sich* lustvoll", weil es eine Ersparung des "psychischen Aufwandes" enthalte, setzt auch Freud die Existenz eines ursprünglichen konstitutiven Subjekts voraus, dank dessen Einheit dieser "Aufwand" kalkulierbar wird.

Wenn man, wie Freud selbst, fragt, wer von der Ökonomie des Spiels profitiert und wie, dann muß die Antwort lauten: das Ich - und dies im emphatischen Sinne dieses Begriffs, den Freud erst viele Jahre nach dem Verfassen des Witzbuches entwickeln wird. Wenn die Wiederholung, die Wiederentdeckung und das Wiedererkennen als eine Wiederkehr des Gleichen Lust bereiten, dann nicht wegen einer inneren Eigenschaft (die sowohl als Erklärung tautologisch wie mit der Freudschen Konzeption unvereinbar ist), sondern vielmehr durch einen Prozeß, den er als narzißtische Identifikation beschreiben wird, und durch den das Ich als libidinöses Objekt besetzt und gebildet wird. Das Ich erlangt seinen Ort, indem es den Platz des Anderen einnimmt, indem es das Andere innerhalb seiner selbst ersetzt und dieses seiner Andersheit zu berauben bestrebt ist. Eine der mächtigsten Formen, in denen dies geschehen kann, besteht gerade in dem Wunsch, das Selbe wiederzuentdecken, zu wiederholen und wiederzuerkennen, mithin eine Bewegung der Differenz in eine der Identität zu verwandeln.

Im Jahr 1905, als Freud seinen Text über die Witze schrieb, lag die Ausarbeitung seiner Theorie des Narzißmus und der zweiten Topologie der Psyche noch vor ihm. Im Jahr 1920 haben jedoch diese beiden Entwicklungen bereits stattgefunden und ihren Platz innerhalb des Korpus der psychoanalytischen Theorie gefunden. Deshalb ist es umso auffälliger, daß, als Freud zu dieser Frage des Kinderspiels zum letzten Male zurückkehrt, in *Jenseits des Lustprinzips*, seine Erörterung hierüber von den theoretischen Errungenschaften, die er seit seiner frühen Studie über den Witz erworben hat, wenig beeinflußt scheint. Wie immer unausgesprochen die Wirkung dieser Theorien auch sein mag, sie bedeutet gleichwohl eine tiefgreifende Veränderung des gesamten Rahmens, innerhalb dessen sich Freud dem Phänomen des Spiels annähert. Jedoch ist diese Veränderung an einem Ort zu finden, der sich der Beobachtung leicht entzieht: am Rande seines Textes nämlich, an der Umzäunung einer Szene, die alle Blicke von Anfang an fasziniert hat. Wir wollen diese berühmte Szene ein weiteres Mal nacherzählen, um die Aufmerksamkeit auf eine weniger bekannte Reflexion zu lenken, welche sich unauffällig abseits, an den Rändern, befindet. Aber zunächst zur Hauptszene:

> Das Kind hatte eine Holzspule, die mit einem Bindfaden umwickelt war. Es fiel ihm nie ein, sie zum Beispiel am Boden hinter sich herzuziehen, also Wagen mit ihr zu spielen, sondern es warf die am Faden gehaltene Spule mit großem Geschick über den Rand seines verhängten Bettchens, so daß sie darin verschwand, sagte dazu sein bedeutungsvolles *o-o-o-o* und zog dann die Spule am Faden wieder aus dem Bett heraus, begrüßte aber deren Erscheinen jetzt mit einem freudigen "Da". Das war also das komplette Spiel, Verschwinden und Wiederkommen. (G.W. XIII, 12)

In seinem Kommentar dieser Szene des "Kinderspiels" sammelt Freud eine Auswahl möglicher Deutungen über die motivierende Kraft dahinter. Was im Vergleich zu seiner Analyse im Witzbuch auffällt, ist das vollständige Fehlen jeglicher Bezugnahme auf irgendeine Ökonomie oder Ersparung von Energie. Was wir stattdessen entdecken, könnte eine Wiederkehr des theoretisch Verdrängten genannt werden - die Bezugnahme auf die *Macht*, der er in seiner Kritik an Groos sich unbedingt enthalten wollte:

> Es war dabei passiv, wurde vom Erlebnis betroffen und bringt sich nun in eine aktive Rolle, indem es dasselbe, trotzdem es unlustvoll war, als Spiel wiederholt. Dieses Bestreben könnte man einem Bemächtigungstrieb zurechnen. (G.W. XIII, 13f.)

Ein weiteres Motiv, so fährt Freud fort, könnte der Wunsch nach "Befriedigung eines ... Racheimpulses gegen die Mutter sein, weil sie vom Kinde fortgegangen ist" (G.W. XIII, 14). Aktive Kontrolle, Rache, Rivalität und der Wunsch sich "zu Herren der Situation [zu] machen" (G.W. XIII, 14f.) beherrschen Freuds Vermutungen über die Triebkräfte hinter dem Spiel der Kinder, gerade und besonders dort, wo es offensichtlich ist, daß die so wiederholten Erfahrungen in und an sich selbst keine Quelle der Lust sein können. Wenn das Spielen solcher Spiele dem Lustprinzip dennoch nicht widerspricht - und dies ist natürlich der Blickwinkel, aus dem sich Freud in *Jenseits des Lustprinzips* dem Phänomen annähert -, dann "weil mit dieser Wiederholung ein andersartiger, aber direkter Lustgewinn verbunden ist" (G.W. XIII, 14).

Was diese andere Art von Lust sein könnte, sagt Freud uns nicht ausdrücklich, zumindest nicht innerhalb des Textes. Aber diese offene Frage sollte uns wachsam für die folgende Szene machen, die an den Rändern des Haupttextes, genauer in einer Fußnote, eingeschrieben ist, in der eine weitere Wiederkehr des *Fort-Da** Spiels auftaucht. Diesmal ist das Wiederkommen, das verschwindet, weder die Mutter, noch der Vater, noch irgendein anderer Verwandter, sondern vielmehr das Kind selbst:

> Als eines Tages die Mutter über viele Stunden abwesend gewesen war, wurde sie beim Wiederkommen mit der Mitteilung begrüßt: *Bebi o-o-o-o!*, die zunächst unverständlich blieb. Es ergab sich aber bald, daß das Kind während

dieses langen Alleinseins ein Mittel gefunden hatte, sich selbst verschwinden zu lassen. Es hatte sein Bild in dem fast bis zum Boden reichenden Standspiegel entdeckt und sich dann niedergekauert, so daß das Spiegelbild "fort" war. (G.W. XIII, 13)

Wenn somit die Aktivität, ein Verschwinden zu erzeugen, die lustvollere der beiden Absichten ist, aus denen das *Fort-Da** Spiel besteht, wie Freud nahelegt; und wenn damit die Errichtung einer Beherrschung verbunden ist, dann ist es diese marginale Szene - eine Wiederholung des "primären" Spiels -, die unmißverständlich anzeigt, was das "Subjekt" dieses Machtspiels sein muß: ein narzißtisches Ich im Prozeß seiner Selbst-Bestätigung, und zwar in dem, was Lacan uns gelehrt hat, als das "Spiegelstadium" (an-) zu erkennen. Nach Lacan dient ein bestimmter Versuch der Identifikation mit dem Spiegelbild als Prototyp für die narzißtische Bildung des Ich, welches seine Identität nur entwickeln kann, indem es sich auf die Sisyphus-Aufgabe einläßt, den Platz eines anderen einzunehmen, der als Bild die Einheit zu besitzen scheint, an der es dem Subjekt selber mangelt. Dieses aporetische Vorhaben bestimmt wiederum die narzißtische Identität des Ich als eine, die in sich ambivalent ist, da sie unausgesetzt in eine Rivalität mit diesem Anderen verstrickt ist, dessen Identität jenes Ich sowohl behauptet wie auch gleichzeitig (in der Anstrengung, es sich anzueignen) leugnet.[8]

Lacans Theorie des Spiegelstadiums und ihre Hervorhebung der ambivalenten Identität des narzißtischen Ich könnte als direkter Kommentar zu dieser marginalen Szene aufgefaßt werden. Und doch spielt diese Fußnote in Lacans Diskussion von *Jenseits des Lustprinzips* keine größere Rolle, aus Gründen, die im Blick auf Freud wie Lacan gleichermaßen aufschlußreich sind. Für Lacan ist das *Jenseits des Lustprinzips* vor allem ein Text, der den Eintritt des Subjekts in das Reich des Symbolischen, d.h. der Sprache, die durch den Signifikanten strukturiert ist, beschreibt. Als solche ist die Bewegung, die es nachzeichnen soll, gerade eine, die von der ambivalenten Dimension des Imaginären, welche mit dem Spiegelstadium und dem narzißtischen Ich, das daraus hervorgeht, verbunden ist, wegführt. Was, im Gegenteil, Freuds Fußnote beweist, ist, daß es eine *andere Szene* des Symbolischen, des *Fort-Da**-Spiels, gibt, und dies ist gerade das Imaginäre, in seiner ganzen aggressiven und narzißtischen Ambivalenz. Weit entfernt davon, aufeinander als Alternative oder einfache Opposition bezogen zu sein - welche ihrerseits eine hoch "imaginäre" Form der Relation darstellt -, sind Symbolisches und Imaginäres, Sprache und Spiegelbild, Signifikant und Signifikat innerhalb einer Szene eingeschrieben, die sich selbst am Rande einer Bewegung oder einem Szenario wiederholt, und von der ein gewisser

[8] J. Lacan, Das Spiegelstadium als Bildner der Ichfunktion, in: *Schriften I*, Olten und Freiburg i.Br. 1973, S. 61f.

Narzißmus unlösbar zu sein scheint. Und dies gilt nicht nur für die beschriebene Szene, sondern auch für das theoretische In-Szene-Setzen (mise-en-scène), das es wiederholt. Denn sowohl die theoretische Beschreibung wie das Spiel, das sie darstellt, nehmen teil an einem gleichartigen Spiel, einer Art Kinderspiel, jedoch einem, das keineswegs auf Kinder beschränkt ist. Denn beide versuchen, den sich entziehenden Phänomenen oder Aktivitäten, die sie selbst hervorbringen, *Namen* zuzuweisen. Für Freud sind diese Namen: Lustprinzip, Beherrschung, Wiederholung und schließlich Todestrieb. Für Freuds Neffen, das Kind, welches das *Fort-Da** Spiel spielt, lauten sie eben: *Fort** und *Da**. Aber auf diesen Aspekt des Spiels kann sich Lacans Theorie des Symbolischen nicht einlassen und muß ihn deshalb übersehen: Denn wenn dieses Spiel den "Eintritt" in die symbolische Ordnung der Sprache bezeichnet, dann ist diese nicht, wie Lacan behauptet, durch reine Signifikanten im Sinne differenzieller Elemente gekennzeichnet. "*Fort*"* und "*Da** sind nicht in erster Linie Signifikanten, sondern eher Worte, semantisch bestimmte Zeichen, die zur Bezeichnung bestimmter "Signifikate" verwendet werden. Und wenn die signifizierten Zustände, die von diesen Worten bezeichnet werden, die wichtigen Aktivitäten des Fortgehens und Zurückkehrens enthalten, dann legt Freuds Beschreibung des Kinderspiels nahe, daß das Subjekt, das die Abwesenheit des Anderen - der Mutter, aber auch seiner selbst - bekundet, versucht, (es selbst) zu *bleiben*, trotz des Anderen. Kurz, die narzißtische Ambivalenz gegenüber dem Bild des Anderen (und als der Andere) versucht, seine Selbst-Identität zu bestätigen, gerade im und als (wie Lacan es nennen würde) symbolisches Subjekt des Aussagens, *sujet de l'énonciation*, als dialektisches Subjekt par excellence.

Mit den Begriffen Lacans gelesen, durchbricht Freud dessen autoritativ-autorisierende Hierarchie, die auf dem Primat des Symbolischen gründet, einem Primat, das nicht länger zu halten ist. Das Symbolische erscheint als ein weiterer Köder des Imaginären, besonders mächtig im Bereich der Begriffsbildung, die dem theoretischen Diskurs eigen ist. Aber Lacan durchbricht und verschiebt auch die ausdrücklichen Behauptungen Freuds, indem er auf die stillschweigende Instanz hinweist, die für die "Spiellust" bürgt: *das narzißtische Ich*.

Kehren wir zu Freuds Witzbuch zurück, so können wir folgern, daß das Spiel mit der Sprache, das sich als im Wesen lustvoll, ursprünglich und unschuldig dargestellt hat, tatsächlich nur für das narzißtische Ich lustvoll, und somit weder ursprünglich noch unschuldig ist. Die verschiedenen Formen der Wiederholung wie etwa die Verwendung von rhythmischen Mustern oder Reimen, die beide der Sprache von Kindern und bestimmten Witztechniken (aber auch der Poesie) eigen sind, bringt nicht nur deshalb Lust hervor, weil die Identifikation des Selben "einfacher" ist als die Wahrnehmung von Differenzen, sondern eher, weil sie den Interessen des narzißtischen Ich dient, das ausschließlich an der Reduzierung des Anderen auf eine Variante seiner eigenen Identität interessiert ist. So betrachtet, verliert Freuds Bemühung, das Verhältnis von Spiel und Sinn als eine Opposition zwischen zwei wesentlich nicht aufeinander bezogenen Begriffen zu analysieren, viel von ihrer Kraft. Denn *Spiel* und *Sinn* erscheinen jetzt nicht als gegensätzliche, sondern als einander ergänzende Aktivitäten, die sich beide aus der Anstrengung des narzißtischen Ich ableiten, sich das Andere, von dem es abhängt, und in dessen Bild es seine Identität konstituiert, eigen zu machen. Wenn die Spiellust somit vom kritischen Verstand ersetzt und "gehemmt" wird, dann nur, um dem Ziel, das sowohl das Spiel als auch der Sinn näherbringen sollen, noch besser gerecht zu werden: der narzißtischen (Wieder-)Erkennung des Selben.

Unter dieser Perspektive gesehen, illustriert Freuds Diskussion des Spiels in *Jenseits des Lustprinzips* einen anderen Aspekt, der in seiner früheren Abhandlung des Gegenstandes fehlt, und dies ist ein Mangel, der um so ernster ist, als er einen zentralen Aspekt des Witzes berührt. In seiner anfänglichen Bestimmung des Spiels als Ursprung des Witzes ist Freud nicht in der Lage, einen der entscheidensten Aspekte des *Witzes** als eines linguistischen Phänomens zu erklären: den Ort des Anderen im Verhältnis zur Sprache. In seiner Erklärung des *Fort-Da** Spiels ist dieser Ort angezeigt, obwohl er von Freud als solcher niemals erwähnt wird. Er ist in der Interpunktion markiert, die Freud dem Ausdruck "*Fort! Da!*"* gibt - dem Ausrufezeichen, das die Äußerung als an eine andere Person gerichtet kennzeichnet, indem sie diesen mit einem eher imperativen (Geh!) als mit einem bloß feststellenden Tonfall versieht. Der eigentliche Kern dieses Spiels als Machtspiel besteht tatsächlich in der Weise, wie sich ein konstativer Gebrauch der Sprache in einen performativen, perlokutionären, in einen"symbolischen" verwandelt, mit dem Ziel, Wirkungen hervorzurufen, indem es bestimmte Appelle einschließt. Das Kind versucht, indem es auf diese Weise spricht, ausruft und befiehlt, seine "Einsamkeit", von der Freud spricht, zu durchbrechen. Das befehlende Subjekt von Freuds *Fort-Da!** Spiel setzt sich selbst in Beziehung zu einem Anderen: nicht nur zur abwesenden Mutter, sondern zu einem Anderen, der durch den Befehl selbst ausdrücklich herbeizitiert wird. In der Tat, wenn der andere dazu bestimmt scheint, die abwesende Mutter zu ersetzen und das Kind zu rächen, so liefert uns das einen weiteren Grund, das Symbolische als Köder des Imaginären zu betrachten - als diskursive Fortsetzung der ambivalenten Strategie des Narzißmus.

Freud weiß von all dem gewiß nichts in seinem Bestreben, den Witz auf einen Ursprung zurückzuführen, der so rein wie unschuldig ist: Spiellust - Kinderspiel. Denn dieses Spiel sollte nicht nur grundlegend für den Witz sein, sondern auch für die Theorie, die den Witz begreifen und beherrschen will. Diese Theorie, wir wiederholen es, will dort erfolgreich sein, wo andere - Freuds *Vorgänger* - versagt haben: bei der Organisierung der "disiecta membra" des Witzes in ein organisch Ganzes. Aber der psychogenetischen Ableitung des Witzes vom Spiel mangelt es noch daran, was vielleicht der hervorstechendste Aspekt des Witzes ist. Und über diesen, wir wiederholen es, gibt es nichts zu lachen.

Der Aufsitzer[1]

Wenn Freuds Psychogenese des Witzes, sein Versuch, ihn vom Spiel abzuleiten, nicht das letzte Wort behält, dann weil die Bestimmung des Witzes als "entwickeltes Spiel" die Wirkung nicht erklären kann, den jeder Witz hervorrufen muß, um einer zu sein: das Lachen. Um dessen "ökonomische" Beschreibung, welche in Beziehung zum Spiel stünde, oder vielmehr zur Hemmung des Spiels durch die Kritik des Verstandes, ist Freud zweifellos bemüht. Lachen entsteht, so nimmt er an, wenn die Energien, die gewöhnlich für die Aufrechterhaltung der kritischen Hemmungen verbraucht werden, vom Witz für einen Augenblick befreit und so im Lachen kanalisiert werden. Aber schon diese Annahme setzt eine Verschiebung im ökonomischen Modell, das von Freuds Begriff der "Ersparung" gefordert wird, voraus, denn das Lachen entsteht nicht aus ersparter Energie, sondern aus *einer Neuverteilung von Energien innerhalb eines konfliktgeladenen Kraftfeldes*. So wird der Begriff "*Ersparung*"* durch den eher dynamischen, konflikthaften "*Erleichterung*"* ersetzt. Nun ist nicht mehr die Frage, wer was *erspart*, sondern wer wovon und wie *erleichtert* wird. Der Witz entwickelt sich nicht aus einem reinen, ursprünglichen und unschuldigen Spiel, sondern tritt als Folge einer Spannung hervor.

Hiermit wird Freuds Versuch, den Witz als Ersparung von Energie zu denken, durch eine merkwürdige Nachwirkung unterbrochen, die, wenngleich sie nicht den Witz als solchen angeht, jedoch für seine Funktion und so auch für seine Struktur unverzichtbar ist: das Lachen. Hierbei sind für Freud zwei Momente wesentlich: es besteht nur als explosives, konvulsivisches und annähernd unkontrollierbares Lachen, das schwer zu zähmen oder auch nur zu verstehen sei. Und es darf nicht der Erzähler, sondern ausschließlich der Zuhörer, der Adressat des Witzes, lachen. Um mit seinem Witz anzukommen ist der Erzähler somit nicht nur vom Lachen, sondern von dem eines *Anderen* abhängig.

Diese Abhängigkeit vom Lachen des Zuhörers - der "dritten Person", wie Freud ihn nennt - bereichert die ohnehin vielfältige "Charakterisierung" des Witzes. Denn schon bis zu diesem Punkt hat Freud eine merkwürdige Umkehrung der herkömmlichen Beziehung von Sprache und Sinn, von

[1] Der englische Titel dieses Kapitels lautet: "The Shaggy Dog" (*A.d.Ü.*).

Außen und Innen, vorgenommen, indem er den Sinn zur "*Hülle*"* des Witzes degradiert und den linguistischen "Ausdruck" zu dessen "*Kern*"* befördert hat. Nun wird der Witz noch weiter entstellt, indem dieser Kern aufgespalten oder vielmehr verschoben wird: Die Lust am Spiel reicht nicht länger aus, um einen Witz zu definieren (dies ließe das Lachen völlig ungeklärt); es ist vielmehr die Rückbindung der Hemmung in und als Lachen, die erklärt werden muß. Die Hemmung ist nicht länger ein negatives Hindernis, das dem Spiel im Wege steht: Sie wird zur positiven Bedingung des Lachens.

Diese Dezentrierung des Witzes, welche die des Traumes wiederholt, der ja nur durch seine Nachwirkung, d.h. durch seine Nacherzählung und Wiederholung Existenz gewinnt, findet, bedeutet zugleich seine (weitere) *Entstellung**. Auch der Witz ist *ent-stellt**: verschoben und verzerrt im und als Lachen, das er hervorrufen muß, und das doch von ihm getrennt ist. Im Unterschied zum Traum kann die Ver-schiebung, die den Witz im Nachhinein konstituiert, nicht innerhalb eines abgeschlossenen "intrapsychischen" Raums begriffen oder eingegrenzt werden; im Gegenteil, schreibt Freud, verglichen mit dem Traum ist

> der Witz ... die sozialste aller auf Lustgewinn zielenden seelischen Leistungen. Er benötigt oftmals dreier Personen und verlangt seine Vollendung durch die Teilnahme eines anderen an dem von ihm angeregten seelischen Vorgange. (G.W. VI, 204)

Die Frage, die sich Freud dank der Beziehung des Witzes zum Lachen aufdrängt, betrifft die besondere Funktion dieses Anderen, der dritten Person, für den Witz: "Warum lache ich nun nicht über meinen eigenen Witz? Und welches ist dabei die Rolle des anderen?" (G.W. VI, 161)

Die Tatsache, daß die "erste Person" - der Witz-Erzähler - nicht über seinen eigenen Witz lachen kann, zeigt, daß die Aufhebung der Hemmungen beim Zuhörer und beim Erzähler auf verschiedene Weise geschieht. Im Zuhörer werden die Energien, die durch den Witz (von der Aufrechterhaltung der Hemmungen) befreit werden, nicht durch weitere intellektuelle Aktivität an andere psychische Repräsentationen gebunden und können deshalb im Lachen kanalisiert werden.[2] Beim Witz-Erzähler hingegen werden die hemmenden Besetzungen nicht einfach aufgelöst, sondern auf die Erzählung des Witzes selbst verschoben, welche die Energie absorbiert und "bindet" und sie so daran hindert, in Lachen umgewandelt zu werden; es sei denn, wie Freud bemerkt, "*par ricochet*"[3] (G.W. VI, 174). Nur indem der Erzähler den Zuhörer zum Lachen gebracht hat, kann er sich selbst

---

[2] Vielleicht sind deshalb Lachen und Angst so eng verwandt: in beiden wird ungebundene Energie umgewandelt, d.h. zum Teil an konvulsivische, unwillkürliche körperliche Bewegungen gebunden und hiermit dem Ich einverleibt.

[3] "auf Umwegen" (*A.d.Ü.*).

"erleichtern": "Der Vorgang bei der ersten Person des Witzes ... scheint nun nicht eher zur Ruhe zu kommen, als bis er durch die Vermittlung der eingeschobenen dritten Person die allgemeine Erleichterung durch die Abfuhr erzielt hat." (G.W. VI, 177)

Mit dem "eingeschobenen" Anderen, der "dritten Person", die zuhört und lacht, gewinnt Freuds Theoretisierung des Witzes an Komplexität, verliert aber an Kohärenz, die sein anfängliches Ziel war. Statt eines harmonisch organisierten "Ganzen" finden wir eine Szene mit drei Protagonisten vor: eine überdrehte, wenn auch geniale "erste Person", die mit Exhibitionsneigung (G.W. VI, 160) ausgestattet ist; eine dem Voyeurismus zuneigende dritte Person, die mit dem Versprechen "*bestochen*"* wurde, Lust "geschenkt" zu bekommen (G.W. VI, 166), und eine "zweite Person", die überhaupt keine "Person" zu sein braucht, sondern eher eine unannehmbare Idee. Und dennoch, wenn es dieser Szene an der Ganzheit, die doch Freud zum Ziel einer kohärenten Theorie des Witzes erklärt hatte, zu mangeln scheint, so versammeln sich die Hauptfiguren an einem vereinigenden Ort, wo Freud scheinbar en passant am Rande des Hauptextes bzw. -arguments eine andere Geschichte nacherzählt.

Er trifft auf sie im Zusammenhang seiner Betrachtungen der "Tendenzen" des Witzes, die er in die beiden zentralen Kategorien "feindselig" und "obszön" unterteilt. War in früheren Untersuchungen des Witzes, so Freud, der obszönen Variante des Witzes weitaus weniger Aufmerksamkeit gewidmet worden als seinem aggressiven Typus, so wohl wegen eines Tabus. Innerhalb der Gruppe der obszönen Witze focussiert Freud "*einen Grenzfall*"*, der trotz oder vielleicht gerade wegen seiner randständigen Position "Aufklärung über mehr als einen dunklen Punkt zu bringen verspricht" (G.W. VI, 105). Dieser marginale Fall ist der "dreckige Witz" *(die Zote*)*.

Freud beginnt seine Analyse der Zote mit einer kritischen Reflexion der herkömmlichen Vorstellung, derzufolge jene "die beabsichtigte Hervorhebung sexueller Tatsachen und Verhältnisse durch die Rede" enthält. Aber diese Definition ist aus dem einfachen Grund nicht hinreichend, da die Zote nicht ausschließlich durch ihren Inhalt oder Gegenstand beschrieben werden kann: Sie muß als ein Diskurs begriffen werden, der nicht nur *über* etwas geführt wird, sondern *an* einen besonderen Adressaten gerichtet ist. Dieser eröffnet den Zugang zur Zote:

> Die Zote ist also ursprünglich an das Weib gerichtet und einem Verführungsversuch gleichzusetzen. Wenn sich dann ein Mann in Männergesellschaft mit dem Erzählen oder Anhören von Zoten vergnügt, so ist die ursprüngliche Situation, die infolge sozialer Hemmnisse nicht verwirklicht werden kann, dabei mit vorgestellt. Wer über die gehörte Zote lacht, lacht wie ein Zuschauer bei einer sexuellen Aggression. (G.W. VI, 106)

Während das Thema der Zote diese den "obszönen" Witze hinzurechnet, so nähert sie sich dem "aggressiven" Typus von Witzen und verschiebt somit den Unterschied zwischen beiden Varianten. So kommt man dem Wesen der Zote mit Hilfe einer starren Taxonomie schwerlich bei, vielleicht aber eher dadurch, daß man auf ihre Entstehung zurückschaut, deren Geschichte Freud weitererzäht. Ihr Ansatzpunkt ist ein enttäuschter Verführungsversuch, aber einer, in dem wir bereits dem Trio von Personen begegnen, das die Struktur des Witzes selbst ausmacht:

> Der ideale Fall eines derartigen Widerstandes beim Weibe ergibt sich bei der gleichzeitigen Anwesenheit eines anderen Mannes, eines Dritten, denn dann ist das sofortige Nachgeben des Weibes so gut wie ausgeschlossen. Dieser Dritte gelangt bald zur größten Bedeutung für die Entwicklung der Zote. (G.W. VI, 108)

Die Bedeutung dieser "dritten Person" für die Zote, so fährt Freud fort, besteht aus der Art und Weise, in der "er" "*das Weib*"* ersetzen wird, an das der Witz ursprünglich gerichtet ist:

> So wird allmählich anstatt des Weibes der Zuschauer, jetzt Zuhörer, die Instanz, für welche die Zote bestimmt ist, und diese nähert sich durch solche Wandlung bereits dem Charakter des Witzes. (G.W. VI, 108)

Nur durch gleichzeitige Anwesenheit und Einmischung einer dritten Person wird die Zote wirklich zu einem Witz. Das dyadische Verhältnis, das in dem von Subjekt zu Objekt, von Verführer zu Verführten, vorausgesetzt ist, muß durch die Gegenwart eines Anderen gestört werden, und dies gibt dem Witz, wie wir zeigen werden, eine eigentümliche Logik, welche allen Artikulationen des Unbewußten gemeinsam ist. Sie widersetzt sich der konstitutiven Regel der traditionellen Logik: dem *tertium non datur*. Wo immer es um Witze geht, wo immer das Unbewußte am Werk ist, muß es einen Dritten geben, der von den beiden anderen Positionen ausgeschlossen ist, diese aber ebenso einschließt und *zusammen-schließt*. Falls es eine Logik des Unbewußten gibt, dann bezeugen der Witz und insbesondere die Zote auch deren Grundregel: *tertium datur*.[4]

Und eben diese Regel - ein schlechter Witz nach herkömmlicher Logik und wegen seiner Schlechtheit doch nicht weniger Witz - verleiht diesem seine Komik. Denn nur durch das Auftreten der dritten Person wird ein Raum eröffnet, in dem Lachen ausbrechen kann. Freud erzählt uns die Geschichte seines Zustandekommens. Anfangs erscheint die dritte Person als Eindringling, der sich zwischen die begehrende erste und die begehrte zweite drängt. Die bloße Anwesenheit eines Anderen hemmt die Erfüllung des Wunsches. Die dritte Person, hier der andere Mann, verkörpert das moralische Gesetz und seine Verbote. Aber "allmählich" verändert sich die

---

[4] cf. S. Weber, "tertium datur", in: Fr. Kittler (Hrsg.), *Austreibung des Geistes aus den Geisteswissenschaften*, Paderborn 1980, S. 204-221.

Beziehung der ersten zur dritten Person: ihre Rivalität oder ihr Konflikt wird durch eine Art Komplizenschaft ersetzt, wobei die aggressive Tendenz auf "das Weib" verschoben wird, das unnahbar bleibt. Und die versuchte Verführung verlagert sich gleichzeitig von der unerreichbaren Frau auf den anderen Mann:

> Durch die zotige Rede des Ersten wird das Weib vor diesem Dritten entblößt, der nun als Zuhörer - durch die mühelose Befriedigung seiner eigenen Libido - bestochen wird. (G.W. VI, 109)

Die "Befriedigung", die die Zote den beiden Beteiligten und vor allem der dritten Person gewährt, meint selbstverständlich die imaginäre Herrschaft, die über die begehrte, aber unnahbare Frau ausgeübt wird. So wie Sexualität, wie Freud bemerkt, ursprünglich eng mit dem Sehen (der *Schaulust**, der voyeuristischen Lust, wie auch ihrer Inversion, dem *Exhibitionsdrang**) verkoppelt war, hat auch der Witz seinen skopophilen Aspekt darin, daß er das abwesende Objekt des Begehrens durch die verbale Vorstellung ex-poniert und dadurch die konvulsivische Entladung der Energie, die von der unnahbaren Frau zunächt behindert worden war, im Lachen freiläßt. In dieser Hinsicht reiht Freud die Zote in die allgemeine Kategorie der psychischen Akte ein, die versuchen, "den Verzicht rückgängig zu machen, das Verlorene wieder zu gewinnen" (G.W. VI, 111).

Aber diese Erklärung macht weder die Anwesenheit der dritten Person notwendig, noch reicht sie für das Phänomen des Lachens aus. Auch der "Verlust" des begehrten Objekts als solcher genügt nicht, um Existenz und die Wirksamkeit dieser Hemmungen zu motivieren, die gewöhnlich der Art von Darstellung, wie sie der Zote eigen ist, im Wege stehen. Erst gegen Ende der Freudschen Beobachtung der Zote wird es offensichtlich, daß sie mehr als eine pure Aktualisierung oder Vergegenwärtigung dessen darstellt, was "verloren" war. Freud beschreibt eine der Lieblingstechniken der Zote, nämlich die der "Anspielung, d.h. die *Ersetzung durch ein Kleines*, ein im entfernten Zusammenhang Befindliches, welches der Hörer in seinem Vorstellen zur vollen und direkten Obszönität rekonstruiert" (G.W. VI, 109, *Hervorhebung von S.W.*). "*Das Kleine*"* wird in der *Traumdeutung* als ein Ausdruck beschrieben, der die (weiblichen) Genitalien bezeichnet; in späteren Texten wird er sowohl als den Penis wie das Kind symbolisierend gedeutet.[5] Hier stellt die von der Zote verwendete Technik der "Ersetzung durch ein Kleines" nicht nur die allgemeine Tendenz des Witzes dar, von indirekten Anspielungen Gebrauch zu machen, um Zensur und Kritik zu umgehen. Vielmehr, und dies ist weit wichtiger, stellt sie eine Sexualität vor, die von dem, was Freuds sonst eher realistische Erklärung der Zote anbietet, entschieden abweicht. Der "sexuelle" Aspekt dieser Witze würde - so gelesen - nicht so sehr in der Anstrengung, sich durch imaginäre Darstel-

---

5 *Über Triebumsetzungen, insbesondere der Analerotik*; G.W. X, 402ff.

lung für einen Verlust zu entschädigen, bestehen, als im spielerischen Gebrauch gewisser Techniken der Substitution. Die Lust, die diese Witze bereiten, wäre dann enger mit Spielarten der Vertauschung und Ersetzung statt mit jener imaginären Aktualisierung oder Wiederherstellung verwandt.

Dieser Begriff von Sexualität als Ersatz statt als Wiedergutmachung scheint hier absolut notwendig, will man die Bedeutung verstehen, welche die Zote den Ausscheidungen zuweist:

> Das Sexuelle, welches den Inhalt der Zote bildet, umfaßt mehr als das bei beiden Geschlechtern Besondere, nämlich noch überdies das beiden Geschlechtern Gemeinsame, auf das die Scham sich erstreckt, also das Exkrementelle in seinem ganzen Umfang. Dies ist aber der Umfang, den das Sexuelle im Kindesalter hat, wo für die Vorstellung gleichsam eine Kloake existiert, innerhalb deren Sexuelles und Exkrementelles schlecht oder gar nicht gesondert werden. (G.W. VI, 106)

Gerade diese Aussonderung wird in der Tat durch die Entwicklung der sexuellen Bedeutung des Exkrementellen eingeführt. Zusammen damit entfaltet sich "die Geschichte des ersten Verbotes, welches an das Kind herantritt", und das sich als "für seine ganze Entwicklung maßgebend" erweisen wird (G.W. V, 88). Einerseits befestigt dieses Verbot die Unterscheidung zwischen Selbst und Anderem, Innen und Außen, Eigenem und Fremdem, Reinem und Unreinem, indem es den jeweils ersten Begriff des Gegensatzpaares positiv, den zweiten negativ bewertet: "Das 'Anale' bleibt von da an das Symbol für alles zu Verwerfende, vom Leben Abzuscheidende." (*ibid.*) Und das Verbot stärkt damit den Narzißmus des Ich. Andererseits treibt dasselbe Verbot das Ich gleichzeitig in das, was man am besten als *Krise des Narzißmus* bezeichnen könnte, welche sich im "Kastrationskomplex" zuspitzt. Denn das Verbot trennt das Begehren von seinen Objekten, den Körper von seinen Produkten und das Ich von den Anderen. Gerade die ambivalente Natur dieses "ersten" Verbots markiert bei den Erwachsenen dasjenige, was man als Quintessenz des Charakters schlechthin ansehen muß, den sogenannten "Analcharakter" mit seiner Neigung zu überzogener Ordnungsliebe, Sparsamkeit, Eigensinn usw. .

Etwas diesen "Charakteristika" sehr Ähnliches scheint auch für Freuds eigene theoretische Anstrengung, "den verborgenen Charakter" des Witzes aufzuspüren, zu gelten. Zuerst bemüht er sich, eine verwirrende Vielfalt von Beispielen zu sammeln und vor allem dem allgemeinen Begriff der "Ersparung" unterzuordnen. Dann entwickelt er diesen Begriff der Ökonomie nach zwei Richtungen hin: als Ausprägung einer ursprünglichen, "reinen" Spiellust (das Spielen mit dem Kot ist natürlich eine der ersten Regungen der Analerotik und das erste Objekt jenes "ersten Verbots"); sodann als die *Aufhebung** der Hemmung, die diesem Spiel im Wege steht - eine Hemmung, die als Lachen *"abgeführt"** wird und dabei *"Erleichterung"** zur Folge hat. Überdies wird die Witzlust als ein Geschenk an die dritte

Person vorgestellt und folgt darin dem allerersten Geschenk des Kindes: dem Kot.

Aber vielleicht ist all das nur ein wildgewordener Witz, eine spitzfindige Analyse, der es am notwendigen Unterscheidungsvermögen mangelt. Vielleicht. Demjenigen aber, der für die Sprache, in der Freud das "Machen" eines Witzes beschreibt, sensibel ist, wird es schwerfallen, folgende "Charakterisierung" von der Hand zu weisen:

> Man sagt zwar, daß man den Witz "macht", aber man verspürt, daß man sich dabei anders benimmt, als wenn man ein Urteil fällt, einen Einwand macht. Der Witz hat in ganz hervorragender Weise den Charakter eines ungewollten "Einfalls". Man weiß nicht etwa einen Moment vorher, welchen Witz man machen wird, den man dann nur in Worte zu kleiden braucht. *Man verspürt vielmehr etwas Undefinierbares*, das ich am ehesten *einer Absenz, einem plötzlichen Auslassen der intellektuellen Spannung* vergleichen möchte, und dann ist der Witz mit einem Schlage da, meist *gleichzeitig mit seiner Einkleidung.* (G.W. VI, 191; *Hervorhebungen von S.W.*)

So verwundert es kaum, daß Freud so sehr daran gelegen ist, die *Hülle** des Witzes von seinem *Kern** zu unterscheiden; und ebensowenig überrascht es, daß durch die Stabilisierung dieser Unterscheidungen jener dazu tendiert, sich von innen nach außen zu kehren: Das äußere Gewand des Wortspiels erweist sich als innerer Kern des Witzes, während das semantische Material, das üblicherweise das Innere darstellt, hier nur die Fassade bildet. Das verbotene Spiel kehrt wieder im und als Verwischen der Gegensätze, die scheinbar klar sind. Ist dies also der "verborgene Charakter" der Witzes? Seiner Theorie? Ihr wahrer Sinn?

Vielleicht aber hat Freuds Theorie, wie der Witz, den sie beschreibt, vielleicht keinen Sinn, der voll und ganz "wahr" wäre. Vielleicht "macht" auch sie nur "Sinn" in und durch eine andere, eine dritte Person, die weder einfach ihr Teil, noch von ihr getrennt ist. Dies ist der Leser, dessen Rolle von der des Zuhörers beim Witz nicht so sehr verschieden wäre. Jenes "erste Verbot", wir erinnern daran, verlangt für seine Durchsetzung eine dritte Person. Die Geschichte dieses Verbots und der dritten Instanz, die sie einschließt, ist auch diejenige des narzißtischen Strebens des Ich, eine "erste Person" zu sein oder zu werden. Die Geschichte dieses Ich erscheint dabei nicht als Dialektik des Selbst und des Anderen, wie sie gemeinhin analysiert wird, sondern als *Auseinandersetzung**, die drei Teilnehmer, drei "Personen", umfaßt. Wir wollen die Geschichte dieser *Auseinandersetzung**, die mit einer unmöglichen und doch selbstverständlichen Voraussetzung "beginnt", rekapitulieren:

> Es ist dem männlichen Kinde selbstverständlich, ein Genitale wie das seinige bei allen Personen, die es kennt, vorauszusetzen, und unmöglich, den Mangel eines solchen mit seiner Vorstellung dieser anderen zu vereinen. (G.W. V, 95)

Der narzißtische Glaube an den bruchlosen Übergang zwischen Selbst und Anderem - selbstverständliche Voraussetzung für das Kind - wird vom ersten Verbot, das in der analen Phase auftritt, ernsthaft infragegestellt. Durch sie wird die Idee der Sonderung begründet und eine unüberbrückbare Kluft zwischen dem Begehren und dem Begehrten eröffnet. Dies aber erreicht seinen Höhepunkt vollends erst im Kastrationskomplex, wo das (männliche) Kind ein für allemal auf das Objekt des narzißtischen Begehrens verzichten und also die stillschweigend vorausgesetzte Vorstellung aufgeben muß, alle anderen besäßen tatsächlich "ein Genitale wie das Seinige". Das Wahrnehmen von Anderen folgt nicht länger mehr dem Muster der Selbstwahrnehmung; das Ich ist gezwungen, mit dem Nicht-Ich sich auf andere Weise auseinanderzusetzen. Letzteres ist nicht mehr nur eine Version der ersten Person, die von ihr zwar unterschieden, ihr jedoch untergeordnet wäre; auch ist der Andere nicht mehr schlicht "dort draußen", vom Ich entfernt. Denn genau an dieser Stelle *tritt* die "dritte Person" *auf*, d.h. sie betritt die Szene als innerpsychische *Instanz**[6], die zugleich Hüter der metaphysischen Werte ist, welche Kultur bilden: das Über-Ich. Dieses ist wiederum Erbe der Ambivalenz, die den Narzißmus des Ich von Anfang an prägt; seit seiner Weigerung, einen Anderen anzuerkennen, der von seinem Selbst (d.h. von seinem Selbstbild) radikal verschieden wäre. In diesem Sinne verkörpert das Über-Ich zugleich das "Erbe des ursprünglichen Narzißmus" (G.W. XIII, 121) und dessen notwendige Begrenzung: "Durch seine Aufrichtung hat sich das Ich des Ödipus-Komplexes bemächtigt und gleichzeitig sich selbst dem Es unterworfen." (G.W. XIII, 264) Dank dieser "Aufrichtung" erkennt das Ich in gewisser Weise das Andere, das es bislang auszuschließen versucht hat, an, aber nicht ohne inneren Zwiespalt. In dieser Anerkennung liegt einerseits die Anstrengung des Ich, das Nicht-Ich sich selber anzugleichen und einzuverleiben, andererseits schafft sie eine differentielle Struktur, die niemals auf reine Identität reduziert werden kann. Denn das Über-Ich setzt das Ich dem klassischsten Beispiel aller doublebinds aus: "Sei wie ich!" fordert es das Ich auf, "Sei du selbst!" Und doch bedeutet dieses Selbst gerade, anders zu sein als ein Ideal, das dem Ich von *seinem* "Ideal" auferlegt worden ist. Das Über-Ich stellt die unerreichbare Identität des Ich dar, der es entgegenzustreben hat, zu der es aber niemals gelangen kann. Und diese Beziehung von Über-Ich zu Ich ist exakt eine von der "dritten" zur "ersten" Person. Denn das Über-Ich spricht die Sprache des Ich, aber in der Syntax des Es. Dieses besteht, wie Freud schreibt, "aus Wortvorstellungen" (Begriffen, Abstraktionen) gemäß seiner "*Herkunft aus Gehörtem*"*; aber die Nähe seines Diskurses zu dem des Ich ist täuschend,

[6] Das deutsche Wort *Instanz** das im allgemeinen mit "agency" übersetzt wird, bezeichnet auch und vielleicht vor allem ein Tribunal, ein Berufungsgericht, eine Bedeutung, die im Hinblick auf das Über-Ich besonders angemessen ist.

da es seine "Besetzungsenergie ... von den Quellen im Es zugeführt" bekommt (G.W. XIII, 282). Die eindrucksvollste Äußerung dieser unmöglichen Kommunikation ist gewiß die von Daniel Paul Schreber beschriebene. Die Stimmen, die er hörte, richteten sich an ihn - so Freud - "charakteristischerweise in der dritten Person" (G.W. X, 163).

Die "dritte Person" ist, wie Benveniste beobachtete[7], von der zweiten linguistisch und psychologisch unterschieden, gerade indem sie eine "Nicht-Person" ist, die nicht auf die Selbst-Identität eines Ich (oder seiner negativen Form, eines Alter-Ego) reduzierbar ist. Deshalb gesellt sich die dritte Person nicht einfach der ersten und zweiten hinzu, um ein Trio von Individuen, von "Ichs" zu bilden. Ihre "Gegenwart" markiert die grundlegende Abhängigkeit des Ich von etwas, das der Form von Selbst-Identität niemals vollkommen angemessen werden kann. Das "Verbot", das die dritte Person *aufrichtet**, kommt deshalb nicht von außen auf das Subjekt zu: Es *entstellt** dieses von innen, nämlich indem es das Innere nach außen kehrt, d.h. das "Ich" nach außen dem Über-Ich zuwendet, so wie auch den (dreckigen) Witz seinem "Zuhörer" oder "Zuschauer".

Und wenn Freud beschreibt, wie die dritte Person die Verführung an ihrer Vollendung zunächst hindert und sich sodann von einem Störenfried in einen Verbündeten verwandelt, nimmt er vorweg, wie der Ödipus-Komplex - durch Aufrichtung des Über-Ichs - die Probleme löst. Ob dies nun heißt, daß die Zote in ihrem Wesen ödipal oder der Ödipus-Komplex umgekehrt eine "Zote" ist, läßt sich schwerlich eindeutig beantworten. Ihre Beziehung freilich, so darf man sagen, gleicht der Art und Weise, wie im Fortgang der Selbstäußerung eines Subjekts dieses als einem Anderen unterworfen sich zeigt. Untersagendes Tribunal und Ideal in einem, ist dieser Andere, die dritte Person, die Instanz, die über das Schicksal einer jeden "ersten Person" als Ich entscheiden muß. In ihr begegnet das Ich dem Maßstab des Anderen, den es sich niemals völlig angleichen noch spurlos verwerfen kann. Denn seine zukünftige Ausprägung hängt von seiner Beziehung zu diesem Über-Ich ab. Paradoxes Ergebnis dieser Beziehung ist, daß in der psychischen Entwicklung des Subjekts nicht weniger als in der Funktionsweise des Witzes die "dritte" Person als die Bedingung der Möglichkeit (und Unmöglichkeit) der ersten erscheint. Die Lösung dieses "Paradox", oder eher seiner Konstruktion, ist, daß die Möglichkeit und Unmöglichkeit, eine "erste Person", bzw. ein "Ich" zu sein, einer Durchsetzbarkeit (wenn nicht Aufgesetztheit) überantwortet wird. Die erste Person kommt zu sich selbst nur in und durch einen Kampf, der das Selbst auf Kosten der dritten Person aufzwingt. Dieser Prozeß wird innerhalb der Entwicklung von Freuds Werk vorweggenommen und verdichtet sich in der

[7] E. Benveniste, "Die Natur des Pronomens", in: *Probleme der allgemeinen Sprachwissenschaft*, Frankfurt/M. 1977, S. 285f.

dreigeteilten Relation des Witzes und auf besondere Weise im Szenario der Zote.

Dort hat die dritte Person die Macht, über das Schicksal des Witzes und deshalb auch der "ersten Person", die ihn erzählt, zu entscheiden. Denn wenn der Witz keinen Erfolg hat, der sich im Lachen des Zuhörers zeigen würde, wird diese erste Person auf eine Nicht-Person reduziert, sofern es sich um den Witz handelt. Denn - wie gesagt - der Witz ist kein Witz ohne das Lachen des Zuhörers.

Diese Abhängigkeit der ersten Person, des Ich, von der dritten Person, wie sie das Witzgeschehen erfordert, erlaubt uns zu finden, was viele Leser bei Freud vergeblich gesucht haben: die präzise Dynamik, durch welche die innerpsychische Disposition der Individuen von der intersubjektiven Gesellschaftsordnung vermittelt wird bzw. mit ihr in Beziehung tritt. Die narzißtische Ambivalenz des Ich drängt dieses, seine immer "ideale" Identität auf eine Instanz zu verschieben, die ausschließlich als zwiespältige wie zweideutige Einheit des imaginären und unrepräsentierbaren Anderen (des Über-Ich als Ich-Ideal bzw. als Es-Ableger) wirksam sein kann. Diese beiden ebenso unverzichtbaren wie unterschiedlichen Aspekte des Anderen, die im Über-Ich und seinen Verkörperungen (*avatars*) untrennbar miteinander verbunden sind, haben ein seltsames, aber auch bezeichnendes Phänomen zur Folge: Die "Inkarnation" des Über-Ich in der dritten Person des Witzes (oder allgemeiner im Adressaten, der von *jeder* Artikulation des Unbewußten notwendig vorausgesetzt wird) erfordert, daß der Andere *sowohl* ein bestimmtes Individuum ist, das in gewissem Sinne willentlich-bewußt handelt, *als auch* jemand, der sein Handeln nicht völlig bewußt kontrolliert. Die Entscheidung, einen Witz zu erzählen oder anzuhören, hängt also von einem bewußten Akt ab, während der Effekt, der über das Schicksal des Witzes entscheidet, nämlich das Lachen, eben außerhalb der Kontrolle des Bewußtseins liegt. Denn es besteht ja gerade aus einem zeitweiligen Zusammenbruch dieser Kontrolle.

Und das Lachen selbst ist ein eigentümlicher Akt, wenn es überhaupt als ein "Akt", als eine Handlung, die bewußt vorbereitet und ausgeführt wird, gelten kann. Denn was das Lachen charakterisiert, in seiner von Freud beschriebenen Beziehung zum Witz, ist der Umstand, daß es nur teilweise willentlich auftritt. Durch das Lachen wird die dritte Person zur "dritten" im strengsten Sinne: zur *persona*, d.h. Maske, durch die hindurch *es* (Es) lacht. Der Zuhörer kann bereit sein zu lachen, aber selbst diese Bereitschaft ist nicht bewußt verfügbar; das explosive Lachen etwa kann nach Freud nicht erzwungen, kalkuliert oder völlig verstanden werden. Es muß spontan, automatisch sein, und darf dem bewußten Willen nicht stärker unterworfen sein als das Witze-"machen" selbst.

Denn dieses Lachen ist für Freud vor allem eine Form des Nichtwissens, welche bewirkt, "daß wir beim Witz fast niemals wissen, worüber wir lachen" (G.W. VI, 172). Freud insistiert auf diesen Aspekt des von den Witzen ausgelösten Lachens, obschon durch seine Bestimmung der Funktion der "Hemmung" im Mechanismus des Lachens deutlich wird, daß das Nichtwissen - als konstitutive Bedingung - eigentlich eher eine andere Form des Wissens als die pure Ignoranz darstellt. Dieses andere Wissen bedeutet vor allem eine Ablenkung der bewußten Aufmerksamkeit: "Dieses Lachen ist eben das Ergebnis eines automatischen Vorganges, der erst durch die Fernhaltung unserer bewußten Aufmerksamkeit" vom Objekt, das das Lachen hervorruft, "ermöglicht wird" (G.W. VI, 172). Lachen erfordert also die Ablenkung des Bewußtseins oder, wie man sagen könnte, eine Aufspaltung (*divarication*) der Psyche. Der bewußte Teil kann vom Gegenstand, der Lachen freisetzt, nur "ferngehalten" werden, indem er auf andere Vorstellungen oder Erwartungen - wie die eines "intelligibeln Kontexts" oder eines vom Witz vermittelten übergreifenden Sinnes - verschoben und an diese gebunden wird.

Solche Erwartung wird demgemäß zur negativen Vorbedingung des Witzes, obwohl sie ja noch dadurch gekennzeichnet ist, daß der Witz von seinen Teilnehmern eine Art Vertrag verlangt. Denn ein Witz wird fast immer als solcher im voraus angekündigt oder angedeutet, woraus folgt, daß so etwas wie Überraschung, Ablenkung oder Lachen erwartet wird. Aber wie unumgänglich eine solche Erwartung auch immer sein mag, das besondere "Objekt" des Witzes muß dem Bewußtsein fern bleiben, wenn der Witz ankommen soll. Alles, was über das Objekt ausgesagt werden kann - und dies ist bezeichnend für Freuds Denken über den Witz -, ist, daß Hörer und Erzähler dieselben Hemmungen teilen müssen, welche der Witz auflösen soll, damit das Lachen vonstatten gehen kann. Dies legt die Hypothese nahe, die "Statt" des Witzes sei gesellschaftlich vorherbestimmt und schließe allgemein respektierte "Hemmungen" und Tabus (im Gegensatz zu rein individuellen) ein. Lachen verbreitend, stellt der Witz eine kollektive, wenn auch nur zeitweilige Überschreitung (*transgression*) der gemeinsamen Hemmungen dar. Deshalb sind Witze immer für bestimmte Gruppen typisch, die mehr oder weniger groß, aber niemals universal sein können. "Jeder Witz verlangt so sein eigenes Publikum." (G.W. VI, 169)

Der Vertrag, der die am Witz beteiligten Parteien bindet, weicht somit von dem der liberalen, bürgerlichen Rechtsauffassung ab: Die Vertragschließenden einigen sich auf Austausch, ohne sicher sein zu können, daß sie die Verpflichtungen, die sie eingegangen sind, zu erfüllen vermögen. Daß er lachen wird, kann der Zuhörer nicht garantieren, und sein Lachen, da es überhaupt nicht "seines" ist, zeigt das Ausmaß seiner Nichtautonomie, d.h. seine "Heteronomie". Der Witz enthält die Verabredung, gewisse Grenzen zu überschreiten, deren sich die Vertragspartner, vor allem die entscheidende dritte Person, bevor oder während des Witz erzählt wird, nicht einmal völlig bewußt sind. Da jedoch über die Wirkung des Vertrags niemals Bescheid gewußt oder im voraus entschieden werden kann, weil sie nicht von einem bewußten Willen, sondern von "anderen" Kräften abhängt, bewegt sich der Witz im Feld einer Neugier, die nicht bloß auf diskursives Wissen, sondern auf andere Formen der Entdeckung abzielt.

"Entdeckung" soll jedoch hier nicht ausschließlich oder vor allem als eine Aktivität der Erkenntnis verstanden werden. In seinen - zur selben Zeit wie sein Buch über den Witz geschriebenen - *Drei Abhandlungen zur Sexualtheorie*, argumentierte Freud, der *"Wißtrieb"** entwickele sich aus dem *"Schautrieb"** (G.W. V, 95). Der Witz bestätigt die Macht dieses Triebes zu sehen (und gesehen zu werden). Was der Wechselbeziehung von Neugier, Überraschung, Sinn, Hemmung und Spiel im Witz unterliegt, ist genau diese *Schaulust**: die aggressive *"Entblößung"** der Frau in der Zote ist vielleicht nur die sichtbarste Äußerung der intimen Nähe von Witz (wit) und Schau (vision).[8] Alle "drei" Personen werden vom Witz gleichsam bloßgestellt (*ex-posed*), genau wie dieser wiederum dem Lachen ausgesetzt (*exposed*) wird. Daß die "zweite Person" beinahe immer vom Witz entblößt (*exposed*) wird, zeigt sich genau in dessen Tendenziosität. Die erste Person, bemerkt Freud, ist häufig von einem "ehrgeizigen Drang" besessen, ihren "Geist zu zeigen, sich darzustellen, ein[em] der Exhibtion auf sexuellem Gebiet gleichzusetzenden Trieb" (G.W. VI, 159). Unvermeidlich setzt sich der Witzerzähler der "Entscheidung" der dritten Person aus. Aber wem genau in dieser dritten Person? Inwiefern ist er dem und durch den Witz ausgeliefert, und in welcher Weise hat er an der *Schaulust** teil? Und was wäre, wenn dieser "er" eine "sie" wäre?

Es ist interessant, daß die Antwort auf diese drei Fragen nicht in den Haupttext, sondern an seinem Rand zu finden sind: wieder einmal in einer Fußnote, und erneut lange nach Beendigung des Textes hinzugefügt. Diese Fußnote ähnelt durch ihre Stellung zum Haupttext (aber dies ist vielleicht nur ein fauler Witz, eine spitzfindige Analogie) dem Lachen in seiner *Nachträglichkeit**: Viele Jahre später als das Buch selbst geschrieben, berührt sie ein Problem, für das "es an einem passenden Namen fehlt", und von dem man nicht sicher sagen kann, ob es überhaupt zur Kategorie der Witze gehört. Diese Einschrift ist doppelt marginal: Einer langen Fußnote über "Unsinnswitze" 1912 hinzugefügt, ist sie dennoch "zentral" für die Theorie des Witzes, d.h. so weit sie das für ein Phänomen sein kann, bei dem der Kern als Hülle und die Hülle als Wesen fungiert.

Aber betrachten wir zunächst die Fußnote genauer, die der Quintessenz des vierten Kapitels ("Der Lustmechanismus und die Psychogenese des Witzes") angehängt worden ist, und die das Problem des "Unsinnswitzes"

---

[8] Ein zentrales und sehr traditionelles Problem jeder Witztheorie ist das Verhältnis von Witz und Wissen. Freuds Diskussion beweist die Bedeutung der etymologischen Ableitung, die *Witz** und *Wissen** bis zu dem Ausdruck zurückverfolgt, den sie gemeinsam haben: *videre*.

behandelt. Dieser nämlich, so Freud, sei in seiner Untersuchung etwas vernachlässigt worden und verdiene deshalb eine "nachträgliche Berücksichtigung". So beginnt die Fußnote mit der Betonung, es sei ein Fehler, zu folgern, die "Unsinnswitze" seien die hauptsächliche oder ausschließliche Form des *Witzes**. Sie verkörpern vielmehr nur einen der beiden wesentlichen Komponenten des Witzvorganges: das Gedankenspiel, welches Lust durch die Aufhebung von Hemmungen hervorruft; die andere, urprünglichere Komponente, die sich vom Spiel mit Worten herleitet, ist frei von solchen Unsinns-Wirkungen. Freud greift hier wieder auf den hierarchischen Gegensatz von Spiel und Hemmung, Reim und Vernunft, Worten und Gedanken zurück, mit denen er die verschiedenen Gestalten des Witzes zu einem kohärenten Ganzen vereinen will. Nur so darf er hoffen, die disiecta membra - die Trümmer vorhergehender Versuche - in einer Theorie versammeln zu können, die fähig ist, das Wesen des Witzes zu bestimmen statt nur aus einer Folge von Anekdoten zu bestehen.

Gerade die Ambivalenz des Witzes, die "zweifache Wurzel der Witzeslust", ist es, der Freud zugesteht, daß sie die Wurzel der Schwierigkeit, der er in der gesamten Untersuchung begegnet, ausmacht. Das "Janusgesicht" des Witzes, d.h. sein doppelter oder verdoppelnder Effekt "tritt", wie Freud an anderer Stelle betont, "einer knappen Formulierung allgemeiner Sätze über den Witz als fühlbare Erschwerung entgegen" (G.W. VI, 155). Der zwiespältige Charakter der "Lust" also, die der Witz hervorruft, "tritt" dem Versuch hemmend "entgegen", seinen Sinn in einer geschlossenen Theorie zu erfassen. Dem antwortet Freud mit der äußerst lapidaren - wenn nicht problematischen - Formulierung, der Witz "zeige einen Kern von ursprünglicher Spiellust und eine Hülle von Aufhebungslust".

Doch kaum ist diese Unterscheidung ausgesprochen, so beginnt sie schon, sich vom Rand her aufzulösen. Freuds binäre Klassifikation des "Unsinnswitzes" als einer Hülle von Aufhebungslust, erfordert eine weitere Unterscheidung: "Der Unsinn, der im Gedankenwitz stehen geblieben ist, erwirbt sekundär die Funktion, unsere Aufmerksamkeit durch Verblüffung zu spannen" und dient so "als Verstärkungsmittel für die Wirkung des Witzes" (*ibid.*). Aber wenn jeder Witz Lachen freisetzen muß, und wenn dieses als Ablenkung und Neutralisierung von Energie, die ansonsten durch Hemmung gebunden ist, erscheint, dann dürfte die "sekundäre" Funktion des Unsinns für seine Wirkung nicht weniger notwendig sein als die Hemmung selbst. Die eindeutige Unterscheidung, die der Gegensatz von *Hülle** und *Kern** nahelegt, nämlich die zwischen den transgressiven und expressiven Seiten des Witzes, würde an Bedeutung verlieren, weil unmöglich auszumachen wäre, wo genau die Hemmung endet und die *Spiellust** anfängt.

Es ist diese Zweideutigkeit, die noch im Bemühen um eine eindeutige Bestimmung des Doppelcharakters des Witzes liegt, die Freud zwingt, zu dem Problem des "Sinns im Unsinn" zurückzukehren. Und dies gilt sowohl für die gerade kommentierte Fußnote wie für den Jahre später (1912) beigefügten Anhang. Dieser späte Zusatz handelt von "witzähnlichen" Produktionen, denen eine korrekte Bestimmung fehlt, und die Freud zunächst "*witzig scheinenden Blödsinn*"* nennt. Freuds Ausdruck erinnert uns - anders als die englische Übersetzung "*idiocy*" - daran, daß "Blödsinn" immer noch eine Form von *Sinn* ist: eben *Blöd-Sinn**, ein Sinn, der blöde ist, weil er sich selbst "entblößt" oder "herausgestellt" ("exposed") hat (das deutsche Wort "*blöd*"* ist etymologisch mit "*bloß*"* = *nackt* verwandt), wie die *Entblößung** in der Zote. Wie diese bilden solche Blödsinnigkeiten einen Grenzfall des Witzes; wenn Freud sie hier dennoch erwähnt, dann wohl deshalb, weil gerade ihre Abseitigkeit - wie die der Zote - helfen kann, das Kernproblem von Sinn und Unsinn im Witz zu erhellen.

Ein Beispiel dieser Art von Witzen, die Freud zitiert, ist folgendes: "Das Leben ist eine Kettenbrück', sagt der eine. - Wieso? fragt der andere. - Weiß ich? lautet die Antwort." (G.W. VI, 155) Das Problem ist natürlich, daß der Hörer - hier der Leser - in solchen Fällen nie weiß, ob er lachen oder weinen soll. Oder ärgerlich werden. Genau dies ist nach Freud die Pointe solcher "extremen Beispiele":

> Diese extremen Beispiele wirken dadurch, daß sie die Erwartung des Witzes erwecken, so daß man hinter dem Unsinn den verborgenen Sinn zu finden sich bemüht. Man findet aber keinen, sie sind wirklich Unsinn. Unter jener Vorspiegelung ist es für einen Augenblick ermöglicht geworden, die Lust am Unsinn freizumachen. (G.W. VI, 155)[9]

Diese Sorte des Witzes, von der Freud sich fragt, ob es überhaupt ein Witz ist, führt den Zuhörer irre, aber auf eine sehr "charakteristische" Weise: Er zeigt ihm den Spiegel seines Begehrens, "einen hinter dem Unsinn verborgenen Sinn zu finden". Dieses Begehren ermöglicht den Witz, und das zitierte Beispiel zeigt seine besondere Natur. "Die Erwartung des Witzes" besteht in dem Wunsch, aus der geheimnisvollen Aussage, mit welcher der Witz beginnt, eine sinnvolle zu machen. Wenn dieser sich dann weigert, Sinn preiszugeben, so kann sein Tun jedoch nicht als reiner und schlichter Unsinn beschrieben werden. Denn diese Witze "spielen" mit dem Begehren des Zuhörers, einen "intelligibeln Kontext" zu finden, das ja, wie wir gesehen haben, am Ursprung der "sekundären Bearbeitung" seinen Ort hat. Dieses Begehren ist nichts anderes als vornehmlich das narzißtische Streben des Ich, zu vereinheitlichen, zu binden und zu synthetisieren, und dadurch ein sinnvolles, selbständiges *Objekt* zu konstituieren, demgegenüber es sich selbst als ein nicht weniger sinnvolles, selbständiges Subjekt -

---

9 Die Standard Edition übersetzt das deutsche Wort *Vorspiegelung** mit *pretense*: "The pretense makes it possible that etc.". Obwohl damit die denotative Bedeutung dieses Ausdrucks exakt wiedergegeben ist, wird die Konnotation, die hier, wie so oft in Freuds Schreiben, von entscheidender Bedeutung ist, vernachlässigt.

d.h. als Selbstbewußtsein - setzen kann. Indem derartige Witze eine solche "Erwartung" wecken und sie dann unbefriedigt zurücklassen, erinnern sie sehr an den Diskurs des Analytikers, der sich weigert, sich auf einen sinnvollen Dialog mit dem Analysanden einzulassen, in der Absicht, ihn mit seinen Wünschen zu konfrontieren, deren Fragegestalt die Suche nach einer Antwort anzeigt.

Freud erwähnt freilich die Nähe, die solche "witzähnlichen" Produktionen zum analytischen Diskurs haben, nicht. Denn er behandelt ja nur ein marginales Phänomen eines Gegenstandes, der für sich, im Verhältnis zur "eigentlichen" Psychoanalyse, nur nebensächlich ist. Aber wenn wir jene Ähnlichkeit festhalten, gewinnt seine abschließende Bemerkung besonderes Gewicht:

> Diese Witze sind nicht ganz ohne Tendenz; es sind "Aufsitzer", sie bereiten dem Erzähler eine gewisse Lust, indem sie den Hörer irreführen und ärgern. Letzterer dämpft dann diesen Ärger durch den Vorsatz, selbst zum Erzähler zu werden. (G.W. VI, 155)

Sofern der Diskurs des Witzerzählers von aggressiven Tendenzen gegenüber seinem Zuhörer nicht frei ist, und diese ihre Frustation "dämpfen", indem sie sich entschließen, ihrerseits zum Erzähler zu werden - d.h. eine "erste Person", ein "Ich" -, ist eine Vielzahl von Perspektiven über die Entstehung des analytischen Diskurses wie auch des Ich selbst eröffnet. Somit wären beide der Effekt einer bestimmten "Übertragung", die als Prozeß der Erzählung von der "ersten" zur "dritten" Person übergeht und als der allgemeine Rahmen sowohl für die Psyche, wie sie die Psychoanalyse auffaßt, gelten kann, als auch für den analytischen Diskurs selbst. Und es ist evident, daß Freud kein besonderes Intersese daran haben konnte, diese "witzige" Verbindung hervorzuheben. Denn wer kann sicher entscheiden, ob es der Psychoanalyse gelungen ist, den Witz - wie Freud es sich vorgenommen hatte - zu erfassen und zu kontrollieren, oder ob nicht vielmehr der Witz die Psychoanalyse genasführt hat, indem er bloßlegte, daß diese nicht mehr und nicht weniger, als eine Art von witziger Geschichte ist?[10]

In der Tat ist die hier infragegestellte Geschichte so dubios, daß sie kaum dazu dienen kann, den Ruf der "Wissenschaft", den zu verteidigen Freud sich verpflichtet sah, zu verbessern. Daß er gerade an dieser Stelle auf einen Namen für solche Witze trifft, denen es doch, wie er bemerkt hat, "an einem passenden Namen fehlt", sollte uns noch bei dem Verhältnis von Witz und Psychoanalyse verweilen lassen. Denn den Ausdruck, den ich mit "shaggy dog story" übersetzt habe, und den die Standard Edition als "take-in" wiedergibt, kennen wir bereits: nämlich "*Aufsitzer*"*, dasselbe Wort, das auch die Position des Traumnabels in Hinblick auf das "Unerkannte"

---

[10] Ein in Frankreich veröffentlichter Band mit Essays trägt den suggestiven Titel: "Ist die Psychoanalyse ein jüdischer Witz?" (*La psychanalyse est-elle une histoire juive?*, Paris 1981).

bezeichnet. Wenn die Traumdeutung, wie Freud versichert, der Psychoanalyse den "Königsweg" zum Unbewußten ebnet, dann ist die *Einstellung* (*posture*), welche die Psychoanalyse auf diesem Weg gewinnt, notgedrungen die eines *Aufsitzers**.

Zu unterstellen, die psychoanalytische Bewegung *bewege* sich in der Gangart des *Aufsitzers** heißt gewiß nicht, sie zu einer bloßen und schlichten Pose abzuwerten, sondern vielmehr darauf zu achten, wie eine Theorie, die versucht, dem Unbewußten Rechnung zu tragen, unvermeidlich gezwungen ist, sich selbst durchzusetzen. Dieses Durchsetzen mit einem "schlechten Witz" wie dem *Aufsitzer** zu vergleichen, hieße nur dann eine Kritik, wenn wir vergäßen, was Freud hervorzuheben sich nicht scheut: schlechte Witze seien nicht weniger wirkungsvoll als gute. Die Verurteilung der Psychoanalyse als *Aufsitzer** ist nur möglich, wenn sie von einem Standpunkt oder einer *Instanz** aus bewertet werden könnte, die sich außerhalb der Geschichte befindet, über die sie richten will. Dieses Berufungsgericht - der Standpunkt des Ich - ist jedoch genau dasjenige, dem die Psychoanalyse in jedem Fall seinen Platz streitig macht, und zwar darin, daß sie - auch am eigenen Beispiel - nachweist, wie ein solcher Standpunkt notwendig in das Szenario oder die Geschichte, die sie nacherzählen möchte, eingebunden ist.

Und eben deshalb muß Freud viele Jahre nach der Publikation seiner Witztheorie zum Problem von "Sinn im Unsinn" zurückkehren und sich an die dunkelste Adresse wenden, den *Aufsitzer**. Denn wenn die Hoffnung des Ich auf sinnvolle Ganzheit die unausgesprochene, aber unumgängliche Bedingung des Witzes ist, scheint diese Voraussetzung nirgends stärker als im *Aufsitzer** hineinzuspielen, der uns "versetzt" und zugleich "in Bewegung setzt". Wodurch der dubioseste aller Witze so schwer verdaulich wird, ist, daß wir als Zuhörer ihn überhaupt nicht "verstehen" - sondern, daß er uns auf eine Fahrt, auf einen Weg mitnimmt, der alles andere als königlich ist. Denn alles, was wir am Ende dieses Weges finden, ist Nonsens. "Sie sind wirklich Unsinn", sagt Freud und versucht damit, uns wie sich selbst zu beruhigen.

Ist jedoch der *Aufsitzer** "Unsinn", so stellt er auch die Quintessenz des Witzes dar, einen, der mit der "Erwartung eines Witzes" spielt, wie auch mit unserer Hoffnung auf eine Theorie, die fähig sei, ihn zu erfassen. Denn diese beruht darauf, daß man den verborgenen Charakter des Witzes als solchen entdecken und damit seine äußere *Hülle** von seinem inneren *Kern** sondern kann. Aber der *Aufsitzer** macht es unmöglich, die beiden auseinanderzuhalten und zu trennen, was der Witz zusammengefügt hat. Und dieser Nachweis ist um so schlagender, wenn wir der Grenze der beiden Sprachen, mit denen wir hier zu tun haben, aufsitzen (straddle), und uns für einen Augenblick diejenige englische Übersetzung vor Augen führen, die dem Deutschen am nächsten kommt: "shaggy-dog-story". Die Etymologie dieses Ausdruck nachzuzeichnen, ist ergebnislos geblieben, *ohne Abschluß**. Denn fast alle dieser Überlegungen haben sich auf den substantiellen Teil dieses Ausdrucks konzentriert, seinen hündischen "Kern", aber mit wenig Erfolg.[11] Wenn sich jedoch somit des *Pudels Kern** als Sackgasse erwiesen hat, ist es vielleicht an der Zeit, nochmals einen Blick auf seine *Hülle** zu werfen; *shag* bedeutet auch noch heute (zumindest im britischen Englisch) genau das, was vormals *Zote** - Freuds Ausdruck für den dreckigen Witz - bedeutet hat. Denn *Zote** stammt von *Zotte**, was "unsauberes Haar, Schamhaar, Schlampe" bedeutet.[12] Sowohl die *Zote** als auch der Aufsitzer (shaggy-dog story) bezeichnen eine Art unansehnlichen, verwickelten Knoten, den Freud - wie in seiner "Kastrations-"Geschichte - entweder zu umgehen oder als den Ausgangspunkt von etwas weitaus besser Sichtbarem und Eindeutigerem zu bestimmen versucht hat: als Ort des Pilzes, der sich aus seinem Mycelium erhebt. Die *Zote** und der Aufsitzer tauchen als zwei Versionen des Thallus auf, aus dem sich der Phallus erhebt, und in den er zurückfällt. Aber dieser Aufstieg und Fall des Phallus ist der *Zotte** bereits ein- und vorgezeichnet, denn das Wort steht zudem für "herabhängendes (Tier-)Haar, Flausch, Fetzen, Lumpen, Busch", während das Verb *zotteln** die Bewegung, des "Hin-und Herbaumelns" bezeichnete.[13] Noch mehr als die *Zote** läßt uns der Aufsitzer also "hängen" - jedoch nicht im Nirgendwo, im reinen Unsinn, sondern inmitten all der narzißtischen Phantasien, mit denen das Ich seinen Weg geht, von den "analen" zu den "phallischen" Stadien und jenseits davon. Dieses *Jenseits*, das zugleich ein *Bevor* ist, befindet sich in einem Raum, der nur thallisch genannt werden kann. Denn nicht die Anwesenheit oder Abwesenheit, der Besitz oder Verlust eines Objektes, formen diesen Raum, sondern vielmehr die Textur und der Rhythmus der Teile, die ihn "hin- und herbaumelnd" bewohnen.

Freud, der darauf aus war, die disiecta membra aller vorausgegangenen Witztheorien zu vereinigen und zu totalisieren, erreicht nicht ein organisch Ganzes, das er sich wünschte; stattdessen bleibt ihm davon nur ein zotteliger *Fetzen* übrig. Anstatt das wesentliche Charakteristikum des Witzes, seinen inneren *Kern** zu haben, bleibt er, ähnlich wie Goethes Faust, mit einer bloßen Hülle zurück - oder vielmehr mit einer Decke aus Flickwerk. Sind wir oder ist Freud in einem "Vlies" hängen geblieben? Bei einem "Repräsentanten des 'Anderen'", der sich entziehenden dritten Person und dem ersten Leser? Ist Freuds Theorie erneut einem faden Witz, jener Geisteskrankheit, für deren Therapie sie sich hält, aufgesessen?

---

[11] cf. Eric Partridge, *The Shaggy Dog Story*, New York 1957.

[12] *Der Große Duden, Herkunftswörterbuch*, Mannheim 1963, S. 785.

[13] *ibid.*

Gewiß können diese Fragen hier nicht beantwortet werden; die Antwort, die sie erfordern, muß von woanders her kommen. Alles, was mir hier und jetzt zu tun bleibt, ist meinen Unmut über so viel Ungewißheit zu dämpfen, indem ich mich entschließe, Ihnen folgende Geschichte zu erzählen, die ich vor vielen Jahren gehört, und über die ich, wenn ich mich recht erinnere, einst gelacht habe:

> Ein Jude und ein Pole sitzen sich in einem Zugabteil gegenüber. Nach einigem Zögern spricht der Pole den Juden an: "Itzig, ich war immer ein großer Bewunderer deines Volkes, vor allem eurer Geschäftstüchtigkeit. Erzähle mir ehrlich, gibt es ein Geheimnis hinter all dem, etwas, das ich lernen könnte?" Der Jude antwortet nach einem Augenblick der Überraschung: "Bruder, es mag so etwas geben. Aber du weißt, du bekommst nichts umsonst - es wird dich etwas kosten." "Wieviel", fragt der Pole. "Fünf Zloty", antwortet der Jude. Der Pole nickt eifrig, holt seine Börse und bezahlt den Juden. Dieser steckt das Geld weg und beginnt zu reden: "Du brauchst einen großen Weißfisch, den du möglichst selbst gefangen haben solltest. Du mußt ihn reinigen, in einem Krug mit Essigwasser einlegen und ihn bei Vollmond auf dem Grund, wo deine Ahnen ruhen, vergraben. Du mußt drei volle Monate warten, bevor du dorthin zurückkehrst und ihn ausgräbst ..." "Und dann," fällt der verblüffte Pole ihm ins Wort, "ist das alles?" "Nicht ganz", antwortet der Jude lächelnd, "einiges muß noch getan werden." Und nach einer kurzen Pause: "Aber es wird dich etwas kosten." Der Pole zahlt, der Jude redet, und so weiter von Krakau bis Lemberg. Der Pole wird immer ungeduldiger, und nachdem er dem Juden sein ganzes Geld gegeben hat, explodiert er: "Du dreckiger Jude, glaubst du, ich kenne das Spiel nicht? Du hältst mich wohl für einen Idioten, der sein Geld zum Fenster rausschmeißt. *Das* ist dein kostbares Geheimnis!" Milde lächelnd antwortet der Jude: "Aber Bruder, was willst du? Siehst du denn nicht - es wirkt schon!"[14]

[14] Dieser Witz ist mir von Jacques Derrida erzählt worden.

III. Liebesgeschichten

Als ich einst an einem heißen Sommernachmittag die mir unbekannten, menschenleeren Straßen einer italienischen Kleinstadt durchstreifte, geriet ich in eine Gegend, über deren Charakter ich nicht lange in Zweifel bleiben konnte. Es waren nur geschminkte Frauen an den Fenstern der kleinen Häuser zu sehen, und ich beeilte mich, die enge Straße durch die nächste Einbiegung zu verlassen. Aber nachdem ich eine Weile führerlos herumgewandert war, fand ich mich plötzlich in derselben Straße wieder, in der ich nun Aufsehen zu erregen begann, und meine eilige Entfernung hatte nur die Folge, daß ich auf einem neuen Umwege zum drittenmal dahin geriet. Dann aber erfaßte mich ein Gefühl, daß ich nur als unheimlich bezeichnen kann ...

S. Freud, *Das Unheimliche*

Das Begehren des Analytikers: Spekulation im Spiel

Nichts ist bezeichnender für die Einstellung zum Freudschen Denken als die Art und Weise, wie dessen spekulativste Annahme, die des Todestriebes, aufgenommen worden ist. Noch 1957 konnte Ernest Jones, der *Jenseits des Lustprinzips* kommentierte, festhalten:

> Die Schrift ist ferner bemerkenswert, weil sie als einzige bei seinen Anhängern wenig Anklang gefunden hat. So finden sich unter den etwa fünfzig Artikeln, die diesem Thema seither gewidmet wurden, in den ersten zehn Jahren die Hälfte, die Freuds Theorie unterstützen, in den folgenden zehn Jahren nur ein Drittel und in den letzten keiner mehr.[1]

Doch zu genau derselben Zeit, als Jones diese Zeilen schrieb, war ein anderer Psychoanalytiker - von dem Jones offenbar nichts wissen wollte - dabei, eine Interpretation der Freudschen Theorie zu entwickeln, für die der Todestrieb als deren exemplarische Artikulation diente. Für Jacques Lacan stellte, was der Todestrieb begrifflich fassen sollte, nichts anderes dar, als "die Beziehung des Subjekts zum Signifikanten", in der, wie er glaubte, die fundamentale Einsicht der Psychoanalyse bestand.[2]

In dem Maße nun, wie Lacans "Rückkehr zu Freud" die neuere Diskussion der Psychoanalyse, vor allem in Frankreich, aber nicht nur dort, zunehmend beeinflußte, neigte die Neubewertung der theoretischen Bedeutung des Todestriebes dazu, sich wie ein Schibboleth aufzudrängen: so fand der *Todestrieb** als eine Art regulativer Idee der Psychoanalyse breite Anerkennung. Gilles Deleuze beschreibt z.B. in *Sacher-Masoch und der Masochismus* Freuds Denk-Bewegung *jenseits* des Lustprinzips als eine zwingende Konsequenz aus diesem Prinzip selbst.[3]

Indem Deleuze empirische Beobachtungen als möglichen Grund für Freuds Schritt ausschaltet (da ja bloße Beobachtungen niemals das Lustprinzip in Frage stellen können), siedelt er die Macht, die Freud seine bisherige Position zu überdenken veranlaßt, in der kategorialen Struktur des Lustprinzips an. Dieses sei, so Deleuze, eigentlich überhaupt kein Prinzip, denn es erkläre niemals Phänomene durch kausale Faktoren; es beschreibe

---

[1] E. Jones, *Das Leben und Werk von Sigmund Freud*, Bd. III, Bern und Stuttgart 1962, S. 316.

[2] J. Lacan, *Ecrits*, Paris 1966, S. 659.

[3] G. Deleuze, "Sacher-Masoch und der Masochismus", in: Leopold von Sacher-Masoch, *Venus im Pelz*, Frankfurt/M. 1980, S. 259.

lediglich, ohne sich jemals dem Problem zu stellen, in groben Zügen, wie oder warum die "Lust" - d.h. die Vermeidung von Spannungen - die gesamte psychische Aktivität regulieren kann oder auch soll. Die wesentliche theoretische Lücke - der "nicht-prinzipielle" Charakter des Lustprinzips - ließe Freud deshalb weiterhin nach einer Antwort auf das Rätsel des seelischen Lebens suchen.

Nach Deleuze besteht diese Suche aus zwei Phasen: Zunächst kehrt Freud zu einer seiner frühesten Ideen zurück, derzufolge die psychische Energie notgedrungen je verschieden in einen Prozeß *der Bindung** verwikkelt ist, welche ihrerseits die Vorbedingung für die Entladung oder *Abfuhr** von Energie, d.h. für die Lust, darstellt. Zwar zeigt sich die Bindung hier (erneut) als unumgängliche Voraussetzung des Lustprinzips, jedoch ist, so Deleuze, kaum zu übersehen, daß die Idee der Bindung den späteren Begriffs des *Eros* vorwegnimmt, welcher die Tendenz zur Vereinigung, d.h. Bildung immer größerer Einheiten, umfaßt. Eros wäre somit der Name für die allgemeine Funktion der Bindung. Von hier aus gelangt Freud zur zweiten Phase: denn er kann, um den Begriff der Bindung zu fassen, nicht umhin, zu dem der *Wiederholung* zurückzukehren. Die Bindung ist als zeitlicher Prozeß nur in dieser Form der Wiederholung zu fassen. Diese jedoch bringt Freud zu einem Jenseits des Lustprinzips, in jegwedem Sinne verstanden, denn dieses weist zurück auf (und ist abhängig von) etwas, das ihm selbst vorausgeht, und das also vor aller Bindung von Energie liegt. Wenn die Wiederholung ein notwendiger Aspekt der Bindung von Energie und somit des Lustprinzips ist, so zersetzt sie dennoch dieses "Prinzip", indem sie einen Raum eröffnet, der diesem nicht nur zeitlich, sondern auch logisch und strukturell vorausgeht. Für die Bindung unverzichtbar und doch gleichzeitig außerhalb ihrer Grenzen liegend, enthüllt die Wiederholung, daß die treibenden Kräfte grundlos sein können.

Daß uns Freuds Bemühen, ein grundlegendes Prinzip für die psychischen Vorgänge zu finden, nicht zu einem Grund, sondern zu einem *Abgrund* (oder prosaischer, einem infiniten Regreß) führt, wird von Deleuze als Zeichen einer "wahrhaft philosophischen und wesentlich "transzendentalen" Reflexion" gedeutet.[4] Transzendentales Denken gilt ihm als Unvermögen, etwas sein zu lassen: d.h. als Unmöglichkeit, dort anzuhalten, wo es ihm gefällt - z.B. bei der Entdeckung des Eros. Stattdessen wird es aus seinem eigenen Antrieb heraus trotz dieser genehmen und Sicherheit gebenden Entdeckungen in den "grundlosen" Abgrund gedrängt.

Der Todestrieb ist für Deleuze genau solch eine aporetische Vorstellung und damit wahrhaftes Zeichen transzendental-philosophischer Spekulation. Freud, getrieben, zum Grund des Lustprinzips vorzustoßen, kommt auf die

[4] *ibid.*, S. 258.

Idee der Bindung zurück, die ihn aufs Neue zur Wiederholung und schließlich zum Äußersten, zum Todestrieb drängt.

Diese Deutung von Freuds Denkbewegung hat das Verdienst, seine spekulative Aktivität zu seinem scheinbar weniger spekulativen, eher empirischen oder klinischen Werk, das ihr vorausging, in eine notwendige Beziehung zu setzen. Insofern jedoch Deleuze sich anheischig macht, den aporetischen Begriff der Wiederholung an die Stelle des Transzendentalsubjekts zu setzen, welches Freuds Denken bestimme, riskiert er, es genau derjenigen Philosophie anzugleichen, die es unaufhörlich infragestellte. Gerade das Besondere des psychoanalytischen Denkens läuft Gefahr, in dem Maße zu verschwinden, wie das Unbewußte mit einem "transzendentalen" Subjekt gleichgesetzt oder als ein solches definiert wird, wie immer aporetisch und "grundlos" es auch sein mag. "Überschreiten" ("to transgress") ist nicht unbedingt dasselbe wie "Transzendieren" ("to transcend"). Um ihren Unterschied zu erkennen, müssen wir lediglich nachvollziehen, wie Freuds Spekulation in *Jenseits des Lustprinzips* sich von ihrer Grundlage entfernt:

> Was nun folgt, ist Spekulation, oft weitausholende Spekulation, die ein jeder nach seiner besonderen Einstellung würdigen oder vernachlässigen wird. Im weiteren ein Versuch zur konsequenten Ausbeutung einer Idee, aus Neugierde, wohin dies führen wird. (G.W. XIII, 23)

Folgt man Deleuze, wäre hier Freuds *Neugierde* ein Beispiel für die transzendentale Form des Denkens, der es eigen ist, ihr Objekt so unerbittlich zu verfolgen, bis es sich im bodenlosen, aporetischen Abgrund wiederfindet. Freud jedoch gibt uns für sie eine davon völlig verschiedene Erklärung. In seinen *Drei Abhandlungen zur Sexualtheorie*, wo zum ersten Mal *der Wißtrieb** Thema wird, betont Freud: "Nicht theoretische, sondern praktische Interessen sind es, die das Werk der Forschertätigkeit beim Kinde in Gang bringen." (G.W. V, 95)

Und zumindest aus dieser Perspektive ist nichts weniger gewiß als die allgemein geteilte Überzeugung, die "praktischen Interessen" im Streben und Forschen der Erwachsenen seien *weniger* entscheidend. Wenden wir uns daher Freuds Erklärung der "praktischen Interessen", welche die frühe Entwicklung des "Wißtriebes" leiten, zu. Die schon in den ersten "Sexualtheorien" des Kindes wirksamen Interessen zeigen, daß die Beschäftigung mit der Herkunft Teil der narzißtischen Anstrengung des Ich ist, seine Identität durch "Ausweichen in die Zeitlichkeit", d.h. dadurch daß es vom Anderen, dem Ursprung, dem Verlust oder der Trennung, erzählt, zu festigen. Das Phantasma des mütterlichen Phallus repräsentiert die Differenz als Abwesenheit, das Andere als eine Spielart des Selben und das Wiederholen als ein Wiedererkennen. Damit wird der für die Selbstdarstellung des Ich unverzichtbare narzißtische Begriff eines ursprünglichen Bandes oder der primären Bindung durch ein unsichtbares, verborgenes Objektes dargestellt, welches das Kind wiederzuentdecken oder zu enthüllen versucht.

Wenn diese Wißbegierde und Neugier - die *Forschertätigkeit** des Kindes - zwangsläufig zur Krise der Kastration führt, und mit ihr zur Wiederbefestigung des Ich, dessen narzißtische Identität jedoch für immer entfremdet bleibt, so ist dieser Vorgang (wie wir für Freuds zweite Topologie gezeigt haben) gleichwohl grundverschieden von der "grundlosen Kluft", an die Deleuze - aber auch Lacan - zu denken scheinen. Aber Vorstellungen wie die eines "Abgrundes" oder einer "béance" liegen immer noch innerhalb der phantasmatischen Kreisbahn eines Narzißmus, der bestrebt ist, sich das Andere wieder eigen zu machen, indem er dieses in Gegensatzpaaren organsiert (Fülle/Leere, Anwesenheit/Abwesenheit, sichtbar/unsichtbar). Vor allem Deleuze' Begriff der "transzendentalen Spekulation" bleibt einer Form narzißtischer Erzählung verhaftet, welche von Freuds zweiter Topologie an einen neuen Ort verschoben wird. Wenn die Entwicklung bis zur "Kastration" eine Geschichte enthält, die von den "Sexualtheorien" des Kindes vollkommen verschieden ist, dann kann dieser Unterschied weder in Begriffen einer "transzendentalen" Logik noch in denen eines reinen "Signifikanten" beschrieben werden. Denn diese Geschichte erzählt weder von einem (abwesenden) Ursprung noch von einem Abgrund: Vielmehr führt sie an einen anderen Ort, in Gebiete, die einerseits mehr und andererseits weniger determiniert sind, als jegliche negative Ontologie oder Epistemologie zu beschreiben hoffen kann.

In diesen Gebieten fehlt ein bestimmter Narzißmus in gewissem Sinne niemals, obwohl seine Rolle alles andere als souverän ist. Gerade dieses Fehlen jedoch wurde von der Lacanianischen und Post-Lacanianischen Tendenz, die Spekulation des Todestriebes als transzendentalen Prinzips der psychoanalytischen Theorie aufzurichten, in Kauf genommen. Dabei hat sie allzugern übersehen, daß, für Freud zumindest, Narzißmus und Spekulation nie vollständig zu trennen sind. Die Möglichkeit, daß der Weg, dem Freud in seiner Wendung zunächst zum Wiederholungszwang und dann zum Todestrieb folgte, seinerseits Teil einer originär narzißtischen Erzählung von den Ursprüngen sein könnte, hat bei den französischen Freudianern noch weniger Beachtung gefunden als bei ihren anglo-amerikanischen Gegenspielern.[5]

Beide Gruppen aber waren sich einig, daß Freud den Todestrieb als Alternative oder gar Gegengift zur Macht, die von der Theorie des Narzißmus über sein Denken ausgeübt wurde, artikuliert habe. So bestimmt Lacan, den Todestrieb als Verkörperung der Beziehung des Subjekts zum Signifikanten und folglich als Paradigma der "symbolischen" Ordnung des Begehrens. Und diese setzt er implizit oder explizit dem "imaginären" Reich

---

[5] Eine bemerkenswerte Ausnahme bildet Jacques Derridas Auseinandersetzung mit *Jenseits des Lustprinzips*, in *Die Postkarte, II. Lieferung*, Berlin 1987.

des narzißtischen Ich, dem selbst-entfremdeten und notwendiger selbst-entfremdenden *moi* entgegen.[6]

Der Versuch jedoch, den Todestrieb als eine radikale Alternative zum Narzißmus zu begreifen, geht weit über die Grenzen Lacanianischer Orthodoxie hinaus. Jean Laplanche, der mit Recht davor warnt, das Problem des Ich mit der Kritik der Ich-Psychologie als gelöst (oder getilgt) anzusehen, hat die Einführung des Todestriebes durch Freud als einen Versuch beschrieben, sein Denken, das in Gefahr war, vom Begriff des Narzißmus fasziniert zu sein, ins Gleichgewicht zu bringen.[7] Auch für Deleuze ist der transzendentale Charakter der Spekulation Freuds über den Todestrieb, wenn auch nicht ausdrücklich, dem identifikatorischen Moment des Narzißmus entgegengesetzt.

Andererseits unterstützt die eher traditionelle Haltung gegenüber dem Todestrieb dieselben Vorlieben, nur unter umgekehrten Vorzeichen. Jones, zum Beispiel, argumentiert, die Entdeckung des Narzißmus stehe in Gegensatz zur Hypothese des Todestriebes und führe Freud zu "Ideen ... ganz anderer Art", womit er die zweite Topologie von Ich, Es und Über-Ich meint. Nach Jones überlappen sich diese beiden entgegengesetzten Tendenzen in Freuds Denken ausschließlich in der persönlichen Psychologie von Freud selbst. Indem er jedes stringente theoretische Interesse am Todestrieb leugnet, ist dieser für ihn vornehmlich ein Symptom von Freuds persönlicher Bemühung, den (narzißtischen) Glauben an seine eigene Unsterblichkeit durch eine theoretische Konstruktion zu bewahren, die einer sublimierten "Introjektion" der "Vater-Imago" gleichkomme. So lenkt und dominiert für Jones der Narzißmus tatsächlich die Vorstellung des Todestriebes; aber obwohl er zu diesem Schluß nur in Hinblick auf Freuds Persönlichkeit kommt, legt seine Interpretation - besonders im Vergleich mit derjenigen von Deleuze - eine andere Möglichkeit nahe: die Hypothese des Todestriebs erscheine nicht nur als Symptom von Freuds (individuellem) Begehren, sondern auch und vor allem als Ergebnis der Erfordernisse seines wie des psychoanalytischen Denkens insgesamt. Demgemäß würde die Macht des Narzißmus nicht nur das Symptom eines individuellen Subjekts, nämlich "Freuds", umfassen, sondern vielmehr das theoretische Projekt der Psychoanalyse überhaupt, das ihre Grenzen aufs Spiel setzt.

Gewissermaßen stellt das, was hier nun auf dem Spiel steht, die Möglichkeit dar, das, was Deleuze das "transzendentale" Wesen der Spekulation genannt hat, mit Hilfe eines bestimmten Begriffs des Narzißmus neu zu durchdenken. Es ist ein Begriff, der in den Schriften Freuds niemals völlig geklärt wird, aber umso stärker wirkt, als er in einigen Teilen zumindest

---

[6] Zu Lacans Unterscheidung von "Imaginärem" und "Symbolischen" cf. S. Weber, *Rückkehr zu Freud. Jacques Lacans Ent-stellung der Psychoanalyse*, Frankfurt/M. - Berlin - Wien 1978.

[7] J. Laplanche, *Leben und Tod in der Psychoanalyse*, Olten und Freiburg i.Br. 1974.

unausgesprochen bleibt. Dieser Vermutung will die folgende Lektüre nachgehen.

Beginnen wollen wir also mit dem Begriff der Bindung, der, wie Deleuze zu Recht betont hat, einen Prozeß der Wiederholung voraussetzt. Dieser jedoch besitzt einen Aspekt, den Deleuze nicht erwähnt, vielleicht weil er sich von selbst zu verstehen scheint. Betrachten wir ihn jedoch genauer, werden wir erkennen, daß dieses Element im Prozeß der Bindung ein unverzichtbarer Bestandteil des Lustprinzips selbst ist. Denn die konkrete Form, welche die Wiederholung hier annimmt, ist die der *Vorstellung**: Wenn sich psychische Energie von anderen Formen der Energie durch ihre Eigenschaft, gebunden (oder bindbar) zu sein, unterscheidet, so ist das, *woran* sie gebunden ist, eine Vorstellung. Dies gilt sogar für den Primärvorgang, trotz Freuds Hervorhebung der "ungebundenen" Qualität der psychischen Energie in diesem Stadium. Denn die Gegenüberstellung von Primär- und Sekundärvorgang ist nach Freud ein Unterschied bloß dem Grade, nicht der Art, nach, soweit es sich jedenfalls um das Problem der Bindung handelt. Denn sogar die Instabilität der Besetzungen im Primärvorgang ist nicht absolut sondern nur relativ zur größeren Stabilität im Sekundärvorgang. Der "Primär-"Vorgang ist nicht einfach primär, sondern hängt - psychologisch und logisch - vom Sekundärvorgang ab, so wie wir es bereits zeigen konnten.[8]

Freud sieht dieses Problem schon von Anfang an. In der *Traumdeutung* untersucht er die Wechselbeziehung zwischen Bindung, Wiederholung und Vorstellung im Primärvorgang:

> Diese erste psychische Tätigkeit zielt also auf eine W a h r n e h m u n g s i d e n t i t ä t, nämlich die Wiederholung jener Wahrnehmung, welche mit der Befriedigung des Bedürfnisses verknüpft ist. (G.W. II/III, 571)

Der Primärvorgang strebt folglich trotz (oder wegen) seiner ungebundenen Qualität danach, eine Wahrnehmungsidentität herzustellen, d.h. eine Vorstellung, die eine frühere Wahrnehmung wiederholt und für das Wiedererkennen empfänglich macht. Diese Erklärung jedoch läßt zwei Fragen offen: Erstens, wenn die frühere Wahrnehmung als mit "der Befriedigung des Bedürfnisses *verknüpft**" gilt, welche Faktoren sind bei der Entstehung dieses Bandes wirksam? Außerdem weist der scheinbar spontane Charakter dieser *Verknüpfung** auf zwei Elemente hin, die für Freuds Weise, das Lustprinzip zu verstehen, unumgänglich sind: sowohl die Entladung als auch Vorstellungen. Diese beiden Elemente scheinen in der Tat zu konvergieren, da die Bildung von Vorstellungen nicht nur als *Bedingung* für Entladung erscheint, sondern vielmehr dazu neigt, mit der Entladung selbst zu verschmelzen.

---

[8] *Cf.* die Analyse des Primär- und Sekundärvorgangs im ersten Teil dieses Buches.

Die zweite Frage, die hieraus folgt, lautet: Welche Beziehung besteht genau zwischen der Tendenz zur Bindung, zur Herstellung von Wahrnehmungsidentitäten (oder - denn dies scheint gleichwertig zu sein - mit der Erzeugung von Vorstellungen), und derjenigen, Entladung oder Herabsetzung von Spannung zu suchen? In welchem Sinn ist die Bindung psychischer Energie in einer Vorstellung mit der Entladung vereinbar oder sogar förderlich? Einmal formuliert, gewinnt dieses Problem immer deutlichere Konturen in Freuds Denken, sofern nämlich die Verbindung zwischen "Befriedigung" und Wahrnehmung (oder Vorstellung) die Matrix für die Ausarbeitungen aller weiteren Prozesse von Bindung und Wiederholung darstellt.

Wenn also die Bindung psychischer Energie nicht nur die Entladung bedingt, sondern mit ihr selbst identifiziert werden kann, so gelingt dies nur, weil das, was Freud als *Abfuhr** von Energie beschreibt, nicht unter rein ökonomischen Begriffen - etwa als quantitative Herabsetzung von Spannung - gefaßt werden kann. Es muß vielmehr topisch gefaßt, d.h. auf besondere psychische Systeme oder Orte bezogen werden. Dies führt Freud zu seinem ersten topologischen Schema von Primär- und Sekundärvorgängen. Diese Topologie jedoch ist offenbar nicht in der Lage, die Beziehung zwischen dem Begriff der Entladung und dem der Bindung, zwischen der Herabsetzung von Spannung und der Besetzung von Vorstellungen, zu erklären. Erst Freuds zweite Topologie, deren Begriffe nicht nur den Konflikt beschreiben, sondern selbst konfliktgeladen sind, kommt einer Antwort auf dieses Problem näher. Das besondere System, für das die Bildungen (Besetzungen) von Vorstellungen in und an sich selbst lustvoll sein können und die Entladung von Energie oder die Herabsetzung von Spannung enthalten - dieses System kann nur der grundlegend ambivalente, organisierte Teil der Psyche sein, den Freud das Ich nennt. Wenn sich dieses Ich durch narzißtische Identifikationen organisiert, dann stellt die Bildung von Wahrnehmungs*identitäten* den ersten und unverzichtbaren Schritt in diesem Prozeß dar. Eindrücke, Stimuli und Spannungen werden identifizierbar durch einen Prozeß der Wiederholung, in welchem das Wiederholte zunehmend als das Selbe wahrgenommen wird. "Erinnerung" - "*remembrance*" - verweist buchstäblich auf die disparaten Eindrücke, aus denen Wahrnehmungsobjekt wie Wahrnehmungsidentität bestehen (die deshalb niemals unmittelbar dem Bewußtsein gegenwärtig, sondern immer schon ein Produkt des Gedächtnisses sind). Aber indem das Ich so das Objekt (neu-)bildet, setzt es sein Selbst zusammen. Und das Ringen um Ordnung schließt zumindest in der Anfangsphase die Herabsetzung des Anderen und die Unterordnung der Differenz unter die Identität mit ein. Im Verlaufe dieser Auseinandersetzung, der Bildung von Wahrnehmungsidentitäten überhaupt, wird der Prozeß der Objektbildung und des Erkennens, das er enthält, zur Quelle narzißtischer Lust für das Ich, d.h. den Teil der Psyche, der an der Bildung des eigenen Selbst arbeitet.

Nichts davon ist bei Freud ausdrücklich gesagt; überall jedoch implizit enthalten. Zum Beispiel in einer Fußnote zu Beginn von *Jenseits des Lustprinzips*, wo er bemerkt: "Das Wesentliche ist wohl, daß Lust und Unlust als bewußte Empfindungen an das Ich gebunden sind." (G.W. XIII, 7). Noch ist freilich nicht geklärt, ob Lust und Unlust als vom Ich unabhängig wirkende begriffen werden können. Die Frage bleibt, ob die "Herabsetzung der Spannung" außerhalb des Prozesses analysiert werden kann, in dem sich das Subjekt in die Lage bringt, das Selbe zu erkennen: als wahrgenommenes Objekt, das einen festen Platz besetzt, und sodann als Ort, den es wiederum *besetzen** kann.

Diese Fragen kommen einer kritischen Überprüfung der üblichen Vorstellung von Freuds Denken als einem dualistischen, das mit Gegensatzpaaren, wie Primär-/Sekundärvorgang, Lust-/Realitätsprinzip, arbeitet, gleich; es sind diese Oppositionen, die innerhalb der konflikthaften Kontinuität der narzißtischen Ambivalenz neu verortet werden müssen. Freuds Denken folgt nicht einer statischen Dualität von Oppositionen, sondern dem Paradigma einer dynamischen Uneinheitlichkeit, deren organisierter, wenngleich zwiespältiger Teil der Narzißmus ist. "Lust" zeigt sich so nicht mehr als das Attribut eines selbst-identischen Systems, sondern vielmehr als eine Funktion der Anstrengung, ein solches System allererst zu organisieren. Lust muß als eine Funktion des Narzißmus - und somit des Ich - gedacht werden.

An Freuds Theorie des Spiels haben wir bereits gezeigt, daß die vorgeblich "reine" Lust, die das Kind aus dem Spiel von *Wiederholung* und *Wiedererkennen* gewinnt, nicht, wie Freud glaubt, der späteren Entwicklung des rationalen, kritischen Intellekts entgegengesetzt werden kann. Denn diese führt nur den narzißtischen Prozeß des Wiedererkennens und Wiederholens des Selben fort, den bereits das von ihr verdrängte Spiel enthält. Es ist die Form der Erkenntnis, die wechselt, nicht aber ihre wesentliche Funktion. Das Entscheidende ist die Fähigkeit zu identifizieren, zu erkennen, das Selbe zu wiederholen, zunächst in der *Form* des Wortes, dann in der des *Objekts*, auf das es abzielt. Allein der Prozeß der Identifikation erlaubt die genaue Bestimmung dieser Unterschiede, ohne sie in irgendeiner Weise zu ignorieren: als Anwachsen der Kraft, das Selbe in der Differenz zu erkennen (oder, andere gesagt, als Anwachsen der Macht, auszuschließen und unterzuordnen, zu *verdrängen*). Die Bildung von Worten und letztlich von Begriffen setzt somit der präverbalen wie verbalen Lust des Spiels (wie z.B. der Lust am Wiedererkennen von phonetischen und graphischen Ähnlichkeiten) nicht einfach ein Ende, sondern vergrößert die narzißtische Lust des Ich, indem sie die "Beherrschung" ausweitet und den Zugriff auf das

Andere verstärkt, mit der Absicht, diesem Anderen durch Worte eine Identität zu verleihen.

Wenn Freud also in der *Traumdeutung* das rationale Denken als "Ersatz des halluzinatorischen Wunsches" (G.W. II/III, 572) beschreibt, dann nicht einfach in einem begrenzten, funktionalistischen Sinn (sowohl die halluzinatorische Wunscherfüllung als auch das Denken haben dasselbe Ziel, die Herabsetzung von Spannung), sondern deshalb, weil Gedanke wie Wunsch diesem Ziel mit gleicher Universalität entgegenstreben: nämlich der identifikatorischen Aneignung des Anderen im Dienste der narzißtischen Konstitution des Ich.

Wir brauchen diese Interpretation nur derjenigen von Deleuze gegenüberzustellen, um deren Probleme gewahr zu werden. Für Deleuze ist das, was in der Freudschen Spekulation, d.h. in der Bahn, der jene von der Bindung über die Wiederholung bis zum Todestrieb folgt, wirkt, nicht weiter analysierbar: Sie gilt ihm als eine "transzendental-philosophische" Spekulation, als Suche nach einer Begründung, die sich unaufhaltbar in den Abgrund des Grundlosen wie Unergründlichen hinabstürzt. Was sich im Gegensatz dazu in unserer Lektüre zeigte, ist ein Aspekt der Spekulation, den Freud bei anderen gerne kritisierte, in seinem eigenen Werk aber zu rechtfertigen nicht aufhörte: das narzißtische Streben, das Selbe wiederzuentdecken. Somit treibt das frühere Moment, das jede Wiederholung notwendig voraussetzt, uns nicht wie Deleuze ins Unergründliche, sondern zu einem wohl bestimmteren, wenn auch zwiespältigen Narzißmus des Ich als der ambivalenten Bedingung des "Lustprinzips".

Wenn also die Wiederholung zum Narzißmus führt, wie steht es dann um den Todestrieb? Benennt oder skizziert er etwas davon völlig Verschiedenes? Die französische Freud-Diskussion bezieht sich zur Bestärkung einer positiven Antwort auf diese Frage oft auf die "Stummheit", die Freud dem Todestrieb zugeschrieben hat, nämlich, "daß die Todestriebe im wesentlichen stumm sind und der Lärm des Lebens meist vom Eros ausgeht" (G.W. XIII, 275). Welche mögliche Rechtfertigung kann es - aus einer Freudschen Perspektive - dann für den Vorschlag geben, "diese transzendentale und stumme Instanz" (Deleuze) wäre eben eine andere Form der narzißtischen Sprache des Ich?

Vielleicht nur diese: Wenn wir genau zuhören oder eher, wenn wir aufmerksam lesen, fällt uns auf, daß die *Stummheit** des Todestriebs immer schon für sich selbst spricht; sie hängt zwangsläufig von einem anderen Diskurs ab, der sichtbar oder hörbar ist. Und dieser Diskurs ist alles andere als unschuldig oder neutral, wie sehr er auch versuchen mag, sich gegenüber der "Stummheit", die er artikulieren will, auszulöschen. Der Todestrieb mag stumm sein, aber seine Artikulation in einem theoretischen und spekulativen Diskurs ist es nicht. Auf der Stummheit von etwas zu bestehen, *für* das man gleichzeitig spricht, ist, was immer es sonst auch sein mag, ein theoretisches *Fort-Da**-Spiel par excellence: Jetzt siehst du es - jetzt nicht mehr. Überdies lebt ein solches Spiel nicht ohne seine eigene besondere Geschichte, wie wir bald feststellen werden.

Folglich war das stumme Pathos des Todestriebes abhängig von einem bestimmten Nicht-Lesen des Textes, in dem jenes zu finden ist. Nur ein solches Nicht-Lesen konnte die Übertragung des *Todestriebes** in einen *Begriff*, in ein *maître-mot*, das eine Bewegung beendet, plausibel werden lassen, und sei es als . . . unbeendbare.

Denn nur ein solches Nicht-Lesen konnte die Art und Weise außer Acht lassen, in der der Trieb, der Freud zur Wiederholung jenseits des Lustprinzips bzw. zum Todestrieb jenseits der Wiederholung treibt, ihn auch dazu drängt, sich jenseits des Todestriebs "selbst" zu einem völlig anderen "Ort" zu begeben, welcher mit Deleuze' transzendentalem *Abgrund** wenig gemein hat. Dieser andere Ort ist zweifellos viel weniger "tief"; er ist noch nicht einmal "flach".

Aber sind wir nicht zu schnell, wo doch der Weg, den wir vor uns haben, Geduld erheischt? Beginnen wir unsere Neulektüre von *Jenseits des Lustprinzips* mit Freuds Darstellung der Wiederholung, aber auch und vor allem mit deren *Zwang**, der zwingenden Macht, die sie ausübt. Neigt Deleuze dazu, schnell über die Frage der Erfahrung und der empirischen Beobachtung hinwegzugehen, um bei dem, was er für die wesentliche transzendentale Struktur der Wiederholung selbst hält, anzukommen, so gibt sich Freud im Gegensatz dazu etwas prosaischer. Er plaziert die Wiederholung in einem vertrauteren Feld, der analytischen Sitzung. Dieser Ort ist es wert, erwähnt zu werden, da Freud hier und nur hier entdeckt, was er für den schlüssigen Beweis der Existenz von Wiederholungsphänomenen hält, die sich der Macht des Lustprinzips widersetzen. Die genaue Stelle, an dem diese Evidenz auftaucht, die Szene des Wiederholungszwangs, ist keine andere als die der psychoanalytischen Übertragung:

> Der Kranke kann von dem in ihm Verdrängten nicht alles erinnern, vielleicht gerade das Wesentliche nicht, *und erwirbt so keine Überzeugung von der Richtigkeit der ihm mitgeteilten Konstruktion*. Er ist vielmehr *genötigt*, das Verdrängte als gegenwärtiges Erlebnis zu *w i e d e r h o l e n*, anstatt es, wie der Arzt es lieber sähe, als ein Stück der Vergangenheit zu e r i n n e r n. (G.W. XIII, 16; *kursive Hervorhebungen von S.W.*)

Der Zwang ist hier genau der, durch den vergangene Erfahrungen wiederholt, anstatt erinnert (d.h. als Erinnerungsvorstellung erkannt) werden. Aber die Kraft der Übertragung wird durch ihre Macht spürbar, das Gedächtnis des Analysanden zu umgehen; und ebenso wichtig ist die Art und Weise, wie die Wiederholung der Übertragung sich "dem Arzt" selbst aufzwingt, der "es lieber sähe", wenn der Patient sich erinnerte, statt die Vergangenheit unbewußt zu wiederholen. Das Ziel des Analytikers ist es, die Erkenntnis der Wiederholung zu befördern:

> Er ... hat dafür zu sorgen, daß ... die anscheinende Realität doch immer wieder als Spiegelung einer vergessenen Vergangenheit erkannt wird. (G.W. XIII, 17)

Die Wiederholung, die vom Analytiker gewollt wird, ist eine, in der sie als solche erkannt und die Vergangenheit als Vergangenheit wiederholt, d.h. erinnert und identifiziert wird. Diese Bestimmung der Wiederholung - als Gegenstand des Erkennens und identisch mit sich selbst - gibt dem Analytiker das "Maß von Überlegenheit", das Freud in seiner (früher zitierten) Betrachtung über die Polemik als wesentlichen Aspekt der analytischen Situation ansah. Jetzt nehmen wir jedoch mit Freud zur Kenntnis, daß gerade der Hebel der Analyse - die Übertragung - dazu tendiert, diese "Überlegenheit" in Frage zu stellen. Was die Analyse ermöglicht, gefährdet sie zugleich. Denn Übertragung heißt die Neigung, nicht nur zu wiederholen, ohne es zu wissen, sondern auch der Anstrengung des Analytikers zu widerstehen, (Wieder-)Erkennen zu ermöglichen, z.B. durch die Konstruktion einer Deutung. In dem Maße, wie der Analysand der Macht der Übertragung unterworfen ist, hat er oder sie die Wahl, die "mitgeteilte Konstruktion" zu verwerfen oder beiseitezuschieben und damit dem Willen oder Wunsch des Analytikers zu widerstehen. Genau hier scheint Freud eine wiederholende Macht wahrzunehmen, die dem Lustprinzip widersteht:

> Die neue und merkwürdige Tatsache aber, die wir jetzt zu beschreiben haben, ist, daß der Wiederholungszwang auch solche Erlebnisse der Vergangenheit wiederbringt, die keine Lustmöglichkeit enthalten, *die auch damals nicht Befriedigungen, selbst nicht von seither verdrängten Triebregungen, gewesen sein können*. (G.W. XIII, 18; *Hervorhebungen von S.W.*)

Wenn Freud diese Phänomene der analytischen Übertragung etwas überstürzt als von Erfahrungen abgeleitet deutet, die niemals Quelle der Lust haben sein können, und deren Wiederholung deshalb das Lustprinzip in Frage stellt, so ist das, was seine Darstellung textuell entfaltet, etwas völlig anderes. Denn die Lust, der die Übertragung des Patienten widersteht oder trotzt, ist nicht die einer hypothetischen Vergangenheit, über die jede Aussage nur eine Mutmaßung sein kann, sondern vielmehr die des Analytikers selbst, der seine deutenden Konstruktionen von einem Patienten verworfen oder abgelehnt sieht, und der sich weigert, die Wiederholung als das zu erkennen, was sie ist: ein Mehr vom Selben. Stattdessen besteht dieser darauf zu wiederholen, ohne es zu wissen. Was die Wiederholungen der Übertragung somit in Frage stellen, ist dann nicht das Lustprinzip als solches, sondern die Lust des Analytikers.

Aber wenn das Begehren des Analytikers somit in seine Übertragungsbeziehung mit dem Patienten hineinspielt, und wenn die Lust, seine Deutung als korrekt anerkannt zu sehen, hierbei vom Analytiker verleugnet wird, so ist ihm noch eine andere Lust zugänglich, besonders wenn sein Name Freud lautet: Die Lust, das zu erkennen, was hinter der Weigerung des Patienten einzusehen steht. Gerade der Mangel an Einsicht beim Analysanden wird nun zum Objekt einer neuen Erkenntnis des Theoretikers. "Die neue und merkwürdige Tatsache", mit der Freud uns konfrontiert, besteht in der Überzeugung, daß diese Wiederholungen ihre Kraft nicht aus dem Ich ziehen - das sonst die einzige Quelle des "Widerstandes" ist - sondern aus dem *"unbewußten Verdrängten"** (*ibid.*). Für Freud scheint es selbstverständlich zu sein, daß das Ich des Analysanden niemals die Kraft haben könnte, dem Begehren des Analytikers mit einer solchen Hartnäkkigkeit zu widerstehen, wenn es nicht von anderen, noch stärkeren Kräften unterstützt würde.

Und doch, indem er versucht, diese Kräfte zu lokalisieren - zumindest im innerpsychischen Bereich - kann er nicht umhin, sich selbst zu widersprechen, da er den Wiederholungszwang eine "Kraftäußerung des Verdrängten" (*ibid.*) nennt. Der Widerspruch ist offensichtlich: denn wenn die Erfahrungen oder Vorstellungen, die wiederholt werden, keine Quelle der Lust gewesen sein können, nicht von sich aus, *"selbst nicht von seither verdrängten Triebregungen"**, dann ist es schwierig einzusehen, wie diese Wiederholung etwas mit der Verdrängung zu tun haben könnte. Denn nichts wird jemals "verdrängt", das nicht auf irgendeine Weise Objekt des Begehrens und somit eine mögliche Quelle der Lust ist.

Man könnte vermuten, daß es gerade diese Widersprüche waren, die Freud veranlaßten, sich jenseits des Lustprinzips zu begeben. Doch der Text dieser Studie bietet keine ausdrückliche Unterstützung für diese Vermutung: Freud scheint niemals die Probleme erkannt oder reflektiert zu haben, die von seiner Beschreibung des Wiederholungszwangs als Effekt der Verdrängung oder als unabhängig vom Lustprinzip aufgeworfen werden. Auch relativiert oder mildert er gar diese Aussagen nicht. Er läßt sie vielmehr einfach fallen. So erinnert seine Vorgehensweise an den Mechanismus der *Isolierung*, der dem Ich eine Alternative zur Verdrängung bietet.

Einen möglichen Grund für dieses merkwürdige Fallenlassen finden wir, wenn wir darauf achten, wohin die Betonung der Wiederholung unvermeidlich führt: zu einer Diskussion des "kindlichen Sexuallebens" und mithin zu einem Bereich, der - bis zu diesem Punkt zumindest - jenseits der Herrschaft des Lustprinzips und der Herrschaft des Narzißmus undenkbar gewesen ist. "Das Mißlingen" der kindlichen Sexualstrebung, "der Liebesverlust ... hinterließen eine dauerhafte Beeinträchtigung des Selbstgefühls als narzißtische Narbe", so schreibt Freud, um sodann den Wiederholungszwang aus diesen narzißtischen Niederlagen herzuleiten: "Es gibt hier einige wenige Typen, die regelmäßig wiederkehren ... ." (G.W. XIII, 19)

Aber ein von den "Narben" des Narzißmus herrührender Wiederholungzwang führt in und an sich selbst kaum zu einem entscheidenden Schritt jenseits des Lustprinzips. So hängt alles davon ab, wie diese Narben begriffen werden. Zunächst scheint es so, als verstehe sie Freud hier extrem realistisch: "Die körperliche Entwicklung des Kindes" wird verantwortlich für diese Niederlagen gemacht, die seinem Narzißmus zugefügt wurden. Daraus könnte man den Schluß ziehen, daß es für den Erwachsenen um so einfacher sei, sie zu überwinden. Dies ist jedoch selten der Fall, fährt Freud fort. Andernfalls wäre der Wiederholungszwang nicht so weit verbreitet, wie es der Fall ist, und Freud zitiert daher eine Vielzahl von Beispielen aus dem "Leben nicht neurotischer Personen". Überall scheint Freud den Beweis, den er sucht, zu finden:

> So kennt man Personen, bei denen jede menschliche Beziehung den gleichen Ausgang nimmt: Wohltäter, die von jedem ihrer Schützlinge nach einiger Zeit im Groll verlassen werden, so verschieden diese sonst auch sein mögen, denen also bestimmt scheint, alle Bitterkeit des Undanks auszukosten; Männer, bei denen jede Freundschaft den Ausgang nimmt, daß der Freund sie verrät; andere, die es unbestimmt oft in ihrem Leben wiederholen, eine andere Person zur großen Autorität für sich und auch für die Öffentlichkeit zu erheben, und diese Autorität dann nach abgemessener Zeit selbst stürzen, um sie durch eine neue zu ersetzen; Liebende, bei denen jedes zärtliche Verhältnis zum Weibe dieselben Phasen durchmacht und zum gleichen Ende führt usw. (G.W. XIII, 20f.)

Überall findet Freud ... das *Selbe*: dieselbe Geschichte des Undanks, des Verrats, der Unbeständigkeit, der Liebe - wie das Kind, das, da es nicht findet, wonach es sucht, dazu verurteilt ist, eben diese Suche als Erwachsener auf ewig zu wiederholen. Natürlich ohne es zu wissen. Genau hier betritt der Analytiker die Szene: er *weiß*, wonach er und auch der andere suchen. Denn der Analytiker kennt alle diese Geschichten, kennt sie alle als die Geschichte des Selben. Und wenn das Wissen des Analytikers vom Patienten verworfen oder ignoriert wird, dann ist auch dies ein Teil der alten Geschichte: "Übertragung", "Widerstand". Und wenn sich dieser Widerstand allen Bemühungen des Analytikers, eine Heilung zu erreichen, widersetzt, dann "stürzt" dieser aus seiner Machtposition heraus selber "diese Autorität", die er eingesetzt hat, das Lustprinzip, und ersetzt "sie durch eine neue", den Wiederholungszwang. Aber diese neue ist in Wirklichkeit - wie in der Geschichte, die Freud erzählt - nur ein Mehr vom Selben.

Freud setzt also seine Erzählung von Geschichten fort, die nicht aus der Erfahrung des Psychoanalyse, sondern aus dem "Leben normaler Leute" stammen:

> Man denke zum Beispiel an die Geschichte jener Frau, die dreimal nacheinander Männer heiratete, die nach kurzer Zeit erkrankten und von ihr zu Tode gepflegt werden mußten. (G.W. XIII, 21)

Dieses Beispiel, so bemerkt Freud, ist noch eindrucksvoller als die vorausgegangenen, da es eine "*passive*" Erfahrung enthält, wobei das Subjekt keine Kontrolle über das wiederkehrende Schicksal hat, dem es begegnet.

Ist es ein Zufall, daß das Subjekt dieser Passivität weiblich ist? Alles, was die Frau in jedem dieser Fälle tun kann, ist, ihren Mann *zu Tode* zu pflegen (*nicht*, wie die Standard Edition übersetzt "on their death-beds"[9]). Und somit nimmt die erste verhüllte Erscheinung des "Todestriebs" in diesen Geschichten, die Freud erzählt, um die Allgegenwart des Wiederholungszwanges zu beweisen, die Gestalt von drei aufeinanderfolgenden Ehemännern an, von denen jeder von "jener Frau", die er geheiratet hat, "zu Tode gepflegt" wird.

Damit betritt, während Freuds anfängliche Geschichten von Männern, Verrat und Undank handelten, der Tod die Szene in Gestalt einer passiven Frau. In dieser Perspektive scheint die letzte Geschichte, die Freud nun erzählt, die vorausgegangen Erzählungen zu verdichten und abzuschließen:

> Die ergreifendste poetische Darstellung eines solchen Schicksalszuges hat T a s s o im romantischen Epos "Gerusalemme liberata" gegeben. Held Tankred hat unwissentlich die von ihm geliebte Clorinda getötet, als sie in der Rüstung eines feindlichen Ritters mit ihm kämpfte. Nach ihrem Begräbnis dringt er in den unheimlichen Zauberwald ein, der das Heer der Kreuzfahrer schreckt. Dort zerhaut er einen hohen Baum mit seinem Schwerte, aber aus der Wunde des Baumes strömt Blut und die Stimme Clorindas, deren Seele in diesen Baum gebannt war, klagt ihn an, daß er wiederum die Geliebte geschädigt habe. (G.W. XIII, 21)

Diese zweite Erzählung von Wiederholung und Tod ist nicht mehr zweideutig: Diesmal werden die Opfer nicht "zu Tode gepflegt", sondern getötet, obwohl "unwissend". Tankred ist so *aktiv*, wie es nur das Unbewußte sein kann: Er handelt, ohne zu wissen, und seine Tat besteht darin, die Frau, die er liebt, zu töten. Diese Geschichte bietet, indem sie auf diejenige des "Zu-Tode-Pflegens" folgt, ein merkwürdiges Gegenstück zu dieser. Der *Schicksalszug**, den sie, wie Freud behauptet, darstellt, ist nicht einfach die Wiederkehr des Geschicks, sondern ein wiederkehrendes Todesopfer, das mit einer Frau verbunden ist: entweder sie bringt den Mann um oder wird von ihm beseitigt. Aber es gibt nichts, das schwieriger loszuwerden wäre als diese hartnäckige Frau: Man tötet sie einmal, und ihre Seele kehrt in einen "Baum gebannt" zurück; man "zerhaut" diesen "hohen Baum mit seinem Schwerte", und eine Stimme kehrt zurück, um den Mörder anzuklagen. Die Aktivität des Subjekts in dieser letzten Geschichte besteht tatsächlich aus einer Wiederholung, aber was es aktiv wiederholt, ist die narzißtische Wunde, die niemals heilt, ohne Narben zu hinterlassen.

Freud erzählt die Geschichten dieser Narben, aber anstatt sie als Signal für etwas anderes zu lesen, gelten sie ihm als ein Mehr vom Selben, als Manifestation einer neuen und mächtigeren *Autorität*:

---

[9] "auf ihrem Totenbett" (*A.d.Ü.*)

> Angesichts *solcher Beobachtungen* aus dem Verhalten in der Übertragung und aus dem Schicksal der Menschen werden wir den Mut zur Annahme finden, daß es im Seelenleben wirklich einen Wiederholungszwang gibt, der sich über das Lustprinzip hinaussetzt. (G.W. XIII, 21; *Hervorhebung von S.W.*)

Obwohl Freud seine "Beobachtungen" sofort mit der Bemerkung schmälert, "daß wir die Wirkungen des Wiederholungszwanges nur in seltenen Fällen rein ... erfassen können" (G.W. XIII, 21), und daß, zumindest im Falle des Kinderspiels, der Wiederholungszwang sich mit "lustvoller Triebbefriedigung" "zu verschränken" scheint, hatten die Geschichten, die er erzählt, die entscheidende Wirkung, dem Zweifel Raum zu geben und die "vertrauten motivierenden Kräfte" des Lustprinzips in Frage zu stellen.

Für Freud sind die Geschichten also keine Varianten der Erzählung des Narzißmus, sondern der Beweis für etwas völlig Anderes. Und doch, wenn er versucht, diese Andersheit zu beschreiben, so erweist diese sich wiederum als ein Mehr vom Selben:

> Es bleibt genug übrig, was die Annahme des Wiederholungszwanges rechtfertigt, und dieser erscheint uns ursprünglich*er*, elementar*er*, triebhaft*er* als das von ihm zur Seite geschobene Lustprinzip. (G.W. XIII, 22; *Hervorhebungen von S.W.*)

Diese Geschichten haben für Freud ihre Schuldigkeit getan und die Voraussetzung für die Neugier geschaffen: "Wenn es aber einen solchen Wiederholungszwang im Seelischen gibt, so möchten wir gerne etwas darüber wissen." (*ibid.*) Nachdem somit das Unbeobachtbare "beobachtet" worden ist - die Abwesenheit des Lustprinzips in der Analyse und im Leben (*Fort!**) - kann nun die Suche nach dem, was dieses beiseite geschoben hat (*Da!**), beginnen.

Das Fort!*

Erst nachdem Freud diese Geschichten erzählt hat, die als Beobachtungen gelten, kann das Spiel der Spekulation ernsthaft beginnen. Bis hierher, so betont Freud, ist alles, einschließlich der Hypothese des Wiederholungszwanges, mehr oder weniger direkt aus der Beobachtung hergeleitet worden. Demgegenüber wird die Spekulation nicht von empirischen Daten bestimmt, sondern von der "konsequenten Ausbeutung einer Idee, aus Neugierde, wohin das führen wird" (G.W. XIII, 20).

Aber wodurch wird die Ausbeutung einer Idee "*konsequent*"*? Was bestimmt die Sequenz, die Folge der Gedanken, welche die "*Ausbeutung**" eines Gedankens bildet? Nichts, so scheint es, wenn nicht die Regel einer bestimmten Wiederholung selbst:

> Die Durchführung dieser Idee ist jedenfalls nicht anders möglich, als daß man mehrmals nacheinander Tatsächliches mit bloß Erdachtem kombiniert und sich dabei weit von der Beobachtung entfernt. (G.W. XIII, 64)

Die Idee des Wiederholungszwangs auszunützen, bedeutet zwangsläufig, sie immer wieder in ständig wechselnden Kombinationen zu wiederholen, womit diese sich immer weiter von der "Beobachtung" entfernen, welche ansonsten für Freud der Spekulation die Probe stellte - als Gegenstück zu deren narzißtischen Tendenz. Im Gegensatz zu einem Kriterium der Beobachtung, das ihr fehlt, kann die Spekulation, die den Zwang zur Wiederholung wiederholt, allein durch Folgerichtigkeit und Tragweite ihres eigenen Verfahrens - also durch die logische Regel des ausgeschlossenen Widerspruchs - sich leiten lassen. Denn ein derartiger Widerspruch erschwert, wie wir gesehen haben, die erste Identifizierung des Wiederholungszwangs als einer Kraft, die zum einen unabhängig vom Lustprinzip, zum anderen als Ausdruck der Macht des Verdrängten wirksam ist. Da die Verdrängung jedoch stets als eine Funktion der Herrschaft des Lustprinzips begriffen wird, ist Freud folglich durch das konsequenzlogische Prinzip dazu gezwungen, nach einer anderen Quelle für jene Kraft des Wiederholungszwanges zu suchen. Er sieht sie in den "regressiven" Tendenzen der Triebe, nicht nur die Spannung zu vermindern ("Lust"), sondern auch einen früheren Zustand wiederherzustellen (zu wiederholen). So *verzeitlicht* Freud das Lustprinzip und braucht sodann nur noch "die Annahme, daß alle Triebe Früheres wiederherstellen wollen, in ihre letzten Konsequenzen zu verfolgen" (G.W.

XIII, 39), um zur entscheidenden Ableitung des Wiederholungszwanges zu gelangen:

> Wenn also alle organischen Triebe konservativ, historisch erworben und auf Regression, Wiederherstellung von *Früherem*, gerichtet sind, so müssen ... [sie] den täuschenden Eindruck von Kräften machen, die nach Veränderung und Fortschritt streben, während sie bloß *ein altes Ziel* auf alten und neuen Wegen zu erreichen trachten. Auch *dieses Endziel* alles organischen Strebens ließe sich angeben. Der konservativen Natur der Triebe widerspräche es, wenn das Ziel des Lebens ein zuvor noch nie erreichter Zustand wäre. Es muß vielmehr *ein alter, ein Ausgangszustand* sein, den das Lebende einmal verlassen hat, und zu dem es über alle Umwege der Entwicklung zurückstrebt. Wenn wir es als ausnahmslose Erfahrung annehmen dürfen, daß alles Lebende *aus inneren Gründen* stirbt, ins Anorganische zurückkehrt, so können wir nur sagen: Das Ziel alles Lebens ist der Tod, und zurückgreifend: Das Leblose war früher da als das Lebende. (G.W. XIII, 39f.; *kursive Hervorhebungen von S.W.*)

Freuds Herleitung des Wiederholungszwanges folgt hier der Methode der wiederholenden Kombination, die wir als die der konsequenten Spekulation beschrieben haben: Zunächst werden die Triebe als auf die "Wiederherstellung von *Früherem* gerichtet" bestimmt; dieses Frühere wird dann teleologisch als "ein *altes* Ziel" neu definiert; der unbestimmte Artikel wird dann durch das bestimmtere Pronomen *dieses* ersetzt: "dieses Endziel", das seinerseits in der darauffolgenden Wiederholung noch bestimmter gesetzt wird als "ein alter, ein Ausgangszustand" des Lebens als solchen. Zum Schluß wird diesem Ausgangszustand der Eigenname "Tod" und ein eigener Ort zugewiesen: *da**, früher als das Lebende.

Die Wiederholung wird also an ihren Ort gesetzt - da - früher als das Leben. Von diesem Ort, dem absoluten Ursprung aus, kann das Leben mit perfekter Konsequenz als logische Folge aus diesem Ort, aus dem es kommt und zu dem es zurückkehrt, abgeleitet werden. Indem Freud die "organischen Triebe" bis zu einem Ort, wo sie nicht sind, zurückverfolgt, scheint er das vollkommene theoretische "*Fort!* Da!*"* Spiel vervollständigt zu haben: das Leben verschwindet "da", es ist *Fort!**, indem es nicht *Da!** ist. Das *Fort!** ist (das) *Da!**, erzählt uns Freud, weil es sowohl da ist, wo das Leben entsteht, als auch da bleibt, inmitten des Lebens, welches - *daher* - "*aus inneren Gründen**" stirbt.

Freud legt uns also mit seiner Erklärung ein Modell innerer Folgerichtigkeit vor: Die wiederholende Bewegung der Triebe wird zu dem einen, ja einzigen und selbstidentischen Ursprung zurückverfolgt, dem *Fort!**, das *Da* war, ist und sein wird, bevor, während und nachdem alles gesagt und getan ist.

Nur gibt es da ein Problem: das Problem des *einen*, oder eher des *einmal*. Das Problem der Geschichte nämlich, die nicht nur ein "*ein*"* - einen Ursprung -, sondern auch ein "*einmal*"* verlangt. Und genau dieses *mal** fehlt in Freuds völlig konsequenter Ableitung. Das heißt es ist *da**, eingeschrieben in den Text, aber an einem Ort, der sich schwer feststellen läßt. Denn das *Fort**[1], das ein *Da** ist, befestigt eine solche Bastion der Identität, eine so starke und undurchdringliche Mauer, daß dort kaum Platz zu sein scheint, wo Leben entstehen kann. Und doch erzählt man uns, das "Lebende" habe diesen Ort, der früher da war, "einmal verlassen". Das Problem ist also, daß Freuds *Fort!** dem *Mal** keinen Raum läßt: Indem er der Wiederholung bis zu ihrem Ursprung nachgeht, läßt er der Spur keinen Raum, ohne den das Leben niemals entstehen kann. Freuds *Fort!** scheint also weniger wie ein Ausgangspunkt oder ein Endziel auszusehen, als wie jene mysteriösen nicht-phänomenalen Phänomene, die von den Astronomen schwarze Löcher genannt werden, und die, wie jene vermuten, alles Sichtbare in ihre unsichtbare Masse ziehen, aus der weder Leben, noch das Licht selbst jemals wieder auftauchen kann.

Dasselbe Schicksal droht Freuds spekulativer Konstruktion: Was sie auszuschließen scheint, oder immerhin nicht zu erklären vermag, ist die Kraft des Widerstandes, die auf jeden Fall erforderlich ist, um dem Sog des ursprünglichen *Fort!** zu entkommen und *da* zu sein. Das Leben und mit ihm auch die spekulative Theorie des Todestriebs wären dank dessen reiner Immanenz und Intensität implodiert und in ihm verschwunden. Und nichts hätte sich jemals ereignet.

Eine merkwürdige Geschichte. Trotzdem keine, die post facto von einem zu phantasievollen Leser erfunden worden wäre. Oder zumindest nicht von ihm allein. Denn genau dieses Problem wird in Freuds Text ausdrücklich behandelt. Die Frage, wie der unausweichlichen Konsequenz des spekulativen schwarzen Lochs zu entkommen sei (denn können wir immer noch wie Jones sicher sein, daß es sich um ein *Vater*imago handelt?), zwingt Freud dazu, von der bloßen Folgerichtigkeit zu Beschreibungen überzugehen, die nun seltsamerweise eher wie Geschichten denn wie Argumente klingen. Oder genauer, wie Geschichten, innerhalb derer Spekulationen - wie die des Todestriebs - eingewoben sind. Diese stimmen nicht mehr mit dem narzißtischen Schema von Anfang, Mitte und Ende überein, wie wir an Freuds Ableitung der Wiederholung ein weiteres Mal belegen können, diesmal aber dadurch, daß wir die Passage, die wir ausgelassen haben, wiedereinfügen:

> Wenn also alle organischen Triebe konservativ, historisch erworben und auf Regression, Wiederherstellung von Früherem, gerichtet sind, so müssen wir die Erfolge der organischen Entwicklung auf die Rechnung äußerer, störender und ablenkender Einflüsse setzen. Das elementare Lebewesen würde sich

[1] Das im Original deutsch gesetzte "fort" ist dem militärischen Begriff des "Forts" - Festung - homonym. Zur Polysemie oder "dissemination" dieses Wortes, die Weber ins Spiel bringt, cf. auch: J. Derrida, *Fors*, in: N. Abraham/M. Torok, *Kryptonomie. Das Verbarium des Wolfsmanns*, Frankfurt/M. - Berlin - Wien, 1979 (*A.d.Ü.*).

> von seinem Anfang an nicht haben ändern wollen, hätte unter sich gleichbleibenden Verhältnissen stets nur den nämlichen Lebenslauf wiederholt. Aber im letzten Grunde müßte es die Entwicklungsgeschichte unserer Erde und ihres Verhältnisses zur Sonne sein, die uns in der Entwicklung der Organismen ihren Abdruck hinterlassen hat. Die konservativen organischen Triebe haben jede dieser aufgezwungenen Abänderungen des Lebenslaufes aufgenommen und zur Wiederholung aufbewahrt und müssen so den täuschenden Eindruck von Kräften machen, die nach Veränderung und Fortschritt streben. (G.W. XIII, 39f.)

Wir lesen also, daß Freud das spekulative Dilemma des schwarzen Lochs weder ignoriert noch umgangen hat, also das eines *Fort!**, das so konsequent, so stark und so unabhängig ist, daß es vom Leben, dessen Ursprung es sein sollte, niemals durchbrochen werden könnte. Um vom Leben Zeugnis geben zu können, muß Freud davon ablassen, die Wiederholung, die er bis zu einem so weit zurückliegenden Zustand zurückverfolgt hat, daß für die Spur kein Raum mehr geblieben ist, zu Ende zu denken. Er hat also mit seinem Vorhaben, die Wiederholung als Identität - d.h. die Wiederholung als solche - zu denken, zu *brechen*, und sie stattdessen als Aufbruch aufzufassen. Hierzu muß er den Ursprung spalten, damit die Mauern seines *Fort!** nicht mehr einem Außen gegenüber undurchdringlich bleiben, ohne welches Leben niemals beginnen kann. Denn nur als Effekt eines doppelten oder gespaltenen Ursprungs, eines, der von äußeren Kräften - die ihre Spuren in uns hinterlassen - entstellt und durchbrochen ist, können die Triebe als Wiederholung verstanden werden. Was sie wiederholen, ist nicht mehr einfach das "Selbe" - das *Fort!**, das *Da!** ist - sondern eher ein *da**, das *fort** ist: an einem anderen Ort und doch hier. Es ist dieses nur als "Verwandlung" oder *"Veränderung"**, die als *Abdruck** eines irreduziblen Anderen wiederholt wird. Folglich ist es dieser *Abdruck**, der den Trieben ihren entscheidenden Charakter aufprägt. *"Im letzten Grunde"** wiederholen die Triebe weder einen Grund, noch einen Abgrund, sondern einen gewaltsamen Prozeß der Ein-Schreibung, der Veränderung - und vielleicht vor allem - der Erzählung.

Doch gerade das letztgenannte Moment scheinen die meisten philosophischen Lektüren Freuds nicht in der Lage zu sein, zu begreifen, gerade weil sie den *letzten Grund** letzten Endes immer als einen - wenngleich aporetischen - Begriff, als *Abgrund**, auffassen.

> Irgend einmal wurden in unbelebter Materie durch eine noch ganz unvorstellbare Krafteinwirkung die Eigenschaften des Lebenden erweckt. Vielleicht war es ein Vorgang, vorbildlich ähnlich jenem anderen, der in einer gewissen Schicht der lebenden Materie später das Bewußtsein entstehen ließ. Die damals entstandene Spannung in dem vorhin unbelebten Stoff trachtete danach, sich abzugleichen; es war der erste Trieb gegeben, der, zum Leblosen zurückzukehren. Die damals lebende Substanz hatte das Sterben noch leicht, es war wahrscheinlich nur ein kurzer Lebensweg zu durchlaufen, dessen Rich-

> tung durch die chemische Struktur des jungen Lebens bestimmt war. Eine lange Zeit hindurch mag so die lebende Substanz immer wieder neu geschaffen worden und leicht gestorben sein, bis sich maßgebende äußere Einflüsse so änderten, daß sie die noch überlebende Substanz zu immer größeren Ablenkungen vom ursprünglichen Lebensweg und zu immer komplizierteren Umwegen bis zur Erreichung des Todeszieles nötigten. Diese Umwege zum Tode, von den konservativen Trieben getreulich festgehalten, böten uns heute das Bild der Lebenserscheinungen. (G.W. XIII, 40f.)

Freuds Anspruch, den entscheidenden, aber *unvorstellbaren** Eingriff dieser äußeren, hereinbrechenden Kraft in Form eines Ereignisses dingfest zu machen, läßt ihn die narrative Form der Einleitung wählen, deren einführende Formel "*Irgend einmal*"* an das traditionelle "*Es war einmal*"* des Märchens erinnert. Freuds Erzählung bietet natürlich keine Erklärung: eine Folge von Verdichtungen zu beschreiben, die sich wie eine Verschiebung verhält - immer größere Abweichung, immer komplexere Umwege -, heißt nicht, den Prozeß zu erklären, durch den die Wiederholung des Selben sich zu einer Wiederholung der Differenz wandelt. Hier wie auch an anderer Stelle führt uns die Geschichte zu jenem "großen X", von dem wir nichts wissen, zu jenem ökonomischen Anwachsen von Energie und Spannung, d.h. der Selbstumwandlung von äußeren Einflüssen, welche die Wiederholung des Selben dazu zwingt, von sich selbst abzuweichen und anders zu werden. Freuds Geschichte, die zugleich ein Problem wiederholt, mit dem wir bereits vertraut sind, verwandelt dieses jedoch auf zwei Weisen: erstens, indem sie es als den (unvorstellbaren) Ursprung des Lebens selbst - und damit auch der äußeren, realen Grundlage des Lebens der Psyche - darstellt, und zweitens, indem sie annimmt, dieser unvorstellbare *Ursprung* selbst sei dem Ursprung des Bewußtseins in gewisser Hinsicht *vorbildlich ähnlich**. Diese Erzählung legt also nahe, daß das Unvorstellbare (der Ursprung des Lebens) eine Darstellung der Darstellung selbst sein könnte.

Wenn Freuds Geschichte vom Anfang des Lebens auch als mögliches Modell für den Ursprung des Bewußtseins vorgeführt wird, so kann dieser als Wiederholung von jenem gelten. Zweifellos ist dies die Reihenfolge, die Freud durch den Gebrauch des Wortes "*vorbildlich*"* vorschlagen will: Wenn der Ursprung des Lebens dem des Bewußtseins ähneln mag, dann weil dieser jenen wiederholt, aus ihm folgt. Natürlich ist dies der einzig logische, konsequente Weg, die Beziehung von Bewußtsein und Leben zu begreifen: zunächst gibt es Leben, später Bewußtsein. Aber wenn diese Reihenfolge auch für die traditionelle Psychologie gilt, ist ihre Gültigkeit für die Psychoanalyse doch weniger eindeutig - erstens, weil das Reich der Psyche nicht mehr mit dem des Bewußtseins oder der Vorstellung identifiziert werden kann, und zweitens, weil der Mechanismus der Wiederholung, der den Trieben und damit der Psyche eigen ist, nicht mit den Gesetzen der Identität und des ausgeschlossenen Widerspruchs - welche die Gesetze des

Bewußtseins bilden - übereinstimmt. Der Gegensatz von Bewußtsein und Leben, von Vorstellung (representation) und Gegenwart (presence) wird gerade von der Erzählung verschoben, die die Wiederholung bis zum unerklärlichen Eingreifen äußerer Kräfte zurückverfolgt. Diese hinterlassen ihre Spuren, damit wir sie entziffern oder vielmehr wiederholen, indem wir sie anderswo wiedereinschreiben, und d.h. Geschichten nacherzählen.

Sicher ist jedenfalls, daß uns, wenn wir mehr über dieses unbegreifliche, *unvorstellbare** Eingreifen und Einschreiben zu wissen wünschen, keine andere Wahl bleibt, als auf Freuds Erklärung der Entstehung des Bewußtseins zurückzukommen. Wir finden sie in dem Teil der Studie, der demjenigen, in dem die Geschichte des Lebens erzählt wird, unmittelbar vorausgeht. Im vierten Kapitel von *Jenseits des Lustprinzips*, kurz nachdem er den Auftritt seiner Spekulation förmlich angekündigt hat ("Was nun folgt, ist Spekulation"), widmet er sich der Betrachtung der Grenzen des Bewußtseins, wie sie die Psychoanalyse in Frage zu stellen versucht hat. Freud möchte diese Grenzen lokalisieren, indem er die eigentümliche *Position* des Bewußtseins hervorhebt: "Es muß an der Grenze von außen und innen liegen." Um das Bewußtsein zu verstehen, argumentiert Freud, muß man es topologisch begreifen, denn seine Grenzlage bestimmt seine Funktion, die in der Übertragung von "Wahrnehmungen" besteht, "die aus der Außenwelt kommen, und Empfindungen von Lust und Unlust, die nur aus dem Inneren des seelische Apparates stammen können" (G.W. XIII, 23)[2]. Um diese Aufgabe zu erfüllen, muß das Bewußtsein Empfänglichkeit und Sensibilität bewahren, und kann deshalb keine "*Dauerspuren*"* aufnehmen, die es früher oder später sättigen und seine Fähigkeit, neue Eindrücke zu empfangen und zu übertragen, herabmindern würden. Das Bewußtsein ist also dem Gedächtnis, dem Hüter der Spuren, entgegengesetzt und wird in der Tat als "an Stelle der Erinnerungsspur" entstanden beschrieben (G.W. XIII, 25). Wenn Freud hier Argumente Revue passieren läßt oder wiederholt, die bis zum *Entwurf* von 1895 zurückreichen, so ist diese Wiederholung nicht nur noch einmal das Selbe. Denn indem er gerade das Problem der Wiederholung als das grundlegende Chrarakteristikum der Triebe thematisiert, gewinnen alle früheren Konzeptionen Freuds neues Gewicht. Zu behaupten, das Bewußtsein entstehe "*an Stelle*"* der Erinnerungsspuren - d.h. es ersetze sie und setze sich an ihren Ort - bedeutet zu beweisen, daß die Vorstellungen des Bewußtseins, seine Wahrnehmungen - einschließlich derje-

---

[2] Jean Laplanche hebt in seinen Vorlesungen über die Angst hervor, daß die doppelte Funktion des Bewußtseins als Empfänger von Eindrücken sowohl von außen wie von innen es erfordert, dieses topologisch nicht nur als Oberfläche, sondern als mit einer gewissen Tiefe versehen, zu analysieren - wie wir sehen, schlägt Freud genau dies in *Jenseits des Lustprinzips* vor. Deshalb legt Laplanche nahe, den psychischen Apparat, wie Freud ihn begreift, mit einer Art *Eimer* oder *Trog* ("bacquet") zu vergleichen. Cf. Laplanche, *Problematiques I, L'angoisse*, Paris 1980, S. 178ff.

nigen von Lust und Unlust - allesamt Effekte einer Wiederholung (einer Erinnerungsspur) sind, die ihrerseits nicht auf die Logik der Repräsentation reduziert werden kann. Die Form, in der sich diese Wiederholung, bzw. diese Erinnerungsspuren, zeigen, kann nur die einer spekulativen Erzählung sein. Und genau diese wird Freud wählen. Anstatt zu versuchen, das Entstehen des Bewußtseins mit Hilfe eines genetischen Arguments zu erklären, appelliert Freud an unsere Einbildungskraft, die Fähigkeit, Vorstellungen zu bilden, um den Ursprung des Bewußtseins darzustellen:

> Stellen wir uns den lebenden Organismus in seiner größtmöglichen Vereinfachung als undifferenziertes Bläschen reizbarer Substanz vor; dann ist seine der Außenwelt zugekehrte Oberfläche durch ihre Lage selbst differenziert und dient als reizaufnehmendes Organ. ... Es wäre dann leicht denkbar, daß durch unausgesetzten Anprall der äußeren Reize an die Oberfläche des Bläschens dessen Substanz bis in eine gewisse Tiefe dauernd verändert wird ... . Es bildete sich so eine Rinde, die endlich durch die Reizwirkung so durchgebrannt ist, daß sie der Reizaufnahme die günstigsten Verhältnisse entgegenbringt und einer weiteren Modifikation nicht fähig ist. (G.W. XIII, 25)

Wenn die Geschichte des Lebens "*unvorstellbar*"* war, so ist das, was Freud uns hier vorzustellen empfiehlt, es nicht minder: ein undifferenziertes *Bläschen**, eine Art Luftblase oder möglicherweise eine Hautblase. Zumindest eine, die durch die Reibung "äußerer Reize" zu einer Blase wird, indem sie eine Rinde bildet, die ihre Grenzen festigt und das Bewußtsein in Verhältnis zu dem, was es nicht ist - der machtvollen Reizung der äußeren Welt - abgrenzt und organisiert. Das Entstehen des Bewußtseins im lebendigen Organismus wäre somit durch die Bildung einer gleichsam aus unveränderlichen Veränderungen bestehenden Rinde (die an unsere vorausgegangene Beschreibung der Funktionsweise der Angst als Veränderung des Anderen erinnert) erklärt. Aber der Prozeß, in dem sich eine solche Veränderung vollzieht, das sog. "Durchbrennen" des Organismus, bedarf ebenfalls der Klärung, und dies drängt Freud dazu, seine Geschichte des *Bläschens** fortzusetzen - d.h. sie zu wiederholen und zu verändern:

> An dem lebenden Bläschen mit seiner reizaufnehmenden Rindenschichte haben wir noch anderes zu erörtern. Dieses Stückchen lebender Substanz schwebt inmitten einer mit den stärksten Energien geladenen Außenwelt und würde von den Reizwirkungen derselben erschlagen werden, wenn es nicht mit einem R e i z s c h u t z versehen wäre. Es bekommt ihn dadurch, daß seine äußerste Oberfläche die dem Lebenden zukommende Struktur aufgibt, gewissermaßen anorganisch wird und nun als eine besondere Hülle oder Membran reizabhaltend wirkt. ... Die Außenschicht hat aber durch ihr Absterben alle tieferen vor dem gleichen Schicksal bewahrt. (G.W. XIII, 26f.)

Indem er auf diese Weise die Geschichte des Bewußtseins erzählt, wiederholt Freud diejenige über den Ursprung des Lebens, die er später vortragen wird, bzw. nimmt sie vorweg. Nur wird hier die Geschichte durch die Erklärung der Veränderung selbst verändert. Denn das Durchbrennen der

Rinde und ihre Verwandlung in einen *Reizschutz** wird nunmehr als Prozeß des *Absterbens** beschrieben. Die Außenschicht stirbt, um die inneren Schichten zu retten: die Hülle opfert sich für den Kern. Aber der Vorgang des Sterbens wird im Gegensatz zu Freuds späterer Darstellung als durchaus unterschieden von der "Rückkehr" in einen anorganischen Zustand wiedergegeben. Sterben meint hier die Art und Weise, wie der Organismus auf das Auftreten äußerer Kräfte reagiert, nämlich als eine Veränderung, die jedwede weitere stillstellt. So bedeutet Sterben im Sinne des *Bläschens**, sich solange zu verändern, bis "keine Dauerveränderung" mehr möglich ist (G.W. XIII, 25).

Diese Art der Beschreibung der Entstehung des Bewußtseins wirft natürlich mehr Fragen auf als sie beantwortet. Denn die Art des Bewußtseins, die Freud uns hier auffordert zu denken, ist von dem, was wir üblicherweise Bewußtsein nennen, sehr verschieden; es ist gerade nicht Bewußtsein *von* etwas, und noch weniger ist es Selbstbewußtsein. Es gleicht eher einem abwehrenden Panzer, unfähig, irgend einen Eindruck, eine Wahrnehmung oder Erinnerung zu bewahren, d.h. einem Schild, der aus unveränderbaren Veränderungen besteht. Deshalb schützt er vor übermäßiger Reizung - die ansonsten auf den Organismus (die Psyche) eine traumatische Wirkung ausüben würde - und überträgt gleichzeitig von außen eine Erregung in das Innere des Organismus. Diese Doppelfunktion des Schutzes und der Übertragung soll der *Reizschutz** erfüllen. Frage bleibt allerdings, wie er das tut.

Nach Freud zunächst dadurch, daß die Funktionsweise des *Reizschutzes** mit derjenigen des Primärvorgangs gleichzusetzen ist, in dem es "keine gebundene und nur frei abfuhrfähige Energie gibt" (G.W. XIII, 26). Und dennoch zeigt sich im Fortgang seiner Betrachtung, daß ein solcher Zustand völlig unfähig wäre, als dieser nötige Schild oder Filter zu dienen; denn der Zustand vollkommen ungebundener Energie stellt genau die Art von "Gefahr" dar, die der *Reizschutz** abwenden soll. Dem Trauma gegenüber ist Freud dann gezwungen, anzuerkennen, daß der Schutz gegen übermäßige Reize notwendig einschließt, diese zu "bewältigen, die hereingebrochenen Reizmengen psychisch zu binden, um sie dann der Erledigung zuzuführen" (G.W. XIII, 29)

Wenn der Reizschutz stirbt, um unsere Seele zu retten (*save our soul*), dann kann dieser Tod nicht - wie Freud es anfangs tat - von einer wesentlich inneren Substanz hervorgebracht bestimmt werden. Er muß im Gegenteil als Entwicklung der Fähigkeit, Energie zu binden, dargestellt werden, welche ihrerseits der Bildung ruhender Besetzungen folgt, da die Fähigkeit, Energie zu binden, im Verhältnis zu der dem System "eigenen ruhenden Besetzung" variiert. So nimmt es dann auch kein Wunder, wenn Freud sich kurz danach auf das uns nunmehr vertraute "große X" bezieht. Die Analyse des *Reizschutzes** hat zu dem paradoxen Schluß geführt, daß ein ganz bestimmter Tod der organischen Substanz mit der Bindung von Energie zusammenfallen muß. So muß die Wiederbelebung des Bewußtseins dem Tod gegenüber notwendigerweise sowohl die Bindung als auch die Übertragung (also eine gewisse Entbindung) von Energie enthalten und zwar zu ein und derselben Zeit.

Das wiederum heißt, daß diese Zeit nicht ein und dieselbe sein kann. Eine mögliche Lösung dieses Problems erwägt Freud in einer Bemerkung, die er flüchtig in seine Diskussion des *Reizschutzes** einfügt, und die den Mechanismus betrifft, durch den jener seine Schutzaufgabe erfüllt. Das Unbewußte, so erinnert er, ist zeitlos. "Unsere abstrakte Zeitvorstellung", so fährt er fort, "scheint vielmehr durchaus von der Arbeitsweise des Systems *W-Bw* hergeholt zu sein und einer Selbstwahrnehmung derselben zu entsprechen. Bei dieser Funktionsweise des Systems dürfte ein anderer Weg des Reizschutzes beschritten werden." (G.W. XIII, 28)

Demnach wäre "unsere abstrakte Zeitvorstellung" die Art und Weise, wie sich das Bewußtsein sein Funktionieren sich selbst darstellt. Aber sowohl dieses Funktionieren wie auch die Selbstdarstellung als Zeitlichkeit wären dann Aspekte des *Reizschutzes** selbst. Das Bewußtsein würde durch die zeitliche Organisierung des Reizes Energie binden und dadurch die Psyche vor einem traumatischen Überschuß schützen. Der allgemeine Mechanismus, dem dieser Schutz gehorcht, wird in einem Paragraphen beschrieben, der dem oben zitierten unmittelbar vorausgeht: Die in Überzahl und ungebunden vorhandenen Quantitäten des Reizes werden dem Prozeß der Auswahl unterworfen, für den Freud auch das Bild von "Fühlern" verwendet, "die sich an die Außenwelt herantasten und dann immer wieder von ihr zurückziehen" (G.W. XIII, 27). Aber dieses Auswählen, das Freud hier in quantitativen und räumlichen Begriffen beschreibt, ist für ihn darüberhinaus mit der Bildung von *Signalen* und dem Denken überhaupt verknüpft. In der *Traumdeutung* schreibt er:

> Die Tendenz des Denkens muß also dahin gehen, sich von der ausschließlichen Regulierung durch das Unlustprinzip immer mehr zu befreien und die Affektentwicklung durch die Denkarbeit auf ein Mindestes, das noch als Signal verwertbar ist, einzuschränken. (G.W. II/III, 609)

Wenn der qualitative Aspekt dieser schützenden Auswahl nun die Bildung von Signalen - die deshalb immer mögliche Gefahrensignale sind - bedeutet, dann fiele der Prozeß, durch den diese Signale gebildet werden, mit der Herausbildung einer zeitlichen Struktur zusammen, die es möglich machte, den traumatischen Effekten des Reizüberschusses aus dem Weg zu gehen. Und dies wären dann Effekte, die als der Position der Psyche äußerlich, ihr vorausgehend oder nachfolgend, projiziert werden könnten.

Dieser durch die Dimension der Zeit sich verschiebende Prozeß der Auswahl bzw. Signalbildung erhielte die Gestalt einer Erzählung, die das unverfügbar Andere zusammenfügt und organisiert. "Todestrieb" wäre dann lediglich ein anderer Name für eine Geschichte, die dieses Andere festzufügen versucht, gerade indem sie es benennt. Aber indem Freud uns seine Geschichten erzählt, sagt er zwangsläufig zu viel - oder zu wenig: Die "Erde und ihr Verhältnis zur Sonne", wie zu den "äußeren, störenden und ablenkenden Einflüssen", und darüberhinaus zu dieser "noch ganz unvorstellbaren Krafteinwirkung" muß erst noch gedacht (*vorgestellt**) werden. Grund genug, daß Freuds Spekulation fortfahren, ihre Ideen zu Ende verfolgen muß. Denn es bleibt da noch eine weitere Geschichte zu erzählen.

Der Weg zum ganz Anderen

Wenn Freuds spekulative Bemühung, der Wiederholung bis zu ihren letzten Konsequenzen zu folgen, ihn nach "unseren abstrakten Zeitvorstellungen" fragen läßt, so greift er hier ein Problem auf, das so alt wie das psychoanalytische Denken selbst ist. Schon in der *Traumdeutung* erkennt Freud, daß eine Hauptschwierigkeit, "tiefer in die Psychologie der Traumvorgänge einzudringen" darin besteht, "die Gleichzeitigkeit eines so komplizierten Zusammenhangs durch ein Nacheinander in der Beschreibung wiederzugeben" (G.W. II/III, 593). Alle seine folgenden Versuche, eine Topologie der Psyche zu konstruieren, kreisen um die Komplexität dieser "Gleichzeitigkeit" und Räumlichkeit, die sie voraussetzt. Wenn der Raum, den Freuds Vorstellung der Psyche inbegreift, "*unanschaulich*"* und "*unvorstellbar*"* ist, dann weil er den Schauplatz von konflikthaften Vorgängen darstellt, die sich weniger "auf ihm" ereignen, als daß sie diesen Platz, den sie einnehmen, allererst schaffen. Konflikte der Art, wie sie die Psychoanalyse in ihren Topiken zu begreifen sucht, ereignen sich als *Entstellung**, welche die Natur jener psychischen Orte nicht unberührt läßt. Die Entstellung des psychischen Raumes wirft die herkömmliche Idee von der "Gleichzeitigkeit" - der Koexistenz von selbstidentischen und an ihrem rechten Ort befindlichen Elementen, über Bord. Und schon der Begriff eines "rechten Ortes" wird von der konfliktgeladenen Dynamik der Verschiebung ersetzt, die mit der herkömmlichen Vorstellung der Zeit als linearer, irreversibler Abfolge unvereinbar ist. Der Freudsche Begriff der *Nachträglichkeit** ist bezeichnend für diese Verschiebung der zeitlichen Abfolge, da er nicht nur besagt, daß bestimmte psychische Ereignisse ihre Bedeutungen erst "nachträglich" entwickeln - dies allein würde die herkömmliche Vorstellung der Zeit keineswegs irritieren -, sondern vielmehr, daß Ereignisse wie Träume oder Witze nur durch die von ihnen hervorgebrachten Nachwirkungen existieren. Denn von ihnen zwar getrennt, aber notwendigerweise abhängig, sind beide: der Traum von der Erzählung, die ihn entstellt, der Witz vom Lachen, das ihn verschiebt. Die Nachwirkungen wiederholen das Ereignis, dem sie folgen, verändern es aber ebenso, und genau dieses Geschehen der wiederholenden Veränderung läßt das Ereignis wirksam, psychisch "real" werden.

Ist nunmehr die Natur der psychischen "Realität" als eine der wiederholenden Veränderung bestimmt, kann das Problem der psychoanalytischen *Darstellung** nicht mehr in der Diskrepanz zwischen der "Gleichzeitigkeit" des darzustellenden Sachverhalts und dem "Nacheinander" des Diskurses liegen. Es ist vielmehr im Verhältnis zweier Arten der Wiederholung zu suchen: der einen, die eine Veränderung, und der anderen, die eine Identifizierung nach sich zieht. Diese Identifizierung kann deshalb nur bedeuten, das ihm Fremde in einem Diskurs zu wiederholen, der das, was er darstellt, entstellt. Diese entstellende Darstellung entsteht im Verlauf der Spekulation Freuds über den Wiederholungszwang, und die Form, die sie annimmt, ist der Zwang, *Geschichten* zu erzählen oder nachzuerzählen. Letztere wiederholen nicht nur ein Ereignis, das der direkten Wiedergabe durch begriffliche Analyse unzugänglich ist: sie wiederholen sich in einer Folge, die sowohl eine des "Nacheinander" wie der "Gleichzeitigkeit" ist. Der wiederholende Charakter der Erzählungen erscheint als letzte Kon-Sequenz der "Spekulation" Freuds.

Deshalb bleibt noch, nachdem alles gesagt und getan ist, eine *andere* Geschichte zu erzählen; und diese ist deshalb zwangsläufig die letztlich entscheidende, von der alle anderen abhängen:

> Wenn man also die Annahme von Todestrieben nicht fahren lassen will, muß man ihnen von allem Anfang an Lebenstriebe zugesellen. Aber man muß es zugestehen, wir arbeiten da an einer Gleichung mit zwei Unbekannten. (G.W. XIII, 61f.)

Die spekulative Reduktion der Wiederholung auf das *Fort!** des Todestriebs hat Freud zu einem Ort - *da** - geführt, an dem er sich nicht nur mit einem "großen X" konfrontiert sieht, das allen metaphysischen Formeln innewohnt, sondern mit dessen Verdopplung, "einer Gleichung mit zwei Unbekannten". So verwundert es nicht, daß man an diesem Ort von der Wissenschaft wenig zu erwarten hat.

> Was wir sonst in der Wissenschaft ... finden, ist so wenig, daß man dies Problem einem Dunkel vergleichen kann, in welches auch nicht der Lichtstrahl einer Hypothese gedrungen ist. (G.W. XIII, 62)

Wenn dieses Dunkel für die wissenschaftliche Aufklärung undurchdringlich ist, dann präzise im Sinne eines schwarzen Loches der Wissenschaft selbst: nämlich als Bemühung, den Ursprung der Wiederholung, der scheinbar alles Licht absorbiert hat, das die Wissenschaft auf sein undurchdringliches *Fort!**, das ein *Da!** ist, werfen kann, als Todestrieb darzustellen und ihn beobachtbar zu machen. Da das Lustprinzip sich als unfähig erwiesen hat, das Phänomen der Wiederholung zu erklären, ist die Hypothese des Todestriebs - für sich genommen - genauso unhaltbar. Sogar die Wissenschaft der Biologie, der Freud im vorausgegangenen Kapitel Referenz erwiesen hat, kann nicht erklären, wie das Leben überhaupt der unwiderstehlichen Macht des Todestriebes gegenüber hat überleben können.

Freud bleibt deshalb keine andere Wahl, als das *Fort*!*, das ein *Da*!* ist, zu verlassen und stattdessen woanders zu suchen;

> An ganz anderer Stelle begegnen wir *allerdings* einer solchen Hypothese, die aber von so phantastischer Art ist, - gewiß eher ein Mythus als eine wissenschaftliche Erklärung - daß ich nicht wagen würde, sie hier anzuführen, wenn sie nicht gerade die eine Bedingung *erfüllen* würde, nach deren *Erfüllung wir streben*. Sie leitet nämlich einen Trieb ab von dem Bedürfnis nach Wiederherstellung eines früheren Zustandes. (G.W. XIII, 62; *kursive Hervorhebungen von S.W.*)

Dieses Verlangen nach einer anderen Form der Wiederholung als Gegengewicht zum Todestrieb (der Wiederholung des Selben) führt Freud wieder einmal zum Anfang, und zwar zu einem ganz bestimmten Anfang zurück. Diesmal jedoch ist es nicht der des Lebens selbst, nicht einmal der des Bewußtseins in seiner leiblichen Beschaffenheit: es sind vielmehr die Anfänge unseres kulturellen Bewußtseins, zu denen er sich unwiderstehlich hingezogen fühlt. Dieser Anfang ist natürlich ein *Mythos*. Denn nur dieser kann gemäß Freud "eine Bedingung erfüllen ... , nach deren Erfüllung wir streben". Die Wiederholung des Wortes *erfüllen/Erfüllung** ist selten genug bei einem Stilisten wie Freud, um nicht besondere Beachtung zu verdienen. Sicherlich, es zeugt von der Macht des Begehrens, des *Strebens**, das Freud an diese *ganz andere Stelle** treibt, der er den Namen "Mythus" gibt.

Unmittelbar nachdem er diese andere Stelle so benannt hat, geht Freud dazu über, den Namen zu abzuändern, um das Gesagte unter dem Vorwand, es zu verdeutlichen, ungesagt zu machen:

> Ich meine natürlich die Theorie, die Plato im Symposion durch Aristophanes entwickeln läßt, und die nicht nur die Herkunft des Geschlechtstriebes, sondern auch seiner wichtigsten Variation in Bezug auf das Objekt behandelt. (G.W. XIII, 62)

Der "Mythus" erweist sich "natürlich" nicht als Mythos, sondern als Theorie, und Aristophanes lediglich als Sprecher Platons, Autor des *Symposions*. Die "phantastischen" Aspekte dieses Pseudo-Mythos werden also scheinbar dadurch theoretisch autorisiert, daß Freud die Geschichte einem Autor zuschreibt, von dem mehr als von den meisten angenommen werden kann, daß er von Anfang bis Ende wußte, was er wirklich sagen wollte. Bevor wir auf diese Autorisierung zurückkommen, wollen wir zunächst Freud auf seinem beharrlichen Weg zu diesem ganz anderen Ort begleiten. Nachdem er den phantastischen Status dieser Geschichte korrigiert hat, fährt er fort, sie zu erzählen oder eher nachzuerzählen, fast - aber nicht vollständig - in eigenen Worten:

> "Unser Leib war nämlich zuerst gar nicht ebenso gebildet wie jetzt; er war ganz anders. Erstens gab es drei Geschlechter, nicht bloß wie jetzt männlich und weiblich, sondern noch ein drittes, das die beiden vereinigte ... das Mannweibliche ..." Alles an diesen Menschen war aber doppelt, sie hatten also vier

> Hände und vier Füße, zwei Gesichter, doppelte Schamteile usw. Da ließ sich Zeus bewegen, jeden Menschen in zwei Teile zu teilen, "wie man die Quitten zum Einmachen durchschneidet... Weil nun das ganze Wesen entzweigeschnitten war, trieb die Sehnsucht die beiden Hälften zusammen: sie umschlangen sich mit den Händen, verflochten sich ineinander im Verlangen, zusammenzuwachsen..." (G.W. XIII, 62)

Kaum hat er die Geschichte nacherzählt hat, beeilt sich Freud, uns eine Interpretation zu liefern, die seine vorherigen Spekulationen unterstützen soll:

> Sollen wir, dem Wink des Dichterphilosophen folgend, die Annahme wagen, daß die lebende Substanz bei ihrer Belebung in kleine Partikel zerrissen wurde, die seither durch die Sexualtriebe ihre Wiedervereinigung anstreben? Daß diese Triebe, in denen sich die chemische Affinität der unbelebten Materie fortsetzt, durch das Reich der Protisten hindurch allmählich die Schwierigkeiten überwinden, welche eine mit lebensgefährlichen Reizen geladene Umgebung diesem Streben entgegensetzt, die sie zur Bildung einer schützenden Rindenschicht nötigt? Daß diese zersprengten Teilchen lebender Substanz so die Vielzelligkeit erreichen und endlich den Keimzellen den Trieb zur Wiedervereinigung in höchster Konzentration übertragen? Ich glaube, es ist hier die Stelle, abzubrechen. (G.W. XIII, 63)

Wie wir sehen, ergibt Freuds Interpretation wieder einmal das Selbe. Indem er die "phantastische Hypothese" durch eine Geschichte ersetzt, die vom "Dichterphilosophen" einer fiktiven Figur in den Mund gelegt worden ist, versucht Freud, die Fiktion zu überwinden und die dahinter verborgene Wahrheit wiederzufinden: eine ursprüngliche Einheit, "lebende Substanz", wird im Moment ihrer Geburt auseinandergespalten. So erscheint die Wiederholung ein weiteres Mal als Wiederherstellung einer früheren Einheit, als "Wiedervereinigung".

Wenn sich diese Erklärung durch einen Appell an die Macht eines Autors, des "Dichterphilosophen", selbst autorisieren möchte, so wiederholt und eröffnet diese Geste eben das, was sie bestätigen will: die Wiederholung als Bewegung des Selben, welche einer gründenden Einheit entspringt und zu ihr zurückkehren will.

Dieser Text des "Dichterphilosophen", wiederholt, was dieser selbst sagen wollte: nämlich, daß alle Wiederholung eine ursprüngliche Identität wiederholt, d.h. sie wiederherstellen möchte - so die Liebenden ihre ursprüngliche Einheit, das Leben seinen ursprünglichen Tod und der Text die ursprüngliche Intention seines Autors. Für Freuds Interpretation stellt die Autorität einer ursprünglichen Identität - der Autor oder genauer sein Bewußtsein und seine Intention - die Grundlage und Garantie des Sinns dar, den sie dem Text zuschreibt. Das Wesen dieses und vielleicht jeglichen Sinns überhaupt ist es, die Wiederholung als eine Bewegung des Selben zu begreifen, das einer ursprünglichen Identität entstammt.

Aber merkwürdigerweise verändert die Deutung der Geschichte des Aristophanes als Wiederholung des Selben sie zugleich. Wir müssen nur die Anfangszeilen des *Symposions* noch einmal lesen, um zu entdecken, daß die Frage danach, wer was gesagt hat, so in der Szene des Textes situiert und gedeutet wird, daß es unmöglich ist, sie jemals autoritativ zu entscheiden. Ebendarum treten alle Redner des *Symposions* in einer Mischung aus direkter und indirekter Rede auf, ein Verfahren, das Platon, der Dichter-philosoph, besonders in seiner *Republik* verurteilen wird.[1]

Gewiß wird das *Symposion* gemeinhin als *früher* Text des Dichterphilosophen eingeschätzt. Die Frage aber ist gerade, wie früh. Denn der Text beginnt damit, daß Apollodorus Glaukon berichtet, er habe gerade dieselbe Geschichte, die dieser ihn zu erzählen bitte, zwei Tage vorher schon einmal erzählt. Und zwar handelt sie von einem Gastmahl bei Agathon, von dem Glaukon annimmt, es sei erst vor kurzem gegeben und Apollodorus hierzu geladen worden. Über solche Vermutungen seines Gesprächspartners ziemlich belustigt, teilt Apollodorus diesem mit, er sei nicht bei dieser Versammlung gewesen und hätte auch gar nicht dort sein können, weil sie vor vielen Jahren stattgefunden habe, "als wir noch Kinder waren" (173a). Es stellt sich heraus, daß Apollodorus die Geschichte zwar kennt, aber nur von anderen, und vor allem von einem gewissen Aristodemos, der wohl wirklich an diesem Gastmahl teilgenommen hat. "An alles aber, was jeder von ihnen geredet, erinnerte sich schon Aristodemos nicht mehr genau", fügt Apollodorus hinzu, "noch auch ich an alles, was er mir sagte" (178a).

Dies ist also der Ausgangs- oder Ansatzpunkt für die Rede, die den Hauptteil des *Symposions* darstellt, und folglich ist nichts weniger gewiß als eben das, was Freud so emphatisch für eine Selbstverständlichkeit hält: wer genau was sagte. Denn alles, was erzählt wird, ist die Wiederholung einer Wiederholung, da ja Apollodorus nur die Worte des Aristodemos wiedergibt. Und was wirklich gesagt wurde, kann niemals gewiß sein, denn dies alles ist "schon lange her, als wir noch Kinder waren" (173a).

So beginnt also das *Symposion* mit einer Reihe von Wiederholungen, von denen man nicht weiß, wo sie, wenn überhaupt, enden. Freud freilich sucht etwas ganz anderes: eine autorisierte Erklärung *der* Wiederholung, nicht bloß eine, die nachbetet, was andere gesagt haben (könnten). Deshalb ist er auf Autoren und Autoritäten angewiesen und führt deshalb "Prof. Heinrich Gomperz (Wien)" ins Feld, um die Authentizität des Mythos zu bestätigen. Der Professor wird zitiert, um den Mythos als Entwicklung aus einem früheren zu bestimmen, der in den Upanishaden zu finden ist. Wie Freud in

[1] *Cf.* Platon, *Republik* III, 392-397b, wo zwischen *diegetischen* und *mimetischen* Diskursen unterschieden und letzterer aus der Republik ausgeschlossen wird, weil der Dichter darin "redet, als sei er ein Anderer" (393c), und sich mit Hilfe der Mimesis somit weigert, Verantwortung für seine Worte zu übernehmen. Eine offenbare Erzählung ist also gestattet, während die mimetische Zuschreibung eines Diskurses an einen Anderen verurteilt werden muß.

einer langen Fußnote berichtet, schildert dieser "das Hervorgehen der Welt aus dem Atman (dem Selbst oder Ich)".

Wieder einmal scheint Freud, gedeckt durch die wissenschaftliche Autorität von Prof. Heinrich Gomperz, einer Wiederholung (den Mythos im *Symposion*) bis zu ihrer Quelle und ihrem Ursprung (den *Upanishaden*) nachzugehen, um in ihnen den Grund der Wiederholung des Selben zu finden. Doch etwas Merkwürdiges geschieht hierbei: Freud bemüht die Autorität des Spezialisten, Prof. Gomperz, dem er "die nachstehenden Andeutungen über die Herkunft des P l a t o n i s c h e n Mythus" zuschreibt, aber indem er zu ihnen übergeht ("Ich möchte darauf aufmerksam machen, daß ..."), gibt er sie nur "zum Teil in seinen [Prof. Gomperz] Worten" wieder. Wer in dieser langen Fußnote gerade was sagt, d.h. wo der Diskurs von Prof. Gomperz endet und wo der von Prof. Freud beginnt (oder umgekehrt), ist fast unmöglich zu entscheiden. Eine gewiß triviale, wo aber Fragen der Autorität und Authentizität auf dem Spiel stehen, jedoch wichtige, wenngleich unentscheidbare Frage. Die gesamte Fußnote dient wesentlich einer autorisierenden Unterstützung der Freudschen Deutung des "Platonischen" Mythos, indem sie zeigt, daß jene nur die Wiederholung einer anderen, früheren Geschichte ist, deren Sinn ein für allemal geklärt ist. Hierzu beruft sich Freud auf Prof. Gomperz, wenn sich dies auch als äußerst vage herausstellt:

> Prof. Heinrich G o m p e r z (Wien) verdanke ich die nachstehenden Andeutungen über die Herkunft des P l a t o n i s c h e n Mythus, die ich zum Teil in seinen Worten wiedergebe: Ich möchte darauf aufmerksam machen, daß sich wesentlich dieselbe Theorie auch schon in den U p a n i s h a d e n findet. Denn B r i h a d - A r a n y a k a - U p a n i s h a d, I, 4, 3 (D e u s s e n, 60 Upanishads des Veda, S. 393), wo das Hervorgehen der Welt aus dem Atman (dem Selbst oder Ich) geschildert wird, heißt es: " ... Aber er (der Atman, das Selbst oder das Ich) hatte auch keine Freude; darum hat einer keine Freude, wenn er allein ist. Da begehrte er nach einem Zweiten. Nämlich er war so groß wie ein Weib und ein Mann, wenn sie sich umschlungen halten. Dieses sein Selbst zerfällte er in zwei Teile: daraus entstanden Gatte und Gattin. Darum ist dieser Leib an dem Selbst gleichsam eine Halbscheid, so nämlich hat es Y a j ñ a v a l k y a erklärt. Darum wird dieser leere Raum hier durch das Weib ausgefüllt." (G.W. XIII, 62f.)

Ohne Zweifel sieht Freud hier die Möglichkeit, der freudlosen Einsamkeit des *Fort! Da!** zu entkommen und es dank der Autorität von Prof. Gomperz in ein "*darum*"* zu verwandeln, und damit logisch zwingend in einen Aufbruch aus dem "*daraus*"*. Auf jeden Fall zeigt diese Version Freud ein Spiegelbild der begehrten Erfüllung: ein Selbst oder Ich für sich allein ist kein größerer Anlaß zur Freude als der schiere Todestrieb. Damit *Freude** sei, muß es einen Zweiten, ein Doppel geben, d.h. ein Paar von Gegensätzen, die miteinander - in heiliger Ehe wohlgemerkt - verbunden sind. Der Andere muß verschieden und doch dem Gesetz des Selben gehorchen - das ist die Bedingung, die Freuds Spekulation zu erfüllen wünscht.

Wenn aber die Geschichte, die Freud hier - teilweise in den Worten eines anderen - nacherzählt, diesen Wunsch rechtfertigt, wiederholt sie genau das Problem, das er umgehen wollte: Denn die narzißtische Erklärung der Schöpfung der Differenz aus der Identität kann nicht die Schöpfung - und das heißt die Trennung - selbst erklären; es sei denn durch den Hinweis auf den Mangel an *Freude**, wodurch die Trennung zwar notwendig, nicht aber in gleichem Maße einsehbar wird. Die Kluft zwischen einem "*darum*"* und einem "*da*"* erfordert noch immer ihre Überbrückung. Und ohne diese Brücke ist die Festung (fortress) des *Fort! Da!** nicht wirklich durchbrochen worden.

Trost aber findet Freud in der Entdeckung eines früheren Ursprungs des Mythos, den er absichern will. Und daher kann er auch nicht auf seine "Platonische" Wiederholung verzichten. Denn obschon die für seine gewünschte Hypothese günstige Geschichte von Aristophanes erzählt wurde, ist dieser für Freud durchgängig bloßes Sprachrohr des "Dichterphilosophen", für den seinerseits der Komödiendichter bekanntermaßen wenig Sympathie hegte. Doch ist diese Übereignung - des Diskurses von Aristophanes an Platon - nur eine von vielen Veränderungen, die Freuds Lektüre des *Symposions* dem "Original"-Text zumutet. Diesen wollen wir daher so buchstäblich wie möglich noch einmal lesen, ohne zu entscheiden, wer *im letzten Grunde** wirklich spricht, bzw. wer das *letzte Wort* hat; und zwar um Aristophanes die Gelegenheit zu geben, wenigstens einen Augenblick lang für sich selbst zu sprechen. Also beginnt er seine Geschichte: "Unser Leib war nämlich zuerst gar nicht ebenso gebildet wie jetzt: Er war ganz anders." Wilamowitz, dessen Übersetzung Freud folgt, gibt das griechische Wort "physis" nicht, wie so oft, mit "Natur", sondern mit "Leib" wieder. Daß dies eine gute Wahl war, zeigt die Geschichte. Denn im Gegensatz zur angeblichen Quelle in den Upanishaden erzählt Aristophanes nicht von abstrakten oder körperlosen Wesen, von einem "Selbst" oder "Ich", sondern von *Leibern*. Seine Geschichte der Liebe beginnt mit dem Leib; gewiß nicht mit einem, wie wir ihn heute kennen, sondern mit einem, der "ganz anders" war - *einmal** (*pálai*) . . .

Der Anfang der Beschreibung jedoch zeigt, daß diese Leiber wohl doch nicht so ganz anders waren. Anders gestaltet waren sie durch eine Verdopplung: ein Doppelmann, eine Doppelfrau und eine dritte Art, die aus je einer Hälfte von beiden zusammengesetzt war und nur als Name überlebt hat: das Androgyne. An diesem Wesen war alles doppelt, bis auf eine bemerkenswerte Ausnahme: dem Kopf. Je einen hatten sie wohl damals nur, vor langer Zeit.

Von Freuds Spekulation aus könnte man in diesem anfänglichen Zustand nicht nur Verdopplung, sondern auch Wiederholung sehen: Wiederholung des Selben von Anfang an. Aber statt vorschnell zu schließen, wollen wir Aristophanes zuhören, und dem, was er am Ende seiner Erzählung zu sagen weiß. Die Moral seiner Geschichte scheint der Interpretation Freuds nicht unähnlich zu sein:

> Hiervon ist nun dies die Ursache, daß unsere ursprüngliche Beschaffenheit diese war und wir ganz waren, und dies Verlangen eben und Trachten nach dem Ganzen heißt Liebe. Und vor diesem, wie gesagt, waren wir eins, jetzt aber sind wir der Ungerechtigkeit wegen von dem Gott auseinandergelegt und verteilt worden wie die Arkadier von den Lakedaimoniern. (192-193a)

Wie Freud und die meisten anderen Kommentatoren des Textes[2] scheint Aristophanes festen Glaubens zu sein, daß die Menschen ursprünglich heil und eins waren und nur wegen einer "Ungerechtigkeit" verurteilt, bestraft und von ihrer ursprünglichen Einheit entfremdet wurden; und daß der Eros den Wunsch der Rückkehr zur verlorenen Einheit und ursprünglichen Ganzheit einschließt. Zumindest scheint Aristophanes dies sagen zu wollen und läßt keinen Zweifel daran,

> daß unser Geschlecht glückselig würde, wenn es uns in der Liebe gelänge und jeder seinen eigentümlichen Liebling gewänne, um so zur ursprünglichen Natur zurückzukehren. Wenn nun dieses das beste ist: so wird notwendig unter dem uns jetzt zu Gebote Stehenden das beste sein, was jenem am nächsten kommt, und das heißt, seinen Liebling zu finden, der jedem nach seinem Sinne geartet ist. Und wollen wir dafür den Gott, von dem es uns herkommt, besingen, so müssen wir ja allerdings den Eros besingen, der uns jetzt schon soviel Gutes erzeigt, indem er uns zu dem Verwandten hinführt, für die Zukunft aber uns die größte Hoffnung gibt, uns, wenn wir nur Ehrfurcht den Göttern beweisen, zur ursprünglichen Natur herstellend und heilend, glücklich und selig zu machen. (193c-d)

Wohl niemand würde dieses Happy-End verderben oder etwas anderes sagen wollen. Jedenfalls scheint dies die von Aristophanes gewollte Wirkung zu sein, da er sich unmittelbar, nachdem er dieses zur Moral der Geschichte erklärt hat, mit einer Bemerkung an seinen Vorredner - den Arzt Eryximachos - wendet, die auf diese Moral ein etwas anderes Licht wirft:

> Dies, o Eryximachos, sprach er, ist meine Rede vom Eros, eine ganz andere als die deinige. Wie ich dich nun schon gebeten habe, ziehe sie nicht auf Spott (komoidésis). (*ibid.*)

Wenn diese Bitte ernst gemeint war, liest sich Aristophanes' Kommentar zu seiner Geschichte wie eine *captatio benevolentiae*. Und wie die Leser des *Symposions* wissen, sind seine Befürchtungen auch nicht unbegründet. Und daran ist er gewiß nicht ganz unschuldig. Denn früher am Abend, als es an ihm war zu reden, hatte er angeblich einen Anfall von Schluckauf, der ihm

---

[2] *Cf.* jedoch die Diskussion des *Symposions* in: Stanley Rosen, *Plato's Dialogues,* New Haven 1968.

erlaubte, den Platz in der Reihenfolge der Redner mit Eryximachos zu tauschen, welcher ihm sodann auch den ärztlichen Ratschlag gab, zu niesen und den Atem anzuhalten, um den Anfall zu überwinden. Daß diese Heilversuche nicht wirkungslos waren, kann man daran sehen, daß Aristophanes in der Lage war, dem Arzt unmittelbar, nachdem dieser seine Rede beendet hatte, zu antworten. Aber seine Antwort auf dessen wohlmeinende Frage nach dem Stand seines Schluckaufs kann nur als unverschämte Provokation betrachtet werden:

> Freilich hat er aufgehört, aber doch nicht eher, bis er mit dem Niesen behandelt worden ist, so daß es mich auch wundert, habe er hinzugefügt, wie doch das Wohlgeordnete des Leibes solches Geräusch und solchen Kitzel begehren mag, wie doch das Niesen ist; denn er hörte gleich auf, sobald ich nur das Niesen anwendete. (189a)

Nachdem er gewiß einen großen Teil der Rede des guten Arztes hindurch geniest und geprustet hat, besitzt Aristophanes nun die Stirn, seine eigene Kur als Beweis gegen die Lobrede des Eryximachos auf die Liebe als Harmomie des Körpers zu nehmen. Und so verwundert es kaum, daß Aristophanes seine eigene Rede mit einem ängstlichen Seitenblick auf den Arzt beschließt. Denn dieser hat ihn bereits gewarnt:

> Guter Aristophanes, siehe wohl zu, was du tust! Du ziehst mich auf, indem du im Begriff bist zu reden, und nötigst mich also, selbst der Aufpasser deiner Rede (tou lógou) zu werden, ob du nicht auch etwas Lächerliches (geloion) sagst, da du sonst könntest ganz in Frieden geredet haben. (189a-b)

Wenn die Szene des *Symposions* agonal beginnt, und die verschiedenen Redner in ihren Lobreden auf den Eros miteinander wetteifern, so nimmt der Wortwechsel zwischen Aristophanes und Eryximachos nun einen eindeutig angriffslustigen Ton an. Von nun an werden die Reden nicht nur miteinander streiten und sich an solche wenden, die zugleich Richter sind: Sie werden auch das Prestige und den Ruf derer, die sie halten, nicht unberührt lassen. Daher trifft Aristophanes' zwar ironisch halbherzige Antwort auf die Warnung des Arztes gleichwohl den Kern des Problems:

> Darauf habe Aristophanes lachend (gelásanta) entgegnet: Wohl gesprochen, Eryximachos, und das Gesagte soll mir ungesagt sein. Also laure mir nicht auf, da ich ohnehin schon besorgt bin um das, was ich zu sagen denke, nicht ob ich nichts Lächerliches (geloia) sagen werde, denn das wäre ja ein Gewinn und meiner Muse einheimisch, sondern ob nichts Belachenswertes (katagélasta). (*ibid.*)

Aber wenn Aristophanes das, was er gesagt hat, ungesagt wissen will, so weiß er nicht weniger als Freud, daß ein solcher Versuch des "Ungeschehenmachens" immer eine Spur nach sich zieht. Und wenn er sich also Eryximachos als bevorzugten Ansprechpartner und Richter aussucht - ist dies nicht sein Versuch, das Urteil, von dem sein wie jeder Witz überhaupt abhängt, von jenem anderen Zuhörer fernzuhalten, der - für einen Augenblick zumindest - schweigt und auf seinen Einsatz wartet? Denn wenn Aristophanes Eryximachos beleidigt und provoziert, weiß der Autor der *Wolken* sehr wohl, daß sich sein Respekt gebietender Gegner woanders befindet. Doch auch Eryximachos spricht im Namen des Sokrates, wenn er den Satiriker daran erinnert, daß er ungeachtet seiner Bemühungen, das von ihm Gesagte ungesagt zu machen, für seine Worte zur Verantwortung gezogen werden kann:

> Nachdem du abgeschlossen hat, habe jener [Eryximachos] gesagt, denkst du zu entkommen, Aristophanes? Gib wohl nur Achtung und rede wie einer, der sich wird verantworten müssen. (189b-c)

Es ist nicht purer Zufall, daß ein Arzt, Eryximachos, zuerst mit der Aufgabe betraut wird, den spöttischen Aristophanes zur Ordnung zu rufen. Von Platon bis zur Gegenwart ist es immer der Arzt, der der wichtigste Hüter der Ordnung der *physis* und somit Modell für die Ordnung in der *polis* ist. Eryximachos hatte zuerst die Idee, die übliche Unterhaltung nach dem Essen - also die Musik - durch ernsthafte Reden zu ersetzen:

> Nachdem nun dieses schon beschlossen ist, ... daß jeder nur trinken soll, soviel er will, ... so bringe ich nächstem in Vorschlag, daß wir die eben hereingetretene Flötenspielerin gehen lassen, mag sie nun sich selbst spielen oder, wenn sie will, den Frauen drinnen, und daß wir für heute uns untereinander mit Reden unterhalten. (176c)

Nachdem Ausschluß der Flötenspielerin beginnen die Männer, nun unter sich, mit ihren ernsthaften *logoi* über die Liebe. So konsequent es ist, daß Eryximachos Aristophanes im Namen der Ernsthaftigkeit und Verantwortlichkeit zur Ordnung zu rufen hat, so folgerichtig ist es, daß Aristophanes seine Rede mit einer Moral beschließt, die das Mißtrauen, das er selbst wachgerufen hat, zerstreuen soll.

Aber was ist dann mit der Rede selbst? Wir erinnern daran, daß Aristophanes sie beendet mit dem Hinweis, daß sie von der des Eryximachos sehr verschieden gewesen sei. Genauso aber führt er sie auch ein:

> Allerdings, habe also Aristophanes gesagt, habe ich im Sinne, ganz anders zu reden, als ihr beide, du und Pausanias, gesprochen habt. Denn mir scheinen die Menschen durchaus der wahren Kraft des Eros nicht innegeworden zu sein (ouk eisthesthai). Denn wären sie es (epei aisthanómenoi): so würden sie ihm die herrlichsten Heiligtümer und Altäre errichten und die größten Opfer bereiten .... (189c)

Wenn Aristophanes behauptet, ganz anders reden zu wollen, dann weil er überzeugt ist, daß es ein Problem des Erkennens gibt: die wirkliche Macht des Eros sei noch nicht richtig erkannt worden und bleibe deshalb verhüllt. Die Rede des Aristophanes wird sich also darin unterscheiden, daß er den Eros nicht als selbstverständlich hinnimmt, sondern ihn vielmehr als Objekt einer gewissen Blindheit betrachtet, als ein Leiden, dessen Heilung er sich vornimmt. Deshalb wiederholt Aristophanes die Geste des Arztes, weitet sie aber sogleich aus, um die Operation zu rechtfertigen, an der er und die anderen Sprecher beteiligt sind. Denn man kann Lobeshymnen auf den Eros nur dann ernsthaft singen, wenn man weiß, wovon man spricht. Und Aristophanes besteht daruf, daß dies genau die Aufgabe ist. Also wird seine Rede gleichzeitig enthüllend und pädagogisch sein:

> Ich will also versuchen, euch seine Kraft zu erklären, und ihr sollt dann die Lehrer der übrigen sein. (189d)

In dieser pädagogischen Absicht, die wahre Natur und Macht des Eros zu enthüllen, d.h. eine gewisse Blindheit zu beseitigen, könnte deshalb die Erklärung für die anschauliche Beschreibung jener alten Lebensweisen liegen, von denen er behauptet, sei seien so ganz anders (all' alloia) als diejenigen, die wir heute erleben. Dennoch ist der Unterschied, auf den sich Aristophanes bezieht, eher einer der Quantität als der Qualität; d.h. ein Unterschied in der Ökonomie. Lesen wir Aristophanes' Beschreibung dieser Doppelwesen genau, entdecken wir, daß sie sehr ähnlich waren: uns - sich selbst - und ihren Eltern:

> Weil das Männliche ursprünglich der Sonne Ausgeburt war und das Weibliche der Erde, das an beidem Teilhabende aber des Mondes, der ja auch selbst an beiden teilhat. Und kreisförmig waren sie selbst und ihr Gang, um ihren Erzeugern ähnlich zu sein. (190b)

Die Welt der Doppelwesen war eine der Ähnlichkeiten innerhalb der Familie wie außerhalb; und wie ihre Eltern bewegten sie sich in Kreisen, "schlugen Räder", wie die Kinder "noch heute". Der Vergleich der Doppelgestalten des Aristophanes mit dem Atman der Upanishaden zeigt, daß dessen Einsamkeit in ihrer Welt fehl am Platze zu sein schien: Da sie niemals alleine waren, hätten sie auch nie andere erschaffen müssen. Und wenn es einen Anfang gibt, so ist dieser bereits ein gedoppelter, voller Wiederholungen und Ähnlichkeiten und kreisförmig: denn "kreisförmig waren sie selbst und ihr Gang" - während sie ihre Köpfe, genauer einen einzelnen, "gemeinsamen Kopf mit zwei gegenüberliegenden Gesichtern" oben behielten.

Sie behielten ihre Köpfe - oder nicht?

Freuds Version wird an dieser Stelle eigentümlich vage; d.h. genau dort, wo die eigentliche Geschichte, ja der dramatische Konflikt einsetzt: "Da *ließ sich Zeus bewegen* ..."*. Aber wo *da**? Während Freud auffällig ungenau bleibt, ist es Aristophanes weniger. Er zeigt auf, daß Zeus gute Gründe hatte, sich bewegen zu lassen. Denn die Doppelwesen hatten begonnen, des Immergleichen und der kreisförmigen Bewegung müde zu werden. Stattdessen richteten sie ihre Augen nach oben:

> An Kraft und Stärke waren sie gewaltig und hatten auch große Gedanken, und was Homeros von Ephialtes und Otos sagt, das ist von ihnen zu verstehen, daß sie sich einen Zugang zum Himmel bahnen wollten, um die Götter anzugreifen. (190b)

Freuds ungenaues aber hinweisendes "*da*"* deckt - räumlich wie zeitlich - ein Begehren, das fremd und doch vertraut ist: das Streben, die Grenzen, welche die Götter von den Menschen, die Herrscher von der Beherrschten, das Andere vom Selben trennen, zu überschreiten. Und während Freud in seiner Erklärung die Überlegungen, die Zeus dazu führten, "sich bewegen zu lassen", übergeht, erwähnt Aristophanes sie:

> Denn es war weder tunlich, sie zu töten und, wie die Giganten sie niederdonnernd, das ganze Geschlecht wegzuschaffen, denn so wären ihnen auch die Ehrenbezeugungen und die Opfer der Menschen mit weggeschafft worden, noch konnten sie sie weiter freveln lassen. (190c)

Die Gedanken des Zeus richten sich auf etwas, das Freud ignorieren will: daß das Gesetz, welches das *Fort*(*ress*)-*Da!* leitet, kein anderes ist als das des *oikos*: der Ökonomie der Aneignung und Angleichung, welches die Organisation des Ich und so die Ökonomie des Narzißmus ausmacht. An diesem entfernten Ort, der ganz anders ist als alles Vetraute, begegnen wir etwas allzu Bekanntem: der narzißtischen Anstrengung, das Andere an seinem (rechten) Ort zu halten, es einer Ökonomie des Selben zu unterwerfen. Doch einem Anderen gegenüber, das - da es bereits ein Spiegelbild des Selben ist - umso schwerer kontrolliert werden kann, sind radikale Maßnahmen erforderlich. Es muß den Gesetzen der narzißtischen Ökonomie gemäß verändert werden, und genau dies schlägt Zeus vor:

> Ich glaube nun ein Mittel zu haben, wie es noch weiter Menschen geben kann und sie doch aufhören müssen mit ihrer Ausgelassenheit, wenn sie nämlich schwächer geworden sind. Denn jetzt, sprach er, will ich sie jeden in zwei Hälften zerschneiden, so werden sie schwächer sein und doch zugleich uns nützlicher, weil ihrer mehr geworden sind, und aufrecht sollen sie gehen auf zwei Beinen. Sollte ich aber merken, daß sie noch weiter freveln und nicht Ruhe halten wollen, so will ich sie, sprach er, noch einmal zerschneiden, und sie mögen dann auf einem Beine fortkommen wie Kreisel. (*ibid.*)

Zeus' Strategie ist ohne Zweifel entscheidend: indem er die Doppel trennt, erhöht er den Einsatz, während er das Risiko vermindert und darüberhinaus die Bewegung wiederholbar werden läßt. Und dies ist auch völlig kongruent mit dem ökonomischen Gesetz, das eine Herabminderung ungebundener Energie sowie ein Anwachsen der Bindung fordert. Wenn die Energie der Doppelwesen in gefährlicher Weise ungebunden ist, wie es scheint durch eine Spiegelung, in der das Andere zum Selben und das Selbe zum Anderen wird, vor- und zurückgeworfen, dann schlägt Zeus vor, eine andere Art des Bildes zu schaffen, nämlich das Bild der Differenz "selbst". Zeus also denkt, Apollo aber - der Gott der Sonne, der Vater des Mannes - lenkt; denn nachdem Zeus seinen ersten Einschnitt vorgenommen hatte,

> befahl er dem Apollon, ihm das Gesicht und den halben Hals herumzudrehen nach dem Schnitte hin, damit der Mensch, seine Zerschnittenheit vor Augen habend, sittsamer würde, und das übrige befahl er ihm auch zu heilen. (190e)

"Aber im letzten Grunde müßte es die Entwicklungsgeschichte unserer Erde und ihres Verhältnisses zur Sonne sein, die uns in der Entwicklung der Organismen ihren Abdruck hinterlassen hat ... ." Auch Aristophanes erzählt die Geschichte dieses Abdrucks, der von den Wunden nicht des Geistes sondern des Körpers zurückgelassen wurde; und diese Wunden heilen, wie Freud als auch Aristophanes wußten, nicht ohne Narben; oder nicht ohne "Blasen", wie bei der durchgebrannten Rinde - Schorf? - des *Bläschens**. In jedem Fall nicht ohne den Ort zu markieren, an dem alle Stränge zusammenlaufen, um einen einzigen, unlösbaren Knoten zu bilden.

> Dieser drehte ihm also das Gesicht herum, zog ihm die Haut von allen Seiten über das, was wir jetzt den Bauch nennen, herüber, und wie wenn man einen Beutel zusammenzieht, faßte er es in eine Mündung zusammen und band sie mitten auf dem Bauche ab, was wir jetzt den Nabel nennen. Die übrigen Runzeln glättete er meistenteils aus und fügte die Brust einpassend zusammen, mit einem solchen Werkzeuge, wie womit die Schuster über dem Leisten die Falten aus dem Leder ausglätten, und nur wenige ließ er stehen um den Bauch und Nabel, zum Denkzeichen des alten Unfalls. (190e-191a)

Der Nabel bleibt runzelig, knotig und bricht die glatte Oberfläche des Körpers, der, wie Freud wußte, dem Ich als Modell dient.[3] Die Schließung des Körpers - Paradigma der Organisation des Ich - wird von Apollo, der "Sonne", durch einen Eingriff von Außen, ebenso vervollständigt wie gestört und dient als "Denkzeichen des alten Unfalls". Unabhängig davon, wie ökonomisch das Ich sein mag, kann seine "Hülle" niemals hermetisch abgeschlossen sein, denn genau an der Stelle, wo alles zusammenläuft, findet sich die Narbe und das Stigma einer alten Wunde, einer alten Sehnsucht. Und diese entspringt aus dem Zusammenwirken von Zeus und Apollon:

> Nachdem nun die Gestalt entzweigeschnitten war, sehnte sich jeder nach seiner anderen Hälfte, und so kamen sie zusammen, umfaßten sich mit den Armen und schlangen sich ineinander ... (191a)

Hier *scheint* Freud gefunden zu haben, was er gesucht hatte: die Ableitung des Lebens als Prozeß der Wiederholung aus dem Streben, eine frühere Einheit wiederherzustellen. An dieser Stelle glaubt er, den Eros gefunden zu haben. Doch in der Geschichte des Aristophanes wird hier Eros noch nicht erwähnt - und dies mit gutem Grund. Denn das Streben, das Freud für Eros hält, ist in der Version des Komödiendichters nichts anderes als Thanatos, in seiner reinsten und unwiderstehlichsten Form. Die zerschnittenen Leiber, berichtet er,

> schlangen sich ineinander, und über dem Begehren zusammenzuwachsen, starben sie aus Hunger und sonstiger Fahrlässigkeit, weil sie nichts getrennt voneinander tun wollten. War nun die eine Hälfte tot und die andere blieb

---

[3] "Das Ich ist vor allem ein körperliches, es ist nicht nur ein Oberflächenwesen, sondern selbst die Projektion einer Oberfläche." (*Das Ich und das Es*, G.W. XIII, 253)

übrig, so suchte sich die übriggebliebene eine andere und umschlang sie ... und so kamen sie um. (191b)

Würde Aristophanes' Geschichte so wie Freuds Variante hier aufhören, so hätte es niemals Eros gegeben, sondern nur den Tod. Die Erzählung hätte dann Freuds schwarzes Loch nur wiederholt - oder vielmehr vorweggenommen, als Festung eines unzugänglichen *da!**; und am Ende bliebe nichts übrig, nicht einmal der Tod selbst. Aber Aristophanes erzählt seine Geschichte weiter, genau wie Freud weiter suchen muß. Und vielleicht vermag gerade diese Fortsetzung Freud dasjenige zu geben, was er so heiß begehrt. Denn Aristophanes berichtet von einem zweiten, wiederholten Eingriff, der dazu bestimmt war, die todgeweihten Körper vor sich selbst zu schützen - vor ihrem tödlichen Begehren wiedervereinigt und ein Ganzes, kurzum ein Selbst zu werden:

Da erbarmte sich Zeus und gab ihnen ein anderes Mittel an die Hand, indem er ihnen die Schamteile nach vorne verlegte, denn vorher trugen sie auch diese nach außen und erzeugte nicht eines im anderen, sondern in die Erde wie die Zikaden. Nun aber verlegte er sie ihnen nach vorne und bewirkte vermittels ihrer das Erzeugen ineinander ... (191b-c)

Dieser zweite Eingriff wiederholt nicht nur den ersten, sondern gibt ihm eine neu Dimension: Anstatt zu trennen, zu schneiden und abzusondern, verschiebt, entstellt und ordnet er die Zeugenungsorgane und rückt somit die Wiederholung in den Vordergrund. Nur dank dieser Verschiebung, dem Einbruch einer bestimmten *Entstellung** kann das *fort(ress)-da!* endgültig und unwiderrufbar durchbrochen werden. Und erst hier wird Eros endlich von Aristophanes erwähnt.

Von so lange her ist die Liebe zueinander den Menschen angeboren, und versucht aus zweien eins zu machen und die menschliche Natur zu heilen. (191 c-d)

Darum ist das *da!** von nun an *fort!**: nicht bloß als verlorene Einheit oder als vom Selbst abgetrennte Ganzheit, sondern als *Entstellung**, die die Geschichten von Verlust und Trennung in einen anderen Text wiedergibt, worin die Verschiebung zum "Ursprung" des Eros wird. Denn nur, wenn sie verschoben worden sind, vermögen die Organe, Eros zu erzeugen und nicht nur Thanatos. Nur so werden sie *erogen*:

Jeder von uns ist also ein Bruchstück von einem Menschen (anthropou symbolon), da wir ja zerschnitten wie die Schollen, aus einem zwei geworden sind. Also sucht nun jeder immer sein anderes Stück. (191d)

Für Aristophanes kann dieses erogene, symbolische Streben vom narzißtischen Begehren, eins zu werden, anscheinend niemals abgeschnitten werden. So wäre das Symbolische für ihn vom Narzißmus, einem bestimmten Spiegelbild des Anderen, untrennbar. Und doch markiert die Erzählung unauslöschlich den Ort und den Anblick jenes Bildes als den *Nabel* - Denkzeichen des alten Unfalls oder Vorfalls, bei dem die Sonne ihren Abdruck zurückgelassen hat, den wir entziffern müssen.

Aber was von dieser Spur, die an diesem Ort, dem wir aufsitzen (*straddle, or fall for*) - dem Unerkannten - zurückgelassen wurde? Was von dem "großen X", in dem soviel Energie gebunden ist, und was von der Variablen, welche die "Gleichung" der Metapsychologie sowohl möglich macht als auch an sich zweifeln läßt?

Können wir nun wie Freud (der dafür die Geschichte, die er zitiert, nicht liest), sicher sein, daß wir genau wissen, wo die Geschichte endet oder wohin sie führt; wo der Mythos endet und die Theorie beginnt? Die Liebenden jedenfalls können am wenigsten sagen, was sie wirklich wollen:

> Wenn dann aber einmal einer seine wahre eigne Hälfte antrifft, ein Knabenfreund oder jeder andere, dann werden sie wunderbar entzückt zu freundschaftlicher Einigung und Liebe und wollen sozusagen auch nicht die kleinste Zeit voneinander lassen; und die ihr ganzes Leben lang miteinander verbunden bleiben, diese sind es, welche auch nicht einmal zu sagen wüßten, was sie voneinander wollen. Denn dies kann doch wohl nicht die Gemeinschaft des Liebesgenusses sein ... sondern offenbar ist, daß die Seele beider, etwas anderes wollend, was sie aber nicht aussprechen kann, es nur andeutet und zu raten gibt. (192b-c)

Sie können nicht ausdrücken, was sie voneinander wollen, denn was sie begehren, ist etwas so Anderes, daß es nur von einem Anderen ausgesprochen werden kann. Zumindest könnte dies der Grund dafür sein, daß Aristophanes ganz am Schluß seiner Erzählung vom Eingriff einer weiteren Figur berichtet - oder ist es eher eine *Hypothese* oder eine Vermutung, die hier plötzlich auftaucht, um die Geschichte zu einem Happy-End zu bringen?

> Und wenn, indem sie zusammenliegen, Hephaistos vor sie hinträte, seine Werkzeuge in der Hand, und sie fragte: Was ist es denn eigentlich, was ihr wollt, ihr Leute von einander, und wenn sie dann nicht zu antworten wüßten (aporountas), sie weiter fragte: Begehrt ihr etwa dieses, soviel als möglich zusammenzusein, daß ihr euch Tag und Nacht nicht verlassen dürftet? Denn wenn das euer Begehren ist: so will ich euch zusammenschmelzen und in eins zusammenschweißen, so daß ihr statt zweier einer seid und, so lange ihr lebt, beide zusammen als einer lebt, und wenn ihr gestorben seid, auch dort in der Unterwelt nicht zwei, sondern gemeinsam gestorben ein Toter seid. (192d-e)

Hephaistos, der Gott der Bindung und Trennung[4], der oft mit den Werkzeugen dargestellt wird, die wie ein "großes X" über seine Schulter geworfen sind, tritt hier auf, um die Verbindung zu sichern, die die Liebenden scheinbar so sehr begehren. Aber er garantiert auch die Moral der Geschichte, ohne die weder Freud noch Aristophanes auskommen. Aber während Hephaistos somit die losen Enden der Erzählung in einem angeb-

---

[4] Cf. Marie Delcourt, *Hephaistos, ou la légende du magicien*, Paris 1957.

lich festen Knoten verbindet, schweigen die Liebenden weiterhin. Dies sollte man nicht unerwähnt lassen. Und da sie nicht sagen können, was sie wollen, muß es Hephaistos für sie tun. Denn er stellt nicht nur die Frage, sondern *drängt* den Liebenden auch die Antwort *auf*, indem er sie ihnen in den Mund legt, genau wie nach Freud Platon seine Geschichte Aristophanes in den Mund legt. Kommt aus diesem Mund, also der *wahre* Sinn der Geschichte?

> Dies hörend, das wissen wir gewiß, würde auch nicht einer sich weigern oder zu erkennen geben, daß er etwas anders wollte, sondern jeder würde eben das gehört zu haben glauben, wonach er immer schon strebte, durch Nahesein und Verschmelzung mit dem Geliebten aus zweien einer zu werden. (192e)

Spricht Aristophanes hier für Platon, für sich oder für Hephaistos, der für und im Namen der Liebenden spricht? Werden wir es jemals gewiß wissen? "Jeder würde eben das gehört zu haben glauben, wonach er immer schon strebte." "Das", so folgert Aristophanes, "wissen wir gewiß". Aber heißt das nicht, daß alles, was wir wissen, etwas ist, was wir zu hören wünschen?

Die Liebenden jedenfalls schweigen. Man muß *für* sie reden, aber ihr Schweigen spricht zu uns durch die Stimme des Erzählers, über dessen Status wir zunehmend unsicher werden:

> Es steht also zu besorgen, wenn wir uns nicht sittsam betragen gegen die Götter, daß wir noch einmal zerspalten werden und so herumgehen müssen wie die auf den Grabsteinen Ausgeschnittenen, die mitten durch die Nase gespalten sind, und daß wir dann werden wie die geteilten Würfel, von denen der ander die andere Hälfte hat. (193a)

Das Schicksal der Liebenden ist am Ende auch das unsere, wie Aristophanes deutlich macht: Das Mal, das sie uns hinterlassen, Abdruck der Sonne und ihres Verhältnisses zur Erde, eines gewaltsamen Eingriffs starker Kräfte, ist ein Signal. Es siedelt uns irgendwo zwischen Symbol und "geteiltem Würfel" an, im Schweigen einer Figur, die auf einen Grabstein gemeißelt ist. Die Gefahr, vor der uns das Signal warnt, besteht darin, daß wir - wie Nietzsches "Weib" - nicht tief und noch nicht einmal flach sein werden, sondern eher verdreht oder verzerrt, d.h. *entstellt**. Und daß wir herumlaufen werden wie Hephaistos selbst, welcher der einzige griechische Gott war, von dem man wußte, daß er hinkte.

Und vielleicht ist es vor allem dies, was den griechischen Gott der Bindung und Trennung, den Träger des "großen X", mit Freud verbindet, der seinen spekulativen Weg *Jenseits des Lustprinzips* mit der folgenden Bemerkung beendet:

> Hieran knüpfen sich ungezählte andere Fragen, deren Beantwortung jetzt nicht möglich ist. Man muß geduldig sein und auf weitere Mittel und Anlässe zur Forschung warten. Auch bereit bleiben, einen Weg wieder zu verlassen, den man eine Weile verfolgt hat, wenn er zu nichts Gutem zu führen scheint.

Nur solche Gläubige, die von der Wissenschaft einen Ersatz für den aufgegebenen Katechismus fordern, werden dem Forscher die Fortbildung oder selbst die Umbildung seiner Ansichten verübeln. Im übrigen mag uns ein Dichter (Rückert in den Makamen des Hariri) über die langsamen Fortschritte unserer wissenschaftlichen Erkenntnis trösten:

"Was man nicht erfliegen kann, muß man erhinken.
....
Die Schrift sagt, es ist keine Sünde zu hinken."[5]

Wieder einmal sind es die Worte eines philosophierenden Dichters (Rückert), die Freud Trost spenden. Oder ist es wirklich ein Dichter, den Freud hier am Ende seines spekulativen Weges zitiert? Denn viele Jahre zuvor hatte er denselben Dichter und dieselbe Passage zitiert, aber zu einer Zeit, da er sich weniger mit dem Tod und mit der Wiederholung als mit der Maschine auseinandersetzte, die er gerade konstruierte; und zwar eine Maschine, die fast von selbst zu "fliegen" schien. Diese Maschine, oder richtiger, dieser Automat (wir erinnern daran, daß Hephaistos als Erfinder der Automaten gilt) war nichts anderes als Freuds erster Versuch, ein psychologisches System auszuarbeiten. Als der "Entwurf" seinem Abschluß immer näher kam, schrieb Freud über seine Gefühle in einem Brief an seinen Freund Fließ:

> Nun höre weiter. In einer fleißigen Nacht der verflossenen Woche, bei jenem Grad von Schmerzbelastung, der für meine Hirntätigkeit das Optimum herstellt, haben sich plötzlich die Schranken gehoben, die Hüllen gesenkt, und man konnte durchschauen vom Neurosendetail bis zu den Bedingungen des Bewußtseins. Es schien alles ineinanderzugreifen, das Räderwerk passte zusammen, man bekam den Eindruck, das Ding sei jetzt wirklich eine Maschine und werde nächstens auch von selber gehen. Die drei Systeme von Neuronen, der freie und gebundene Zustand von Quantität, der Primär- und Sekundärvorgang, die Haupttendenz und die Kompromißtendenz des Nervensystems, die beiden biologischen Regeln der Aufmerksamkeit und der Abwehr, die Qualitäts- Real- und Denkzeichen, der Zustand der psychosexualen Gruppe - die Sexualitätsbedingung der Verdrängung, endlich die Bedingungen des Bewußtseins als Wahrnehmungsfunktion - das alles stimmte und stimmt heute noch! Ich weiß mich vor Vergnügen natürlich nicht zu fassen.[6]

Freud, der kaum an sich halten kann, wünscht dennoch, er hätte gewartet, bevor er seinem Freund und ersten Leser den frühen und noch immer unvollständigen Entwurf seiner "Maschine" sandte:

> Hätte ich mit meiner Mitteilung an Dich doch zwei Wochen gewartet; es wäre alles so viel klarer ausgefallen. Allein, erst bei dem Versuch, es Dir mitzuteilen, ist mir die Sache ja erst klar geworden. Es ging also nicht anders. Jetzt werde ich wenig Zeit zu einer ordentlichen Darstellung finden. ... Wenn ich 48

---

[5] G.W. XIII, 69.

[6] Freud, *Aus den Anfängen der Psychoanalyse*, S. 115.

Stunden mit Dir über nichts anderes sprechen könnte, wäre die Sache wahrscheinlich abzuschließen. Aber das sind Unmöglichkeiten. "Was man nicht erfliegen kann ... "[7]

In Abwesenheit seines verehrten Freundes und "ersten Lesers" dem "Repräsentanten des Anderen" suchte Freud Trost beim Dichter. Und obschon dieser ihm wie die *Schrift** zu erzählen wußte, daß es keine Sünde sei zu hinken, so war Freud 1895 vom "Hinken" weit entfernt. Er machte vielmehr Fortschritte: "Sonstige neurotische Bestätigungen regnen mir. Die Sache ist wirklich wahr und echt."[8] 1920 jedoch, nach der Loslösung von seinem Freund, suchte Freud noch immer Halt bei den Dichtern und Bestätigung bei den Neurotikern. Und in deren "Übertragung" - genauer nämlich deren Weigerung, die Bestätigung zu liefern - scheint Freud die "wahre" und "echte" Maschine hinter allem zu finden: die treibende Kraft des Wiederholungszwangs, der automatisch arbeitet und wohl dem Lustprinzip entgegenläuft. Wenn auch die psychoanalytische Maschine als Therapie ins Stocken geriete, so würde sie als Theorie - als Spekulation - dennoch weiterlaufen, wenn es nötig wäre. Aber sie benötigte wie der Automat immer noch einen Anstoß von außen - einen Start, der zugleich das Ziel wäre. Und Freud sah sich auf dem Weg zu einem ganz anderen Ort, an dem er die autoritative Stimme des Dichterphilosophen zu vernehmen glaubte.

Aber wenn der, den er dort fand, wirklich ein Dichter war, so war er kein Philosoph, sondern eher sein Gegenspieler: ein Mann des Theaters, ein Geschichtenerzähler mit Sinn fürs Absurde. Und die Legende, die dieser erzählte, wiederholte nur, was Freud selbst vor langer Zeit anderswo gedacht und geschrieben hatte.

* * *

Nachdem nun der Stückeschreiber seine Geschichte beendet, und der Schauspieler seinen Auftritt gehabt hatte, war es Zeit für den Philosophen, die Wahrheit über Eros zu sagen, statt nur sein Loblied zu singen.

> Denn ich halte nun keine Lobrede nach dieser Weise; ich könnte es auch nicht. Indessen, die Wahrheit, wenn ihr wollt, die will ich euch wohl sagen nach meiner Art, nicht wie eure Reden waren, damit ich kein Gelächter bereite. (199a)

Dem Komiker gleich verkündet auch der Philosoph, daß sich seine Rede von den anderen unterscheiden werde, und wie jener fürchtet auch er das Gelächter. Aber diesmal wird es keines geben. Denn was der Philosoph zu

[7] *ibid.*, S. 115f.

[8] *ibid.*, S. 115.

sagen hat, betrifft das Allerernsteste, die Wahrheit. Und diese muß auf ihre eigene Weise gesagt werden:

> Sieh also zu, Phaidros, ob du eine solche Rede auch gebrauchen kannst, was wahr ist vom Eros sagen zu hören, aber in Redensarten und Wortvorstellungen, wie sie sich eben fügen wollen. (199b)

Und nachdem er seine "Grundregel" ausgesprochen hat, die diejenige vorwegnimmt, die Freud zur Grundlage der psychoanalytischen "freien Assoziation" machen wird, fährt Sokrates fort, eine Geschichte zu erzählen oder eher nachzuerzählen, die ihm von einer Frau weitergegeben worden war, der er vor langer Zeit, als er noch ein sehr junger Mann war, begegnete.

Und nachdem er die Geschichte der Liebe zu Ende erzählt hatte, geschah etwas Merkwürdiges:

> Nachdem nun Sokrates also gesprochen, hätten die andern ihn gelobt, Aristophanes aber sei im Begriff gewesen, etwas zu sagen, weil Sokrates in seiner Rede seiner erwähnt wegen der Rede. Allein, plötzlich sei an der äußeren Tür gepocht worden, und es sei ein großes Geräusch entstanden, als höre man Stimmen von Herumziehenden, und die Töne einer Flötenspielerin wurden vernommen ... (212c)

VI. Die Zeit des Lachens

Die Zeit des Lachens

Daß es mit dem Lachen seine eigene Bewandtnis hat, wird deutlich, sobald man sich mit ihm, wie hier, in einem akademisch-theoretischen Kontext auseinandersetzen will. Ist das Lachen selbst nie unabhängig von den besonderen Umständen, in denen es stattfindet, so kommt seine wissenschaftliche Untersuchung ebenfalls auf die Dauer nicht umhin, über die Zeit und den Ort, wo sie ausgetragen wird, sich Gedanken zu machen. Denn der Schein von Allgemeingültigkeit, die dem Thema anhaftet, täuscht: über das Lachen heute in Freiburg, Tübingen oder Marburg zu sprechen ist etwas anderes, als über 'le Rire' in Paris, oder über 'Laughter' in den Vereinigten Staaten. Freud bemerkt einmal, daß "jeder Witz sein eigenes Publikum" verlange und von diesem nicht zu trennen sei; nicht anders scheint es um das Lachen bestellt zu sein, sogar wenn man darunter, wie hier, zunächst nur ein theoretisches Problem versteht. Denn dieses Problem wird durch jeweils spezifische kulturelle und sprachliche Traditionen geprägt, welche durch die scheinbar 'anthropologische' Tragweite des Lachens allzuleicht übersehen werden kann.[1] Das läßt sich vielleicht am knappsten durch den folgenden Sprachvergleich verdeutlichen: im Französischen kann man nicht sehr lang über das Lachen nachdenken, ohne auf den Ausdruck 'fou rire' zu stoßen, was auf deutsch wohl am besten mit 'irres Lachen' wiederzugeben ist. Im Unterschied zum Französischen aber wird der deutsche Ausdruck heute kaum mehr gebraucht und überlebt wesentlich als Erinnerung an die Dichtung der Romantik. Im gängigen Gebrauch ist aber ein anderer Terminus, der den Hinweis auf den Wahnsinn durch einen auf den Körper ersetzt: *Lachkrampf*. Auf englisch schließlich läßt sich für 'fou rire' oder für Lachkrampf, so weit ich sehe, überhaupt kein umgangssprachliches Äquivalent mehr entdecken, es sei denn die etwas altmodische Wendung "fit of laughter". Diese sprachliche Situation ist wiederum durchaus kennzeichnend für den Wert und die Würde, die in den jeweiligen Sprachen dem Phänomen des Lachens zugeschrieben wird. Seit dem 18. Jahrhundert, wo das Lachen noch überall in Europa als wichtige soziale und kulturelle

---

[1] *Cf.* die Einleitung von Dietmar Kamper und Christoph Wulf, "Der unerschöpfliche Ausdruck", zu dem von ihnen herausgegebenen Band *Lachen - Gelächter - Lächeln*, Frankfurt/M., 1986, S. 7.

Frage angesehen wurde, ist es allein Frankreich gewesen, wo das Lachen nie aufgehört hat, der Anlaß ernsthafter Reflexionen zu sein. Man braucht nur an die drei 'Bs' zu denken - Baudelaire, Bergson und Bataille -, um sich über die anhaltende Bedeutung dieses Themas im französischen Sprachraum klar zu werden.

Dennoch finden sich auch bei diesen Schriftstellern Spuren jener merkwürdigen Ambivalenz, die sich bei der Beschäftigung mit dem Lachen selten vermissen läßt und die wohl mit daran schuld ist, daß die Einstellung zu diesem Phänomen die Neigung hat, so eigentümlich schwankend zu sein. Bergson etwa beschreibt, wie

> die größten Denker seit Aristoteles sich an dieses kleine Problem herangewagt haben, das sich ihrem Zugriff immer wieder entzieht, wegschlüpft, sich rettet, um schließlich sich aufzurichten als impertinente Herausforderung an die Adresse philosophischer Spekulation.[2]

150 Seiten später schließt Bergson seine Untersuchung über das Lachen ab, indem er es mit dem "Schaum" (*mousse*) vergleicht, der sich auf den Meereswogen bildet, und der "die beweglichen Formen der Turbulenz nachzeichnet":

> Manchmal läßt die Flut etwas Schaum am Strand zurück. Das Kind, das nicht weit davon spielt, kommt herbei, nimmt sich eine Handvoll davon und staunt, einen Augenblick danach nichts in seiner Hand zu haben als ein paar Tropfen, die allerdings weitaus salziger, weitaus bitterer sind, als die Woge, die sie gebracht hat.[3]

Dem Philosophen - so Bergson am Schluß seiner Arbeit - geht es nicht anders als dem Kinde; versucht er, den Schaum aufzulesen, um damit ein wenig von der sprudelnden Heiterkeit habhaft zu werden, bleibt ihm als Belohnung "eine für das geringe Material recht erhebliche Dosis Bitterkeit" - une certaine dose d'amertume - als Nachgeschmack zurück.

Dieses Mißtrauen dem Lachen gegenüber fängt nicht erst mit Bergson an. Im dritten Buch der *Politeia*, kurz vor der berühmten Diskussion der Mimesis, setzt sich Sokrates mit dem Lachen auseinander, vor allem mit dem Homerischen Gelächter. Seine Behandlung der Frage ist ebenso knapp wie seine Schlußfolgerung eindeutig:

> Nochmals [unsere jungen Männer] dürfen keine Neigung zum Lachen haben. Denn gibt man sich dem heftigen Lachen hin, so ruft dieser Zustand in der Regel eine ebenso gewaltige Reaktion hervor. Ich glaube, das stimmt, sagt er. Weder also, wenn uns jemand Menschen, die der Rede wert sind, vom Gelächter überwältigt darstellt, dürfen wir uns das gefallen lassen, noch viel weniger aber, wenn Götter ... In der Tat, erwiderte er. Wir dürfen also auch dem Homer Äußerungen wie die folgenden über die Götter nicht durchgehen lassen:

[2] Henri Bergson, *Le Rire*, Paris, 1950, S. 1 (*Übersetzung von S.W.*).

[3] *ibid.*, S. 153.

> Doch unlöschbares Lachen erscholl den seligen Göttern, als sie sahen, wie Hephaistos in emsiger Eil umherging. (Iliad I,599)
>
> Das dürfen wir nicht hinnehmen, Deiner Ansicht nach. Wenn Du sie für meine ausgeben willst. Hinnehmen jedenfalls dürfen wir es nicht. (Politeia, II, 388d-389a)

Diese Stelle, welche seine eigene Form, den Dialog, einem gewissen Lachen aussetzt, deutet auf zumindest einen der Gründe, warum das Lachen Mißtrauen hervorruft: wegen seiner Tendenz, außer Kontrolle zu geraten. Daher bildet es eine Gefahr für den Staat und für die Staatsmänner. Diese Unkontrollierbarkeit wiederum zeigt, in welchem Maße sich das Lachen von anderen Tätigkeiten des Subjekts unterscheidet. Es ist nicht das Resultat einer wohlüberlegten Entscheidung, sondern vielmehr einer Art Selbstpreisgabe: Man "gibt sich dem Lachen hin" und läuft damit Gefahr, die Herrschaft über sich zu verlieren. Das Lachen neigt dazu, gewaltsam und gefährlich zu sein, aus zumindest zwei Gründen: erstens, weil es dazu tendiert, die Lachenden selbst zu überwältigen; und zweitens, weil seine Macht immer auch gegen andere gerichtet ist. Am gefährlichsten aber ist es, wenn die Beteiligten nicht nur 'wertvolle Menschen' sind, sondern 'Götter'; wie bei der Mimesis, deren Prozeß hier schon angekündigt wird, geht es darum, die Verantwortlichkeit der höchsten Instanzen gegen die Unverantwortlichkeit der Dichtung (oder überhaupt: der Darstellung als solcher) zu verteidigen. Und insbesondere: gegen gewisse Formen der narrativen Darstellung. Wir werden später Gelegenheit haben, darauf zurückzukommen.

Es gibt eine zweite Stelle, wo Platon aufs Lachen eingeht: im Fünften Buch der *Gesetze*. Hier geht es nicht mehr darum, die Neigung zum Lachen einfach zu verurteilen, sondern sie eher zu kanalisieren:

> Es gibt auch weniger wichtige, doch nicht weniger heilsame Regeln, welche, obwohl sie oft formuliert werden, dennoch immer wieder eingeprägt werden müssen. Denn wo Gewässern, wie wir sagen können, vergossen werden durch Ausfluß, muß es immer ein ausgleichendes Einströmen geben, und Erinnerung ist jenes Einströmen, welches das Vergießen von Weisheit wiedergutmacht. Daher muß es bei übermäßigen Gelächter und Weinen Zurückhaltung geben und muß jeder von uns seine Mitmenschen dazu bringen, sich vom Anstand beraten zu lassen ... (5.732 b-c)

Lachen, wie Weinen, beinhaltet demzufolge das 'Vergießen' und Vergeuden von Weisheit; gegen eine derartige Verausgabung hilft nur eine entsprechende Er-innerung, welche sich des Anstandes besinnt. Dieser wiederum besteht aus "Regeln, die durch Wiederholung eingeprägt werden". Gerade in der Verteidigung derartiger Regeln sah Bergson die Hauptfunktion des Lachens: als eine 'bestrafende Zurechtweisung' ('correction') derjenigen Verhaltensweisen, die diesen Anstand durch gedankenlose Wiederholung, d.h. durch "Unaufmerksamkeit" (distraction)[4] unterminieren. Platon dagegen hat weniger Vertrauen in diese 'zurechtweisende' Fähigkeit des Lachens; ihm scheint es eher die Gefahr der Unordnung in sich zu bergen. Damit ist jedenfalls die Polarität beschrieben, die das Denken über das Lachen von Platon bis Bergson weitgehend strukturieren wird: Einerseits wird das Lachen als unkontrollierbare, unlöschbare Macht konzipiert, die alle Grenzsetzung bedroht; andererseits wird es betrachtet als kanalisierbare, ja kanalisierende Kraft, die die Ordnung erhält, indem sie gerade die grenzüberschreitenden Tendenzen durch Einschüchterung und Abwertung 'zurechtweist', ja: bestraft.[5] Was allerdings an dieser Stelle sich nur schwerlich übersehen läßt, ist das metaphorische Medium, worauf beide, Bergson wie Platon, zurückgreifen, um ihre Vorstellungen über das Lachen zu artikulieren. Hier wie dort geht es um die Bewegung von Flüssigkeit, allerdings mit einem wichtigen Unterschied: bei Bergson handelt es sich dabei um die Wogen des Meeres, also um eine regelmäßige Wiederkehr, die gewiß nur 'bitteren' Schaum zurückläßt. Platon hingegen denkt sich das Lachen einerseits als eine Welle, die alles mit sich wegschwemmt; und andererseits als einen Ausfluß, der das Innere ausleeren würde, oder, gegenläufig, als 'Einfluß' (der Erinnerung), wodurch die Vergeudung gutgemacht und ausgeglichen wird. Eine ähnliche Metaphorik findet sich bekanntlich auch bei Freud, der ebenfalls auf eine 'Hydraulik' rekurriert, um seine Auffassungen von der Ökonomie und der Dynamik der Triebe zu artikulieren. Umso bezeichnender ist es aber, daß diese hydraulische Metaphorik gerade ihre Grenzen zeigt, wo Freud sich dem Lachen zuwendet, in seinem Buch *Der Witz und seine Beziehung zum Unbewußten*.

Aber zunächst eine kurze Zusammenfassung der Umstände, aus denen diese Untersuchung hervorgegangen ist: In seiner Erforschung des Traums hatte sich dieser als "unausstehlich witzig" herausgestellt und damit den Verdacht erweckt, daß es sich dabei eher um die Projektionen Freuds handelte als um die Sache selbst. "Der scheinbare Witz aller unbewußten Vorgänge", schreibt Freud an Wilhelm Fließ (11.9.99) "hängt intim mit der Theorie des Witzigen und Komischen zusammen". Das Witzbuch wird also einerseits notwendig, um den Vorwurf der "Projektion" bzw. der Suggestion zu entkräften, der schon damals von Fließ erhoben worden ist, und der bis heute gegen den wissenschaftlichen Geltungsanspruch der Psychoanalyse

---

4 *ibid.*, S. 67.

5 Diese zweischneidige, ambivalente Struktur des Lachens ist neulich in einem sehr einsichtsvollen und materialreichen Aufsatz von Klaus Heinrich als "Katastrophen-Darstellung und -Beschwörung" analysiert worden. Klaus Heinrich, *"Theorie" des Lachens*, in: Kamper/Wulf, *Lachen - Gelächter - Lächeln*, S. 17-38.

immer wieder erhoben worden ist.[6] Andererseits aber wird im Laufe der Untersuchung deutlich, daß die Theorie des Witzes diese strategische Aufgabe schwerlich wird erfüllen können. Denn Freud zufolge hängt der Witz strukturell von einem Faktor ab, der jeder wissenschaftlichen Objektivierung oder Kontrolle prinzipiell zuwiderläuft: dem Lachen, und zwar von einem 'explosiven' Lachen. Damit führt er einen Denkansatz fort, den er schon bei der Traumdeutung entwickelt hatte, und der die pragmatische Seite (im Peirceschen Sinne) des Freudschen Denkens verdeutlicht: Demzufolge werden die Bildungen des Unbewußten erst nachträglich, durch die von ihnen erzeugten Wirkungen, bestimmt. Da aber diese Wirkungen selbst nie ganz einzugrenzen sind, wird auch diese 'pragmatische' Bestimmbarkeit problematisch. Im Falle des Traumes sieht das dann so aus: Der Traum wird nicht ein für allemal geträumt, sondern entfaltet sich, indem er 'nacherzählt' bzw. nachträglich gedeutet wird. Solches nachträglich Erzählt- und Gedeutetwerden 'gehört' ebenso zum Vorgang des Traumes wie dieser 'selbst' - was allerdings diesem 'Selbst' einen problematischen Charakter aufprägt, d.h. es gleichsam in eine zweite Zukunft entwirft: es wird erst zu dem, was es eigentlich gewesen ist. Ähnlich steht es mit dem Witz: dieser 'wird' erst witzig, indem über ihn gelacht wird. Lacht man nicht, so ist auch der beste Witz keiner. Der Witz löst das Lachen aus, das ihn nachträglich zum Witz macht. Einerseits konnte man behaupten, daß sowohl Witz wie Traum erst durch einen Vorgang der Wiederholung konstituiert werden. Andererseits zeigt sich dadurch ein bedeutender Unterschied zwischen den beiden. Die Entstehung des Traumes durch Wiederholung und Entstellung, d.h. durch sein Erzähltwerden, durch Assoziationen, durch Deutungen usw. vollzieht sich in einem Medium, das demjenigen viel näher zu stehen scheint, dessen sich der Traum seinerseits bedient: dem verbalen Diskurs. Die Entstellung des Witzes durch das Lachen dagegen bringt zwei völlig verschiedene 'Medien' ins Spiel: das diskursive des Witzes, das immerhin etwas sagt oder aussagen will, und das eines Lachens, das den Körper zwar explosiv erschüttert, aber nichts bedeutet. Die Aufgabe also, die sich Freud hier aufdrängt, betrifft *die Beziehung des Lachens als körperlichen Vorgang zu dem Witz als Wortlaut*. Daher reicht es nicht aus, bloße Ähnlichkeiten in den Operationen von Traumarbeit und Witzarbeit herauszustellen (Verdichtung, Verschiebung), um eine Theorie des Witzes zu bilden, sofern solche Momente allein die Lachwirkung des Witzes nicht erklären können. Trotz der Schwierigkeiten, die seiner theoretischen Zielsetzung damit erwachsen, besteht Freud kompromißlos auf der unerläßlichen Bedeutung des explosiven Lachens für den Witz. Ein Witz muß Lachen erzeugen. Das

[6] *Cf.* Adolf Grünbaum, *The Foundations of Psychoanalysis. A Philosophical Critique*, Berkeley, 1984.

Verständnis des Witzes hängt also weitgehend von dem des Lachens ab. Die Verwirklichung von Freuds Absicht, den Witz für die Psychoanalyse gleichsam anzueignen, und damit zugleich die Psychoanalyse durch eine gelungene Witztheorie vor dem Vorwurf der Suggestion zu schützen - wird erheblich erschwert, wenn nicht sofort verunmöglicht durch die Art, wie sich das Lachen als unabdingbares Moment des Witzes aufdrängt.

Über dieses 'Aufdrängen' möchte ich eine allgemeine Bemerkung machen, bevor wir uns auf eine Diskussion ihrer Implikationen im einzelnen einlassen. Daß das Rätsel des Lachens von Freud nicht restlos gelöst wird, steht außer Zweifel. Dennoch, zu einer Zeit, wo es wieder Mode geworden ist, die Psychoanalyse im Namen einer 'Realität' zu kritisieren, die gerade die komplexe Struktur jener Konflikte und Schwierigkeiten verleugnet, mit denen sich Freud auseinanderzusetzen versucht hat - zu einer solchen Zeit ist es vielleicht nicht ganz überflüssig, darauf hinzuweisen, wie wirksam Freud der Versuchung des systematisierenden Denkens hier widersteht. Durch seine Insistenz auf die Bedeutung des explosiven Lachens für den Witz zeigt er deutlich, daß er nicht bereit ist, die heterogene Dimension des Unbewußten den 'narzißtischen' Erfordernissen der Theoriebildung aufzuopfern. Daß Freud fortwährend in seinen Schriften auf diese Gefahr hinwies, weiß jeder, der sie gelesen hat. Daß er in der Lage war, dieser Verlockung auch praktisch zu widerstehen, zeigt sich nirgendwo so deutlich wie hier. Denn aus der Auseinandersetzung der psychoanalytischen Theorie mit dem Witz und dem Lachen geht jene Theorie nicht einfach bestätigt hervor, sondern wird eher in Frage gestellt. An dieser Bereitschaft, sich in Frage stellen zu lassen, mißt sich die Fähigkeit des Freudschen Denkens, der Problematik des Anderen sich denkend auszusetzen. Lesen wir also, wie Freud zunächst das Lachen zu erklären versucht:

> Wir würden sagen, das Lachen entstehe, wenn ein früher zur Besetzung gewisser psychischer Wege verwendeter Betrag von psychischer Energie unverwendbar geworden ist, so daß er freie Abfuhr erfahren kann. (G.W. VI, 164)

Man sieht, daß die platonische Hydraulik auch hier bei Freud die Auffassung des Lachens bestimmt: als 'freie Abfuhr'. Damit wird wiederum vorausgesetzt, daß die abgeführte Energie "früher zur Besetzung" verwendet worden ist. Unter 'Besetzung' versteht Freud bekanntlich die Bindung psychischer Energien an Vorstellungen bzw. an Vorstellungsketten ("psychische Wege"). Doch diese Beschreibung ist nicht ganz ausreichend, denn erst durch Besetzung entsteht das Psychische überhaupt. Dieses besteht, zumindest formal gesehen, in einer besonderen Verbindung von Vorstellung und Energie. Der Terminus 'Besetzung', mit seiner militärischen Konnotation, drückt die konfliktreiche Natur dieser Verbindung aus: eine Vorstellung wird 'besetzt', wie man eine Festung besetzt. Besetzung setzt also immer ein Kräfteverhältnis und einen Kampf voraus. Dieser Kampf wird nicht ein für allemal entschieden: er geht weiter, die besetzte Festung kann immer 'entsetzt' werden. Genau dies geschieht beim Lachen: gewisse "psychische Wege" werden entsetzt, und die damit freigestellte Besetzungsenergie wird als Lachen abgeführt, oder, wie Freud einmal schreibt: abgelacht. Das Verständnis des Lachens also spitzt sich zu in der Frage nach der Beziehung von Besetzung, Entsetzung und Abfuhr. Denn wir dürfen nicht übersehen, daß Entsetzung und Abfuhr durchaus verschiedene Operationen sind, wie die Theorie der Angst deutlich macht. Die Angst wird von Freud (in seiner 'ersten' Theorie) gerade als Entsetzung ohne Abfuhr beschrieben. Damit wird auch angedeutet, warum Lachen und Angst manchmal eine besonders intime Beziehung zueinander unterhalten. Die entsetzte Energie wird erst dann nicht zur Quelle der Entsetzung - der Angst -, wenn sie lachend abgeführt wird. Zeichnen wir also nach, wie, Freud zufolge, diese Abfuhr zu denken ist.

Die Frage des Lachens wird vor allem in dem Kapitel behandelt, das den Titel trägt: "Die Motive des Witzes; Der Witz als sozialer Vorgang". Am Schluß dieses Kapitels zeigt es sich, in welchem Maße Freuds Auseinandersetzung mit diesem Problem ihn zu einer Revision seiner früheren Theorie des Witzes gezwungen hat. Denn die Ökonomie dieser Ersparungstheorie ist viel zu 'beschränkt' oder "lokalisiert", um die Bedeutung des Lachens für den Witz erklären zu können:

> Eine lokalisierte Ersparung, wie die eben betrachtete, wird nicht verfehlen, uns momentane Lust zu bereiten, aber eine dauernde Erleichterung wird durch sie nicht herbeigeführt, solange das hier Ersparte an anderer Stelle zur Verwendung kommen kann. Erst wenn diese anderweitige Verfügung vermieden werden kann, wandelt sich die spezielle Ersparung wieder in eine allgemeine Erleichterung des psychischen Aufwandes um. So tritt für uns mit besserer Einsicht in die psychischen Vorgänge des Witzes das Moment der Erleichterung an die Stelle der Ersparung. (G.W. VI, 176)

Die 'lokalisierte ... , spezielle Ersparung' reicht demnach nicht aus, um die 'dauernde Erleichterung' zu erklären, die durch das Lachen herbeigeführt wird. "Freie Abfuhr" kann also nicht einfach als die Verwandlung psychischer Energie in körperliche Bewegung gedacht werden. Vielmehr muß vorher untersucht werden, wie die Besetzung 'aufgehoben' wird. Dabei stellt es sich heraus, daß die Energie nur dann abfuhrfähig werden kann, wenn sie von jeglicher Art zielgerichteter oder zweckmäßiger Verwendung oder Verfügung abgehalten werden kann. Sie darf also nicht an irgendwelche Zielvorstellungen gebunden werden. Dies heißt aber nicht, daß die 'entsetzte' Energie überhaupt an keine Vorstellungen gebunden wird. Im Gegenteil, das Lachen, sofern es eine psychische Dimension besitzt, muß an Vorstellungen gebunden werden. Allerdings handelt es sich dabei um eine sehr merkwürdige Art von

Verbindung. Im folgenden wollen wir versuchen, der Denkbewegung nachzuspüren, in der Freud die Eigenart dieser Verbindung artikuliert.

Die Bedingung des Lachens besteht Freud zufolge in der "Aufhebung der bisherigen Besetzung" (G.W. VI, 166). Doch ist diese Besetzung keine gewöhnliche, denn es geht dabei nicht um eine Besetzung, sondern um das, was Freud anderswo als "Gegenbesetzung" bezeichnet. Denn das, was aufgehoben wird beim Lachen, betrifft nicht einfach eine "verpönte Vorstellung", sondern was Freud im Witzbuch immer wieder eine *Hemmung* oder *Hemmungsbesetzung* nennt. (G.W. VI, 167) Wie hat man sie zu verstehen? Man darf ja nicht übersehen, daß in gewissem Sinne jede Besetzung eine Hemmungsbesetzung sein muß, insofern nämlich als jede Besetzung, um sich zu behaupten, die Tendenz des Primärvorgangs, sofortige Abfuhr zu suchen, einschränken muß. Deswegen schließt jede Besetzung ein Moment der Hemmung ein, und daher verwendet Freud oft im Witzbuch "Besetzungsaufwand" und "Hemmungsaufwand" fast gleichwertig. Daraus ergibt sich, daß das, was im Witzvorgang zeitweilig 'aufgehoben' wird, nicht einfach eine bestimmte Besetzung ist, sondern darüberhinaus deren wesentliche Bedingung und damit des vorstellenden Denkens sein muß: die hemmende Gegenkraft. Denn ohne Hemmung ist bei Freud weder die *Denkidentität* (des sekundären Vorgangs) noch sogar die Wahrnehmungsidentität des primären denkbar.

Zehn Jahre nach der Niederschrift des Witzbuches, in seinem Aufsatz *Das Unbewußte* (1913), bemerkt Freud, daß dort "wo ein solcher Primärvorgang sich an Elementen des Systems *Vbw* abspielen darf, erscheint er 'komisch' und erregt Lachen" (G.W. X, 286).[7] Solche Bemerkungen bestätigen unsere Vermutung über die Beziehung von Besetzung, Hemmung und Lachen: Dort wo die "Hemmungsbesetzung" am schwächsten ist, im Primärvorgang, genügt das bloße 'Aufdecken' seiner Vorstellungsgebilde, um Lachen auszulösen. Oder auch Angst, mit dem stets das Lachen, mehr oder weniger geheim, verbunden ist.

Wenn also die "Hemmung", die durch den Witzvorgang zeitweilig 'aufgehoben' oder außer Kraft gesetzt wird, nicht einfach eine bestimmte Besetzung betrifft, sondern die Möglichkeitsbedingung von Besetzung überhaupt, so wird verständlich, warum Freud so viel Wert auf die 'explosive' Natur des Lachens legt. Denn was dabei gesprengt wird, ist nichts weniger als das synthetische Vermögen überhaupt, die Fähigkeit, dauerhafte und stabile Besetzungen - d.h. Vorstellungen - zu bilden und zu behalten.

---

[7] Schon in dem Witzbuch befindet sich folgende verwandte Bemerkung: "Jede Aufdeckung eines solchen Unbewußten wirkt auf uns überhaupt als 'komisch'". Und in einer Anmerkung fügt er hinzu, daß viele seiner Patienten auch dann "lachen ... , wenn der Inhalt des Enthüllten es keineswegs rechtfertigen würde". (G.W. VI, 194)

Doch Sprengkraft ist nicht die einzige Eigenschaft, die Freud dem Lachen zuschreibt. Ein anderer, wenn auch verwandter Zug besteht in seinem doppelten *Automatismus*. Erstens vollzieht sich das Lachen selbst durch einen konvulsiven Automatismus des Körpers. Und zweitens wird der Ausbruch des Lachens durch einen gewissen Automatismus vorbereitet. An diesem Punkt gibt Freud Aufschluß über die Frage, die wir vorhin formuliert haben und welche die Beziehung betrifft, die der Witz als verbale Struktur zu dem Bruch unterhält, den das konvulsivische Lachen mit der diskursiven Sprache vollzieht. Derartiges Lachen, schreibt Freud, verlangt

> Hilfstechniken ... welche offenbar der Absicht dienen, die Aufmerksamkeit des Hörers überhaupt vom Witzvorgang abzuziehen, den letzteren automatisch verlaufen zu lassen. Ich sage absichtlich: automatisch und nicht: unbewußt, weil letztere Bezeichnung irreführend wäre. Es handelt sich hier nur darum, die Mehrbesetzung der Aufmerksamkeit von dem psychischen Vorgang beim Anhören des Witzes fernzuhalten, und die Brauchbarkeit dieser Hilftechniken läßt uns mit Recht vermuten, daß gerade die Aufmerksamkeitsbesetzung an der Überwachung und Neuverwendung von frei gewordener Besetzungsernergie einen großen Anteil hat. (G.W. VI, 169f.)

Freuds Gründe, den Automatismus des Witzvorgangs so emphatisch vom Unbewußten abzuheben, liegen zum Teil auf der Hand. Der Witz ist nicht ein Erzeugnis des Unbewußten so wie der Traum. Bewußte Absichten und willkürliches Handeln sind nicht vom Witz ausgeschlossen wie etwa beim Traum. Im Gegenteil, beide sind beim Witz durchaus präsent, obgleich auf eine sehr eigentümliche Weise: sie werden, so haben wir gerade gelesen, "ferngehalten", weit weg von dem, was eigentlich im Witz 'vorgeht'.

Gewiß, in einem gewissen Sinn verhält es sich beim Unbewußten im allgemeinen so: Das Bewußtsein ist nie ganz ausgeschaltet, sondern nur 'ferngehalten' von den begehrten-verpönten Vorstellungen, die durch Gegenbesetzungen verdrängt, d.h. versetzt und ersetzt werden. Daher bleibt Freuds Versuch, eine eindeutige Unterscheidung von Automatismus und Unbewußtem einzuführen - und zwar indem er sie verschiedenen psychischen Instanzen zuordnen will - nicht sehr überzeugend. Anläßlich seiner Erörterung des "komischen Prozesses" schreibt er, dieser gehöre nicht dem Unbewußten an, sondern

> vielmehr dem Vorbewußten ... , und man kann für solche Vorgänge, die sich im Vorbewußten abspielen und der Aufmerksamkeitsbesetzung, mit welcher Bewußtsein verbunden ist, entbehren, passend den Namen "automatische" verwenden. Der Prozeß der Vergleichung der Aufwände muß automatisch bleiben, wenn er komische Lust erzeugen soll. (G.W. VI, 251)

Doch der Begriff der "Vergleichung der Aufwände" reicht keineswegs aus, um jene Unaufmerksamkeit zu erklären, die als Bedingung des Lachens zum Automatismus des Witzes gehört. Der Automatismus des

Witzvorgangs ist weder bewußtlos noch unbewußt. Vielmehr ist er eine Form des Wissens: im Witz geht etwas vor, wovon wir nichts wissen dürfen. Dieses Nichtwissen verlangt nicht, daß man überhaupt nichts weiß, sondern, daß man etwas anderes weiß, daß man an einen anderen Ort versetzt wird. Freud drückt das so aus: Der Witz, schreibt er,

> bedient ... sich des Kunstgriffs, die Aufmerksamkeit abzulenken, indem er ihr im Ausdruck des Witzes etwas darbietet, was sie fesselt, so daß sich unterdes die Befreiung der Hemmungsbesetzung und deren Abfuhr ungestört durch sie vollziehen kann. (G.W. VI, 170)

Einerseits also wird das Bewußtsein 'gefesselt', festgehalten; andererseits und zugleich, 'unterdes', geschieht das Entscheidende: die Befreiung der Hemmungsbesetzung und ihre ungestörte Abfuhr. Das Ereignen des Witzes also ist für das Bewußtsein gerade nicht sichtbar: es geschieht *unterdes*, unter der Hand, während man woanders fest- und ferngehalten wird. Der Automatismus des Witzverlaufes hängt also von diesem merkwürdigen Zeitmoment ab, worüber wir gerne etwas mehr wüßten: die Zeit des *Unterdes*. Vielleicht liegt hier ein Schlüssel zu unserer Frage nach der Beziehung von Wort und Lachen im Witz.

Gehen wir dieser Sache nach. Freud beschreibt die verschiedenen Techniken, deren der Witz sich bedient, um die Aufmerksamkeit des Hörers anzuregen, abzulenken und zu binden. Zu diesen Veranstaltungen gehören Rätsel, Anspielungen, Auslassungen; doch

> noch viel wirksamer sind die Fassadenbildungen, die wir zumal bei manchen Gruppen von tendenziösen Witzen gefunden haben. Die syllogistischen Fassaden erfüllen den Zweck, die Aufmerksamkeit durch eine ihr gestellte Aufgabe festzuhalten, in ausgezeichneter Weise. Während wir nachzudenken beginnen, worin wohl diese Antwort gefehlt haben mag, lachen wir bereits; unsere Aufmerksamkeit ist überrumpelt worden, die Abfuhr der frei gewordenen Hemmungsbesetzung ist vollzogen. (G.W. VI, 170f.)

Versucht man hier, diese merkwürdige Zeitlichkeit des Witzvorganges zu analysieren, so wird man zunächst durch die Zeitform der Beschreibung selbst frappiert: Der Vorgang wird ausschließlich in der Gegenwart gehalten. Die syllogistischen Fassaden *erfüllen den Zweck*, die Aufmerksamkeit ... *festzuhalten* ... Während wir *nachzudenken* beginnen ... *lachen wir bereits*; unsere Aufmerksamkeit ist *überrumpelt worden*, die Abfuhr *ist* ... *vollzogen*. Alles im Präsens und dennoch, das was sich in diesem Präsens artikuliert, ist unserer Geistesgegenwart entzogen. Etwas wird präsentiert, was sich nicht vorstellen läßt. Kurzum: etwas ist vorgegangen, vorgefallen und "während wir nachzudenken beginnen, lachen wir bereits". Das Präsens hier bezeichnet also das Unvorstellbare eines Vorgangs, der seine eigene Zeit hat. Denn was unterdes geschehen ist, ist gerade der Ausbruch des Lachens. Und da wir gerade im entscheidenden Augenblick anderswo gewesen sind, gibt es keine Gewähr, daß dieser

Ausbruch nicht genauso gewaltsam und unstatthaft vorgefallen ist, wie Hegel in seiner Ästhetik es warnend beschrieb:

> Lachen überhaupt ist der Ausbruch des Herausplatzens, das jedoch nicht haltungslos bleiben darf, wenn nicht das Ideal verlorengehen soll.[8]

Doch dieses Ideal ist unterdes wohl unwiederbringlich dahin; denn unsere Aufmerksamkeit ist durch den Witz nicht einfach überwältigt, sondern "überrumpelt" worden, d.h. akustisch desorganisiert: Die Sprache des Witzes bedeutet nicht nur, sie *rumpelt* und rumort, nicht allein in ihren einzelnen Lauten, sondern durch ihre Rhythmik, die, wie bei den syllogistischen Fassadenwitzen, die sinnbildenden Konventionen der Grammatik und der Logik in formaler Hinsicht entspricht, aber nur, um ihren 'Geist' umso nachhaltiger zu unterlaufen. Dabei zeigt sich am Witz selber, als diskursiver Struktur, dieselbe Tendenz, die sich des Zuhörers vollends bemächtigt: das Überhandnehmen einer (un)gewissen Körperlichkeit.

Doch was geschieht in dieser Hinsicht bei der 'ersten' Person, dem Erzähler oder Erfinder des Witzes. Wie findet man oder 'macht' man einen Witz? Dazu Freud:

> Man sagt zwar, daß man den Witz "macht", aber man verspürt, daß man sich dabei anders benimmt, als wenn man ein Urteil fällt, einen Einwand macht. Der Witz hat in ganz hervorragender Weise den Charakter eines ungewollten "Einfalls". Man weiß nicht etwa einen Moment vorher, welchen Witz man machen wird, den man dann nur in Worte zu kleiden braucht. Man verspürt vielmehr etwas Undefinierbares, das ich am ehesten einer Absenz, einem plötzlichen Auslassen der intellektuellen Spannung vergleichen möchte, und dann ist der Witz mit einem Schlage da, meist gleichzeitig mit seiner Einkleidung. (G.W. VI, 191)

Der Ankunft des Witzes als 'ungewolltem Einfall' geht eine 'Absenz' voraus, ein "plötzliches Auslassen der intellektuellen Spannung", das gleichsam den Landeplatz freigibt für den Einfall des Witzes; dieser ist dann "mit einem Schlag da ...", meist schon eingekleidet, d.h. mit Gedanken ausgestattet. "Einfall" hier ist der Sprachgebrauch des immer zu spät zu sich kommenden Bewußtseins: eigentlich weiß es von nichts, oder, wenn man will, von jener 'Absenz', die mit der Präsenz des Witzes zusammenfällt.

Der Witz entsteht also keinesfalls durch eine Arbeit des Bewußtseins, sondern durch dessen Ausfall oder Auslassen. Er wird den Subjekten - ob Erzähler, Erfinder oder Zuhörer, "sozusagen geschenkt" (G.W. VI, 166). Der Witz ist also ein Präsent, das nie als solches repräsentiert werden kann. Die Konsequenzen dieses merkwürdigen Geschenks für Freuds Theorie

---

[8] G.W.F. Hegel, Werke in zwanzig Bänden (hrsg. von E. Moldenhauer und K. M. Michel), Bd. 13, *Vorlesungen über die Ästhetik I*, Frankfurt/M. 1970, S. 210.

lassen sich besonders an jener Witzart untersuchen, die Freud "sophistisch" nennt, und wovon keiner aufschlußreicher ist als folgender:

> Ein Herr kommt in eine Konditorei und läßt sich eine Torte geben; bringt dieselbe aber bald wieder und verlangt an ihrer Statt ein Gläschen Likör. Dieses trinkt er aus und will sich entfernen, ohne gezahlt zu haben. Der Ladenbesitzer hält ihn zurück. "Was wollen Sie von mir?" - "Sie sollen den Likör bezahlen." - "Für den habe ich Ihnen ja die Torte gegeben." - "Die haben Sie ja auch nicht bezahlt." - "Die habe ich ja auch nicht gegessen." (G.W. VI, 63)

Bevor wir auf diesen Witz kurz eingehen, möchte ich eine zweite Version probeweise vorführen. Da sie in gewisser Weise den ursprünglichen Witz wiederholt, wird man kaum überrascht sein, wenn sie nicht besonders witzig erscheint. Witze, so Freud zumindest, lassen sich nicht wiederholen. Doch obwohl es sich hier nicht mehr demonstrieren läßt, glaube ich, daß sie auch bei der ersten Begegnung nicht sonderlich amüsant gewesen wäre. Aber versuchen Sie, selbst zu beurteilen:

> Ein Herr kam in eine Konditorei und bestellte eine Torte; bald aber brachte er sie zurück und verlangte an ihrer Statt ein Gläschen Likör. Dieses trank er aus und wollte sich entfernen, ohne gezahlt zu haben. Der Ladenbesitzer hielt ihn zurück ...

Diese zweite Version habe ich nur zum Teil erfunden: sie ist eine fast wörtliche Rückübersetzung aus der *Standard Edition of the Complete Psychological Works of Sigmund Freud*, der monumentalen englischsprachigen Ausgabe, die von James Strachey herausgegeben wurde. Strachey selbst hat die Übersetzung des Witzbuches besorgt, aus der Sie jetzt eine Probe bekommen haben. Es liegt mir nun fern, eine so verdienstvolle und sorgfältige Ausgabe wie die Standard Edition pauschal kritisieren zu wollen. Ich zitiere sie hier nur, um die Bedeutung einer Sprachform hervorzuheben, die anscheinend nichts Wesentliches zum Sinn des Textes beiträgt, und dennoch, wie ich glaube, innigst mit der Äußerungsform des Unbewußten zusammenhängt. Ich meine natürlich jenes Präsens, dessen sich Freud fast immer bedient, wenn er Träume oder Witze in seinen Texten nacherzählt, und das, wie Sie eben gelesen haben, in der Standard Edition durch das epische Präteritum ersetzt wird, und zwar durchgehend. Wenn bei den Träumen die dadurch bewirkte Veränderung relativ leicht zu übersehen ist, so steht es natürlich anders bei dem Witz. Denn im Präteritum erzählt, verlieren diese Witze weitgehend die Fähigkeit, Lachen auszulösen, besonders jenes explosive Lachen, worauf Freud sich ständig bezieht. Da die Herausgeber der Standard Edition diesen Verlust kaum schweigend übergehen konnten, versuchten sie ihn aufs Konto "unübersetzbarer Wortspiele" zu setzen. Doch ohne die Bedeutung dieses Faktors verleugnen zu wollen, ist es kaum zu verkennen, daß die eben erwähnte Zeitform eine genauso wichtige Rolle in der

Erzeugung des Lachens spielt. Und von der Sprache her zumindest, wäre diese Zeitform ebenso verfügbar auf englisch wie auf deutsch.

Daß Strachey diese Lösung konsequent - d.h. sowohl in der Traumdeutung wie auch in dem Witzbuch - vermieden hat, obwohl sie die unmittelbarste gewesen wäre, wird seine Gründe haben. Diese lassen sich zum Teil aus der erklärten Absicht der Herausgeber ablesen. Ihr Ziel ist es gewesen, "eine Ausgabe" herzustellen, "welche ... den englischen Lesern die eigenen Ideen Freuds so genau wie möglich präsentieren" würde ("an edition which is intended to present English readers with Freud's own ideas as accurately as possible").[9] Diese Absicht aber - d.h. die "Ideen" Freuds genau zu "präsentieren" - stößt sich offensichtlich am Präsens. Nicht zufällig: denn sofern es dabei lediglich um die Genauigkeit von "Ideen" geht - noch dazu von "Freuds eigenen" -, ist diese 'Zeitform' eher ein Hindernis als eine Hilfe. Denn gerade "eigene Ideen" werden durch diese merkwürdige Zeitform gleichsam enteignet, suspendiert, und das haben wohl die Herausgeber und Übersetzer der englischen Standard Edition deutlich gespürt. Die Direktheit, die diese Zeitform der Gegenwart erlaubt, besonders in ihrer narrativen Verwendung, hat etwas Anrüchiges, Populäres, das sich zweifelsohne mit der Ernsthaftigkeit jener 'Ideen' der britischen Herausgeber Freuds schlecht verträgt. Daß zwar "unvermeidlich der Witz dabei verschwindet" - bei einer Übersetzung nämlich, die nur die Idee im Auge hat - geben sie freimütig zu. Doch dies sei nicht so schlimm, trösten sie, sofern man dabei der "Argumente Freuds" habhaft wird. "Denn vermutlich ist der Blick des Lesers darauf gerichtet, und nicht auf ein augenblickliches Vergnügen."[10]

Das epische Präteritum, das 'Es war einmal', stellt das Erzählte in eine Vergangenheit, die die Gegenwart des Zuhörers bestätigen soll. Objekt und Subjekt, Erinnerung und Erinnertes, jedes hat seinen Platz und seine Zeit. Genau diese Aufteilung wird aber durch das Präsens durcheinander gebracht: "Ein Herr kommt in eine Konditorei und läßt sich eine Torte geben..." Wann geschieht es? Wo? Jetzt, antwortet das Präsens, hic et nunc. Damit ist das Ereignis viel näher gebracht, als man es von Erzählungen gewöhnt ist, doch diese Nähe bildet keinen Gegensatz zur Ferne. Denn das Hier-und-Jetzt des Präsens situiert die Handlung in dem einzigen Medium, das sich eigentlich nicht repräsentieren läßt, weil es das Medium der Repräsentation, der Darstellung selbst ist: das der Sprache. Das Präsens weist auf eine Zeit hin, welche die der Äußerung oder der Einschreibung

---

9 *Cf.* die Einleitung der Herausgeber zu Stracheys Übersetzung: S. Freud, *Jokes and their Relation to the Unconscious*, Penguin Books, The Pelican Freud Library, vol. 6, edited by Angela Richards, p. 34.

10 "And presumably these, and not a moment's amusement, are what the reader has in view"; *ibid*.

ist, präsent, doch immer wieder und überall, wo gesprochen und gehört, geschrieben und gelesen wird. Indem Witze und Träume sich dieser Zeitform bedienen, zeigen sie, daß ihre Zeit hier und jetzt ist, immer wieder und immerfort, Zeit einer Wiederholung oder einer Iterabilität, die nie ganz zu sich selber kommen kann - es sei denn, unterdes. Diese Iterabilität läßt zwar Bedeutung und Sinn entstehen, doch darin geht sie nie auf. Was darin nicht aufgeht, verhallt als Lachen. Daher ist der zitierte Witz so paradigmatisch: er erzählt nicht nur, sondern vergegenwärtigt dieses Nichtaufgehen des Sinns in die Sprache, und zwar tut er es als Wiederholung. Genauer: als Wiederholung, ohne welche es Sprache nicht gäbe.

Doch kehren wir wieder zu dem Witz zurück. Er inszeniert diese Gabe gerade in Bezug auf ihre Wiederholung. Der Kunde "läßt sich eine Torte geben", läßt sich also beschenken und versucht, diese ‘aktive Passivität’, dieses Beschenktwerden dann konsequent durchzuhalten. Der Ladenbesitzer will, verständlicherweise, die Spielregeln des Besitzes verteidigen. Der Kunde läßt sich scheinbar darauf ein, doch nur um das Medium des Tausches gegen seine Logik auszuspielen: d.h. er versucht, das Äquivalenzprinzip zu unterlaufen und zwar durch Simulation und Wiederholung. Über die erste schreibt Freud:

> Man kann sagen, der Kunde wende die Relation ‘dafür’ doppelsinnig an; richtiger, er stelle vermittels eines Doppelsinnes eine Verbindung her, die sachlich nicht stichhaltig ist. (G.W. VI, 64)

Das Dafürhalten des Kunden ist "sachlich nicht stichhaltig" nur, insofern als die Logik der Identität die narrative Wiederholung einschränken kann, und zwar im Sinne der ‘beschränkten Ökonomie’: nur indem der Anfang des Witzes wirklich mit dem Anfang der Geschichte - in allen Bedeutungen des Wortes - zusammenfällt. Genau das wird von der Zeitform des Präsens formal unterlaufen: die ‘Fiktivität’ des Witzes heißt, daß er immer wieder stattfinden kann, wo es Hörer und Erzähler, Leser und Texte gibt. Denn seine Zeit ist die des Textes: immer hier und jetzt, und daher zugleich immer anders und anderswo. Das Bemerkenswerte an diesem ‘sophistischen’ Witz liegt aber in der Art, wie er die Wiederholung präsentiert und gerade daraus seine Wirkung zieht. Diese Wiederholung ist weder bloß formal, in der Verwendung des Präsens, noch inhaltlich, in der Geschichte, sondern anders. Sie geschieht durch die wiederholte Erwähnung eines Wortes, das eigentlich kaum etwas bedeutet, es sei denn die Wiederholung selbst (falls die Wiederholung ein Selbst hätte...); ich meine das kleine Wort ‘ja’.

> "Was wollen Sie von mir?" - "Sie sollen den Likör bezahlen." - "Für den habe ich Ihnen *ja* die Torte gegeben." - Die haben Sie *ja* auch nicht bezahlt. - "Die habe ich *ja* auch nicht gegessen."

Dreimal 'ja': die wiederholende Kraft des Ja-sagens unterläuft den Dialog und seine Logik des Sinns und der reziproken Kommunikation. Dann das Ja sagt *ja* nichts, sondern plappert nach, wiederholt, betont, beteuert, verleugnet. Und zwar alles zugleich. Damit wird dem Ladenbesitzer das letzte Wort genommen, nicht weil er nicht im Recht wäre, sondern weil es kein letztes Wort gibt. *Ja*? Jedenfalls wird der Ladenbesitzer durch die Rhythmik des dreifach wiederholten ja überrumpelt, wie auch der Zuhörer, der für die unermeßliche Zeit eines Augenblicks bereit ist, sich gehen zu lassen. Das Lachen führt den wiederholten Augenblick des Jasagens und des Präsens fort, bis wir merken, daß unterdes etwas vorgefallen ist.

Nachwort

> Den Identitätssatz durchschauen aber heißt, sich nicht ausreden lassen, daß das Entsprungene den Bann des Ursprungs brechen möchte.
>
> Theodor W. Adorno

Die Lust, Freud (wieder) zu lesen, kennt weder Prinzip noch Garantie. Will sie, wie jede andere, nicht aufhören, muß sie auf Umwegen zurückkehren, um erneut zu gelingen. Mitte des letzten Jahrzehnts begann auch in Deutschland solch eine - ebenso seltene wie seltsame - Rückkehr zu Freud. Fernab institutioneller Anerkennung, also randständig und fast klandestin, kursierten - zunächst in Berlin - Seminarpapiere von Samuel M. Weber[1], die ein unverkürztes Wiederlesen der Schriften Freuds beförderten. In Frankreich hatte eine solche Relektüre - einschließlich derjenigen der Werke von Nietzsche und Heidegger - längst schon begonnen. Jenseits statuarischer Bekenntnisse und ohne Verpflichtung auf Ablehnung oder Zustimmung.

Weber war einer der ersten, der auf das einfache, nichtsdestotrotz verkannte psychohistorische Paradox hinwies, daß in Deutschland beheimatete, aber ausgegrenzte Denktraditionen noch dann, wenn sie zurückkehren, abermals marginalisiert werden.[2] Nicht allein aber die initiale und innovative Übermittlung der Werke Jacques Lacans oder Jacques Derridas machen Webers Freud-Lektüren so unverzichtbar. Ihr besonderes Geschick besteht vielmehr in der Kunst der Übersetzung - in jeglichem Wortsinne. So ist es ein zentrales Anliegen der Freud-Legenden, Lacans legendäre Ent-Stellung der Entstellungen, die der Entdeckung des Unbewußten widerfuhren, nicht nur an und mit den Texten Freuds zu übersetzen, sondern in abermaliger Rückwendung auf das Werk Lacans selber zu übertragen.

Erst so wird eine Archäologie der Ursprünge möglich, die unterm (theoriegeschichtlichen) Schutt kein unverfälschtes Original, wohl aber wirkmächtige Trugbilder findet, in denen die Verkennungen und Wiederho-

---

[1] Als Buch erst 1978 unter dem Titel *Rückkehr zu Freud. Jacques Lacans Ent-Stellung der Psychoanalyse*, Frankfurt/M.-Berlin-Wien (Ullstein) veröffentlicht. Cf. hierzu auch Hans-Joachim Metzger, *Play it again, Sam!*, in: Der Wunderblock. Zeitschrift für Psychoanalyse, Berlin 1979/80, S. 3-34.

[2] Ein Amerikaner übersetzt via Frankreich den Deutschen ins Deutsche; und dies wiederum den Amerikanern, die Freud amerikanisierten.

lungszwänge - die der Biographie des Einzelnen wie die ihrer Theorie - sich verdichten. Und doch bestehen solche wie immer hartnäckige Knoten imaginärer Knechtschaft aus - zurechtgebogenen - Erzählungen, die jederzeit um- und nacherzählt, also auch verabschiedet werden können.

Von diesen ab ovo wirksamen Umschreibungen und Wechselfällen der kaum neunzigjährigen Geschichte psychoanalytischer Theorie handeln die vorliegenden Studien. Sie beginnen als metapsychologische Auseinandersetzung mit derjenigen, die Freud selber mit Adler und Jung führte, und die im Auseinanderfallen und -spalten der psychoanalytischen Internationalen nochmals sich wiederholte. Warum und wie der doppelte Abfall von der Psychoanalyse, für den Adler und Jung als prototypisch gelten, das *tertium datur* des Unbewußten und seine heterogene, atopische Raum-Zeit verfehlen und zugunsten eines homogenen, dualen Schematismus (bewußt/nichtbewußt, Ich-stark/Ich-schwach, gesund/krank etc.) verabschieden, wird aus der Sache selbst verstehbar. Am Problem des Narzißmus, d.h. darin, wie das Ich in der Wahrnehmung der ent-stellenden Geschlechterdifferenz aus den Fugen gerät und doch seine dauerhafte Einheit zusammenzusetzen sucht, zeigt Weber, wie dieser vereinheitlichende Systemzwang die metapsychologische Theoriebildung selbst gefährdet.

Der Adler'sche Ursprungspseudos eines immer schon vorausgesetzten Ich gleicht ebenso wie der Jung'sche Archetypus der un-haltbaren Selbstbewahrung des Ich, das vor der uneinholbaren Kluft der aufschiebenden sexuellen Differenz stehenbleiben möchte. Aber diese kann weder Ich-gerecht stillgestellt, noch Ich-los in religiöser Urverschmelzung gestillt werden. Ursprung[3] wie Rückkehr des Ich bleiben (frommer) Wunsch.

Kein Abstand zwischen polaren Gegensätzen also, sondern eine unabschließbare Bewegung von Selbst und Anderem, Eigenem und Fremdem ist das Unbewußte. Die Entdeckung der eröffnenden Lücken des Psychischen, die Weber mit Freud von der *Traumdeutung* bis zum *Jenseits des Lustprinzips*, von der *Psychopathologie des Alltagslebens* bis zur *Ichspaltung im Abwehrvorgang* nachzeichnet, ist zugleich die der unmöglichen Überschneidung von Begriff und Sache. Dies macht - so Weber - die metapsychologische Crux der beiden großen Topiken aus, die nur als chiastische Überkreuzung lesbar werden. Deren unbekanntes *X* ist mithin kein willkürliches; umso willkürlicher aber ist der vorgebliche Abschluß psychoanalytischer Wissenschaft, welcher etwa um 1925 - dem Schnittpunkt von Ärzteanalyse und Ich-Psychologie - den psychoanalytischen Diskurs zu einem Macht-Wissens-Komplex umdisponierte, d.h. mit und zur Regelmäßigkeit ver-

---

[3] Dessen historisch-theologische Antinomik entfaltete schon früh Walter Benjamin: "Ursprung, wiewohl durchaus historische Kategorie, hat mit Entstehung dennoch nichts gemein. Im Ursprung wird kein Werden des Entsprungenen, vielmehr dem Werden und Vergehen Entspringendes gemeint." in: *Ursprung des Deutschen Trauerspiels*, Gesammelte Schriften I, 1, Frankfurt 1974, S. 226.

knappte. In der *Politik* dominierte fortan ein Freund-Feind-Schematismus, in der *Theorie* erstarrten ein 'Id' und ein 'Ego' zur Substanz. Bruno Bettelheim wies letzteres an der Übersetzung der Freudschen Texte ins Englische, der Standard Edition, nach, Sam Weber, darüberhinaus, wie beides - Theorie und Politik - auf fatale Weise ineinandergreift. Dies ver-wendend schreibt Weber die metapsychologischen Brüche - vom Traum über den Witz bis zum Schnitt von Eros und Thanatos - neu und fort. Der Gegensatz von Primär- und Sekundärprozeß und der von Lustprinzip und Realitätsprinzip wird verstehbar nur als ein elliptischer Raum, der zugleich in eine 'Zeit des Unterdes' (S. Weber) variiert: Schon Freud zeigte in *Jenseits des Lustprinzips*, daß die Wiederholung eines un-lustvollen Ereignisses lustvoll sein kann, also im Dienste des Lustprinzips stehe und doch sein Gegenteil, nicht aber *sein* Gegenteil sei. Das Gegenteil des Lustprinzips - das Realitätsprinzip - ist mithin nichts anderes als die psychische Realität der Wiederholung selber, die auf primäre, aber eben verlorene, abwesende Lust zielt. Nach herrschender Raum-Zeit-Vorstellung weder an- noch abwesend, ist das Unbewußte die distanzierende Artikulation, welche die Dinge an- und abwesend werden läßt: Ek-sistierende Mutter-Sprache, die nicht zu haben ist und doch den Wunsch der Verschmelzung mit ihr, wie das *Fort-Da*-Spiel zeigt, repräsentiert, verschiebt und offenhält.

Diese Ek-Stasis des Unbewußten wird besonders deutlich an dem, was sich ihm entzieht: dem plötzlichen Schrecken der Angst und dem überraschen(den) Augenblick des Lachens. Gerade die Unmöglichkeit, diese Phänomene ausschließlich topisch oder libidoökonomisch erklären zu können, ist es, deren Schrift nach und mit Freud Weber uns zu lesen erlaubt; und von ihnen her - erneut - die Lehre der Neurosen und Triebschicksale.

Was Psychoanalyse zu erzählen und zu zählen vermag, ist die Kontingenz buchstäblicher (d.h. wörtlich: charakterlicher) Einprägungen einer Bio-Graphie. Was jemandem einmalig und zufällig zufällt und so notwendig sich wiederholt, bestimmt seine Individualität und zugleich Nicht-Individualität, d.h. die Allgemeinheit (den Durch-Schnitt) eines Symptoms. Dessen Zwang anamnestisch wieder hervorzubringen, wiederholt nicht das Gleiche, sondern die zeitliche Differenz der Wiederholung selber, da diese, um zu sein, das Ursprünglich-Primäre vom Nachträglich-Sekundären unterscheidet und auseinandersetzt, sich selbst also differiert, um das heilsam-entbindende Anders-Werden freizusetzen.
Psychoanalyse also bleibt (In-)Differenz.

Georg Christoph Tholen

20 **Wie Meeresrauschen auf dem Grund einer Muschel...**
Paul de Mans Krieg.
Mémoires II.
Von Jacques Derrida

21 **Heidegger und "die Juden"**
Von Jean-François Lyotard

22 **Geschlecht (Heidegger)**
Von Jacques Derrida

23 **Die Technik und die Schwäche**
Ökologie nach Nietzsche, Heidegger und dem "schwachen Denken".
Vorw. von Gianni Vattimo.
Von Hans-Martin Schönherr

24 **Konversionen**
Der Kaufmann von Venedig unter dem Zeichen des Saturn.
Von Sarah Kofmann

25 **Streifzüge**
Gesetz, Form, Ereignis.
Mit einer Bibliographie des Gesamtwerks.
Von Jean-François Lyotard

Passagen Philosophie

Randgänge der Philosophie
Erste vollständige deutsche Ausgabe.
Von Jacques Derida

Immauel Kant zur Geschlechterdifferenz
Aufklärerische Vorurteilskritik und bürgerliche Geschlechtsvormundschaft.
Von Pia Jauch

Schopenhauers Aktualität
Ein Philosoph wird neu gelesen.
(Schopenhauer-Studien 1/2)
Wolfgang Schirmacher (Hrsg.)

Vier Fragen zur Philosophie in Afrika, Asien und Lateinamerika
Franz M. Wimmer (Hrsg.)

Schopenhauer in der Postmoderne
Wolfgang Schirmacher (Hrsg.)

Der unbetrauerbare Tod
Vorwort von Friedrich Kittler.
Von Laurence A. Rickels

PASSAGEN VERLAG

Passagen Kunst

Das gläserne U-Boot
Edith Almhofer, Ulli Lindmayr,
Eleonore Louis (Hrsg.)

Passagen Ökonomie

Zwanzig Millionen suchen Arbeit
Bericht der unabhängigen
Kommission für Beschäftigungs-
fragen in Europa unter dem
Vorsitz von Bruno Kreisky.
Bruno Kreisky (Hrsg.)

Passagen Buch²

Geburt einer Hauptstadt
Analysen und Chancen einer
Stadt mit neuer Bedeutung.
Dietmar Steiner, Georg
Stöllhammer, Gregor Eichinger
und Christian Knechtl (Hrsg.)